建设工程合同纠纷裁决指引

上海仲裁委员会·编著

SHANGHAI ARBITRATION COMMISSION
OF CHINA

人民法院出版社

图书在版编目（CIP）数据

建设工程合同纠纷裁决指引 / 上海仲裁委员会编著.
北京 ：人民法院出版社，2025. 3. -- ISBN 978-7
-5109-4351-5

Ⅰ. D923.65

中国国家版本馆CIP数据核字第2024W2W586号

建设工程合同纠纷裁决指引

上海仲裁委员会　编著

策划编辑	赵　刚
责任编辑	张　奎
装帧设计	天平文创视觉设计
出版发行	人民法院出版社
地　　址	北京市东城区东交民巷27号（100745）
电　　话	（010）67550673（责任编辑）　67550558（发行部查询）
	65223677（读者服务部）
客 服 QQ	2092078039
网　　址	http：//www.courtbook.com.cn
E – mail	courtpress@sohu.com
印　　刷	河北鑫兆源印刷有限公司
经　　销	新华书店

开　　本	787 毫米 ×1092 毫米　1/16
字　　数	372 千字
印　　张	22.75
版　　次	2025 年 3 月第 1 版　2025 年 3 月第 1 次印刷
书　　号	ISBN 978-7-5109-4351-5
定　　价	80.00 元

编审委员会

主　　任：刘晓红

编　　委：范铭超　陆春玮　孙海华　秦玉秀

　　　　　何乃刚　陈　建　韦龙艳　欧阳金颖

《建设工程合同纠纷裁决指引》

主　　编：秦玉秀

执行主编：何乃刚　　韦龙艳

学术委员会专家：（按姓氏拼音首字母为序）

曹文衔　崔　军　陈　旻　陈太祥　董海峰

付少军　关　丽　高印立　霍晓梅　何　兵

贾怀远　康俊亮　李　明　李　琪　李志永

鲁　宏　刘育民　邱　闯　宋连斌　檀中文

谭敬慧　王毓莹　王先伟　肖　峰　许海峰

张水波　张晓霞　赵　杭

参　与　专　家：（按姓氏拼音首字母为序）

常宏磊　陈振宇　方　强　丁朝晖　金　莉

蒋　弘　刘　中　路　彬　李　星　李红佳

盛惊宇　孙　傲　汤　雷　吴宝锦　王君英

徐　新　杨唐全　姚　岚　周吉高　周月萍

朱永超　张春丽

课题学术秘书：陆圣莱　檀文芳

编辑出版说明

2023 年，我国建筑业增加值达 85691 亿元，比上年增长 7.1%。全国具有资质等级的总承包和专业承包建筑业企业利润达 8326 亿元，比上年增长 0.2%。建筑业作为我国的支柱产业，同时又是争议高发的行业。根据司法部公布的数据，2023 年全国 282 家仲裁机构办理仲裁案件共计 60.7 万件、同比增长 27.8%，标的总额为 1.16 万亿元、同比增长 17.7%。在国内外仲裁机构受理的案件中，建设工程类案件的数量均位居所有争议类型案件的前三位。

建设工程类案件数量庞大、不断攀升，且具有专业性强、审理周期长、法律关系错综复杂、涉及证据量大等特点。仲裁员专业背景多元，导致建设工程类案件的审理方式及裁决口径存在差异，个别案件的裁决结果与当事人的预期差距较大。如何高质高效地处理好这些复杂的建设工程类案件、提升裁决的质量、推进审理要素的一致性，是仲裁机构所必须面对的问题。

上海仲裁委员会（以下简称上仲）作为中国首批试点设立的仲裁机构之一，以及荣膺全国"十佳仲裁机构""十佳涉外服务仲裁机构"的"双十佳"仲裁机构，一直积极探索专业化、国际化的发展路径，肩负着"开路先锋"的职责。为使建设工程类案件在仲裁程序和实体审理上拥有相对客观的标准，保证裁决的高质高效，上仲召集并组织数十位国内知名和顶级的行业专家于 2022 年年初启动了《建设工程合同纠纷裁决指引》（以下简称《裁决指引》）的编纂工作。秉持谦抑审慎的理念，历经两年多的撰写及多轮修订，终于就审理要素及裁决思路推出了国内首部以机构名义编著、涵盖建设工程领域主要类型案件的纠纷裁决指引性文件。

《裁决指引》聚焦建设工程类案件仲裁实务的热点、难点问题，对于法律法规有明确规定、业界争议不大的问题未纳入撰写范围。《裁决指引》系从机构角度出发组织撰写，需平衡兼顾，力求不偏不倚，因此形成指引性意见的难度极大。在《裁决指引》的撰写及审核过程中，我们依据法律行政法规、参照司法解释、尊重行业规范和惯例、考量建工行业特点及商业逻辑、厘清相关行业主体的核心关切，通过列明适用前提、指出特殊情形，客观、中立地进行论述，避免作出片面或违反法律行政法规的结论性意见。同时，《裁决指引》着重围绕仲裁实践的特殊性展开，以期实现在仲裁案件审理中对不同类型的建设工程案件及对不同主体的普遍适用性。

一、关于编撰历程

2022年3月，《裁决指引》编撰工作正式启动。《裁决指引》设置8个小组及编章，分别为：施工合同性质和效力纠纷、施工合同纠纷主体纠纷、施工合同价款纠纷、施工合同质量纠纷、施工合同工期纠纷、优先受偿权纠纷、工程总承包纠纷、国际工程纠纷。

2022年7月，34位专家同力协契，就前述建工领域8大业务板块完成了207个争议问题的撰写，总字数超70万字，总页数逾千页。

2022年9月，上仲召集21位专家启动审稿工作。历经一年，经过多轮审稿与修订，其中很多章节几易其稿，于2023年9月完成了《裁决指引》的初步审核修订工作。《裁决指引》篇幅大幅精练，争议问题从207个凝练到了161个，总字数亦从超70万字精简到了25万字左右，总页数300余页。

2023年4月21日、6月30日、9月15日，上仲就施工合同工期纠纷、国际工程纠纷、施工合同质量纠纷、优先受偿权纠纷4个编章分别召开了发布会暨专题研讨会，引起了业界的热烈反响及持续关注。

2023年9月之后，上仲再次启动了又一轮的《裁决指引》审核及修订工作。由上海建设工程仲裁院与核稿老师点对点、逐篇逐句逐字地进行修订、完善及统稿。又历经一年，经过多轮研讨，反复调整、修改，字斟句酌，直至2024年10月才完成了最后修订。

整个《裁决指引》撰写及修订过程中，我们积极听取不同领域专家的意见，集思广益、博采众长，召开了100余次线上及线下研讨会，最终形成了目前较为成熟的指引性文件。

二、关于编撰体例

《裁决指引》聚焦仲裁实务中的热点、难点问题，编撰采用问答式的体例，对每个"争议问题"按【争议问题】【问题界定】【裁决指引性意见】的体例编写。

基于多方面考量，上仲将其中 6 个编章（分别为施工合同价款纠纷编、施工合同质量纠纷编、施工合同工期纠纷编、优先受偿权纠纷编、工程总承包纠纷编、国际工程纠纷编）结集在本《裁决指引》出版，其余 2 个编章（施工合同性质和效力纠纷编、施工合同主体纠纷编）不纳入本次出版的《裁决指引》，日后将以其他形式发布。

百密一疏，终有一漏。《裁判指引》虽然集行业专家之智慧而成，但最终统筹定稿后，仍难免存在欠周全或待提升之处，且随着行业的发展、法律法规等的不断修订，加之具体个案可能存在不同的特殊情形，仲裁庭在参照《裁判指引》审理案件过程中，仍需灵活掌握，审慎处理。

上仲希望能够通过《裁决指引》进一步提升建设工程类案件审理及裁决的质效，推进审理要素的一致性，从而推动建设工程仲裁行业的健康发展，营造良好的营商环境。《裁决指引》的撰写、修订及统稿过程中，得到了参与专家，特别是学术委员会专家的强有力支持。各位专家为《裁决指引》的付梓提供了宝贵的素材和修订意见，在此一并致谢！

上海仲裁委员会《建设工程合同纠纷裁决指引》编审委员会

2024 年 12 月 25 日

凡　例

一、法律行政法规

《中华人民共和国民法典》	《民法典》
《中华人民共和国建筑法》（2019 修正）	《建筑法》
《中华人民共和国城乡规划法》（2019 修正）	《城乡规划法》
《中华人民共和国计量法》（2018 修正）	《计量法》
《中华人民共和国计量法实施细则》（2022 修订）	《计量法实施细则》
《中华人民共和国审计法》（2021 修正）	《审计法》
《中华人民共和国审计法实施条例》（2010 修订）	《审计法实施条例》
《中华人民共和国标准化法》（2017 修订）	《标准化法》
《中华人民共和国招标投标法》（2017 年修正）	《招标投标法》
《中华人民共和国招标投标法实施条例》（2019 修订）	《招标投标法实施条例》
《中华人民共和国票据法》（2004 修正）	《票据法》
《中华人民共和国民事诉讼法》（2023 修正）	《民事诉讼法》
《中华人民共和国涉外民事关系法律适用法》	《涉外民事关系法律适用法》
《保障中小企业款项支付条例》（2020 年国务院令第 728 号）	《支付条例》

二、部门规章、司法解释

住房和城乡建设部《房屋建筑和市政基础设施工程施工招标投标管理办法》（2019 修正）	《房建和市政工程施工招标投标管理办法》
住房和城乡建设部《房屋建筑和市政基础设施工程竣工验收规定》（建质〔2013〕171 号）	《房屋建筑和市政基础设施工程竣工验收规定》
住房和城乡建设部《建筑工程施工发包与承包违法行为认定查处管理办法》（建市规〔2019〕1 号）	《建筑工程施工发包与承包违法行为认定查处管理办法》
住房和城乡建设部、财政部《建设工程质量保证金管理办法》（建质〔2017〕138 号）	《建设工程质量保证金管理办法》
交通运输部《公路工程竣（交）工验收办法实施细则》（交公路发〔2010〕65 号）	《公路工程竣（交）工验收办法实施细则》
国家市场监督管理总局《检验检测机构资质认定管理办法》（2021 修订）	《检验检测机构资质认定管理办法》
住房和城乡建设部《建设工程勘察设计资质管理规定》（2018 修正）	《建设工程勘察设计资质管理规定》
住房和城乡建设部《工程造价咨询企业管理办法》（2020 修正）	《工程造价咨询企业管理办法》
住房和城乡建设部，国家发展和改革委员会《房屋建筑和市政基础设施项目工程总承包管理办法》（建市规〔2019〕12 号）	《工程总承包管理办法》
交通运输部《公路工程设计施工总承包管理办法》（交通运输部令 2015 年第 10 号）	《公路工程设计施工总承包管理办法》
《最高人民法院关于审理建设工程施工合同纠纷案件适用法律问题的解释》（已失效）	原《建设工程司法解释》
《最高人民法院关于审理建设工程施工合同纠纷案件适用法律问题的解释（二）》（已失效）	原《建设工程司法解释（二）》
《最高人民法院关于审理建设工程施工合同纠纷案件适用法律问题的解释（一）》（法释〔2020〕25 号）	《新建设工程司法解释（一）》
《最高人民法院关于适用〈中华人民共和国民法典〉合同编通则若干问题的解释》（法释〔2023〕13 号）	《民法典合同编通则司法解释》
《最高人民法院关于适用〈中华人民共和国民法典〉有关担保制度的解释》（法释〔2020〕28 号）	《民法典担保制度司法解释》

《最高人民法院关于适用〈中华人民共和国民事诉讼法〉的解释》（2022 修正）	《民事诉讼法解释》
《最高人民法院关于大型企业与中小企业约定以第三方支付款项为付款前提条款效力问题的批复》（法释〔2024〕11 号）	《关于"背靠背"条款效力的批复》
《最高人民法院关于民事诉讼证据的若干规定》（2019 年修正）	《证据规定》
《最高人民法院关于审理民间借贷案件适用法律若干问题的规定》（2020 第二次修正）	《民间借贷案件适用法律若干问题的规定》
《最高人民法院关于商品房消费者权利保护问题的批复》（法释〔2023〕1 号）	《商品房消费者权利保护批复》
《最高人民法院关于审理买卖合同纠纷案件适用法律问题的解释》（2020 年修正）	《买卖合同纠纷司法解释》

三、其他规范性文件和工作文件

最高人民法院《全国法院贯彻实施民法典工作会议纪要》（法〔2021〕94 号）	《民法典工作会议纪要》
中国建设工程造价管理协会《建设项目工程总承包计价规范》（中价协〔2022〕53 号）	《建设项目工程总承包计价规范》
住房和城乡建设部、工商总局《建设工程施工合同（示范文本）》（GF—2017—0201）	《2017 年版施工合同示范文本》
《建设项目工程总承包合同示范文本（试行）》（GF—2020—0216）	《工程总承包合同示范文本》

四、机构

中华人民共和国住房和城乡建设部	住建部
建设行政主管部门	建设主管部门
上海仲裁委员会	上仲

五、其他

《上海仲裁委员会仲裁规则》（2022 版）	《仲裁规则》
上海仲裁委员会《建设工程合同纠纷裁决指引》	《本指引》

施工合同价款纠纷编

施工合同工期纠纷编

施工合同质量纠纷编

工程总承包合同纠纷编

国际工程合同纠纷编

施工合同价款
纠纷编

第一章 有效施工合同工程价款争议的处理

第一节 建设工程计价方法及价格调整

【争议问题】

问题 1 合同价款约定前后不一致时，合同价款如何确定

【问题界定】

无论是依法必须招标还是依法不属于必须招标的建设工程项目，均可能存在多份合同的情形。存在多份合同的情形下，各合同的效力如何认定、如何进行价款结算，《新建设工程司法解释（一）》第22条、第23条、第24条等规定为解决此类问题提供了参考。

《房建和市政工程施工招标投标管理办法》（2019修正）正式取消了建设工程施工合同备案程序，自此"备案合同"这一行政管理中的特定概念退出历史舞台。另外，由于中央"放管服"的改革方向，对于工程项目是属于必须招标还是非必须招标的国家相关政策也在不断变化，这也给合同价款约定前后不一致时合同价款如何确定增加了难度。

同一建设工程中存在的多份合同对工程价款的约定不一致时，如何认定工程价款的问题，主要涉及：合同效力对工程价款认定的影响；黑白合同裁判规则对工程价款认定的影响；因客观情况发生变化对工程价款认定的影响。在工程质量合格或经修复合格的前提下，仲裁庭宜综合考量合同效力、实际履行的合同、当事人真实意思表示、是否构成情势变更等因素，结合具体个案作出合法合理的判断。

【裁决指引性意见】

一、多份合同对工程价款约定不一致，仲裁庭认定工程价款时需关注的事实和证据

（一）涉案工程项目是否属于《招标投标法》规定必须招投标的项目

不论是否属于法律、行政法规规定必须进行招标的建设工程，当事人选择以招标投标方式缔结合同，就应受招标投标制度的约束。但是，对于依法不属于必须招标的建设工程项目，仲裁庭还需要特别注意案涉招标投标行为是否属于不受《招标投标法》约束的内部招标行为，包括但不限于场外招标、分包或转包中的招标、自行组织的招标以及内部单位之间的竞争性招标等。

（二）招标投标文件、中标文件是否有效

按照招标投标文件、中标文件确定工程价款的前提，是招标投标活动合法有效。仲裁庭需要特别注意，是否存在当事人串标、明标暗定等导致招标投标文件、中标文件无效的情形。

（三）工程价款的变更是否构成实质性变更

在建设工程施工合同纠纷中，当事人招标投标之后达成的协议是否构成对中标合同"实质性变更"应从合同变更的内容以及量化程度两个角度进行考量。如果当事人在招标投标之后达成的协议没有达到法律所禁止的"实质性变更"的严重程度，则应认定不构成"实质性变更"。仲裁庭应查明如下事项：

1. 须仔细比对当事人所签多份合同之间的差异，尤其是涉及计价标准和方法、工程款支付方式及期限等实质性内容的条款，并结合双方实际履行过

程中形成的签证、函件、通知、会议纪要、进度款申报表、结算文件等证据进行综合判断。对于非实质性变更的把握，应当考虑具体变更的内容、外部客观情况、当事人的主观意思等综合因素。

2. 是否存在招标人和中标人在中标合同之外就明显高于市场价格购买承建房产、无偿建设住房配套设施、让利、向建设单位捐赠财物等另行签订合同，变相降低工程价款的情形。若存在，则该合同背离中标合同实质性内容，构成对招标投标文件、中标文件关于工程价款的实质性变更。

（四）是否存在客观情况发生重大变化的情势变更情形

仲裁庭在认定是否存在《新建设工程司法解释（一）》第 23 条项下"发包人与承包人因客观情况发生了在招标投标时难以预见的变化"时，需要根据具体个案判断该客观情况的变化是否是当事人在招标投标时能够预见或应当预见的正常商业风险。据此，仲裁需查明的情形包括但不限于：

1. 对招标投标后建设工程的原材料、工程设备价格变化进行量化，是否超出了正常的市场价格涨跌幅度。

2. 招标投标后的人工单价是否发生了重大变化。

3. 建设工程的规划、设计是否发生了重大变化。

仲裁庭还应注意区分情势变更与不可抗力的不同，只有构成情势变更，才具有适用《新建设工程司法解释（一）》第 23 条项下的"发包人与承包人因客观情况发生了在招标投标时难以预见的变化"而另行订立建设工程施工合同的条件。

另外，适用情势变更原则调整合同的，仲裁庭应据实从严把握，参见《本指引》国际工程合同纠纷编【争议问题 20】"当事人在国际工程合同争议中主张情势变更并因此要求损害赔偿的，仲裁庭需考虑的因素"。

（五）对实际履行的合同的识别，需关注的事实和证据

关于查明是否为实际履行的合同需要关注的事实和证据，参见《本指引》施工合同工期纠纷编【争议问题 3】【裁决指引性意见】第一条。

另外，仲裁庭还可以参考如下事项进行查明：当事人对实际履行的合同有无明确约定；如果未作约定，应仔细比对双方所签多份合同之间的差异，尤其是涉及计价标准和方法、工程款支付方式及期限等实质性内容的条款，并结合双方实际履行过程中形成的签证、函件、通知、会议纪要、月进度报

表、进度款申报表、结算文件等证据综合判断。具体而言：

1. 关注当事人是否就实际履行的合同达成一致意见。例如，在补充协议等文件中是否存在如下类似约定："×××× 年 ×× 月 ×× 日签订的施工合同仅作为 ×× 使用，双方实际履行的为本补充协议，二者不一致的，以本补充协议为准。"若双方已达成合意，则可以据此确认实际履行的合同。

2. 比较多份合同签订先后顺序。例如，根据文本载明或鉴定确认的签订时间，结合项目施工的内容、施工的先后顺序等因素确定各份合同之间的内容衔接、先后关系。一般情况下，后合同是对前合同的变更，最后签订的合同为实际履行合同的可能性更大。

3. 了解多份合同签订的背景。例如，合同本身含有鉴于条款或其他载明签订背景的条款、当事人的背景陈述、其他佐证合同签订背景的证据。

4. 比较多份合同的差异。特别关注合同签订人、工程范围、施工内容、工程质量、工期、计价方式、工程款支付方式等，并结合当事人的陈述以及施工管理过程中形成的工程签证、会议纪要、施工图纸、工程量进度表、工程联系单、工程变更单、工程款申请表等证据来确定实际履行的合同。

（六）对最后签订的合同的识别，需关注的事实和证据

1. 判断合同签字或盖章的真实性、关联性。在此基础上进行合同签订时间点的判断，若多份无效合同均载明有签字或者盖章的具体时间，则按照其载明的时间先后来认定最后签订的合同。若合同未载明签字或者盖章的时间，则需要结合工程签证、会议纪要、工程联系单、工程变更单、工程款申请表等证据来确定最后签订的合同。

2. 在具体案件中，虽然最后签订合同可以依据时间的先后顺序进行判断，但还应考虑是否存在合同倒签的可能性。倒签的合同所载明的签字或者盖章日期，显然不是合同真实的签订日期，此时应结合其他证据综合判断该合同的实际签订日期。

二、多份合同对工程价款约定不一致，仲裁庭认定工程价款时需关注的法律问题

（一）通过招标投标方式发包的建设工程项目，合同书与招投标文件约定不一致时，工程价款如何确定

采取招标投标方式发包的工程项目，中标通知书到达中标人时合同成立。在招标文件、投标文件、中标通知书有效的情形下，存在本争议问题【裁决指引性意见】第一条第（三）项所述工程价款实质性变更的，宜参考《新建设工程司法解释（一）》第22条，一方当事人请求将招标文件、投标文件、中标通知书作为结算工程价款的依据的，仲裁庭应予支持。但是，存在本争议问题【裁决指引性意见】第一条第（四）项所述客观情况发生重大变化的情势变更情形的除外。

需要注意的是，对于不属于依法必须招投标的建设工程项目，仲裁庭宜综合考量导致存在多份合同的原因、多份合同的内容、是否是实际履行的合同及合同的效力等因素，并结合个案情况进行区别判断。

（二）未通过招投标方式发包的建设工程项目，当事人签订的多份建设工程合同约定不一致时，工程价款如何确定

未通过招标方式发包的建设工程项目，当事人就同一建设工程订立的多份建设工程施工合同中约定工程价款不同时，仲裁庭可按以下规则处理：

1. 多份合同中，既存在有效合同，也存在无效合同的，由于无效合同中关于工程价款的约定亦无效，故宜参照有效合同的约定认定工程价款。

2. 多份合同均为有效的，应充分尊重缔约主体在合同履行中的意思自治，以缔约主体所签订合同约定的合同文件解释顺位、签订时间先后顺序或实际履行的合同作为结算工程价款的依据。当事人请求按照实际履行合同的约定认定工程价款的，仲裁庭应予支持。无法确定实际履行的合同时，通常认为后签订的合同为双方当事人对之前签订的合同的变更，宜参照最后签订的合同关于工程价款的约定，认定工程价款。

（三）多份合同均无效时，工程价款如何确定

参考《新建设工程司法解释（一）》第6条及第24条，当事人就同一建设工程订立的多份建设工程施工合同均无效，但建设工程质量合格的：

（1）可以参照符合当事人真实意思表示并实际履行的合同关于工程价款的约定，折价补偿承包人；（2）无法确定实际履行的合同时，宜参照最后签订的合同关于工程价款的约定，认定折价补偿价款；（3）无法确定最后签订的合同时，仲裁庭宜结合缔约过错大小、已完工程质量、利益平衡、诚信原则等综合考量进行认定。

（四）备案合同与实际履行的合同实质性内容不一致的处理

依法不属于必须招标的建设工程，实际也未进行招投标，当事人将签订的建设工程施工合同在当地建设行政主管部门进行了备案，备案的合同与实际履行的合同实质性内容不一致的，应当以当事人实际履行的合同作为结算工程价款的依据。

【争议问题】

| 问题2 | 定额计价模式下合同价格的调整 |

【问题界定】

关于工程计价方式，大致可分为三种：一是传统的定额计价，即完全套用定额消耗量，人工、材料、机械（以下简称"人材机"）定额基价，定额取费进行组价；二是工程量清单计价，消耗量与"人材机"价格均由投标人自主报价；三是采用定额消耗量＋"人材机"信息价或市场价计价，即工程消耗量套定额、"人材机"价格按信息价或市场价计算。

由于前述第一种计价方式基本已不再使用，第二种不属于本争议问题讨论范围。因此，本争议问题【裁决指引性意见】仅针对采用前述第三种工程计价方式时，定额变化对合同价格的影响进行分析。

【裁决指引性意见】

一、定额计价模式下合同价格的计价方法

定额计价模式下，目前行业内通常采用定额计价＋当地建设行政主管部门发布的相关配套文件共同计价的模式。

而当地建设行政主管部门发布的配套文件，通常要求预算定额中的"人材机"等价格和以"元"形式出现的费用均为定额编制期的市场预算价格，在编制建设工程招标控制价或标底、投标报价、工程预算、工程结算时，应全部实行当期市场预算价格。前述"全部实行当期市场预算价格"就是指编制期的市场价格，而编制期的市场价格来源主要就是当期信息价或市场价。

定额计价模式下，目前行业内通常要求预算定额中的"人材机"等价格按照施工期（或者投标报价期）的信息价或市场价调整，即实际的定额计价都只是用定额里的消耗量定额，而"人材机"的价格均需要按照施工同期（或者投标报价期）的信息价进行调整。

仲裁庭需要特别注意：如果合同明确适用定额里的"人材机"的基价，那这个定额里的"人材机"的基价实际是定额发布期的市场价，与合同签约时间无关。例如，当事人于 2015 年签署合同，若合同约定采用 2012 年预算定额计价（不包括当地建设行政主管部门相关配套文件），则合同价格实际是按照 2012 年的"人材机"市场价和定额消耗量计算确定的预算价，该合同价实际存在 2012 年—2015 年期间的"人材机"市场价格偏差；若合同约定采用 2012 年定额及当地建设主管部门相关配套文件计价，则合同价格是按照 2015 年"人材机"市场价（信息价）和定额消耗量计算确定的预算价，该合同价等同于签约同期市场价。

据此，若合同约定按照定额组价时，"人材机"的价格应按市场价而不是用定额里的预算基价。若合同明确约定的"人材机"采用定额自带预算价，那这个"人材机"的价格实际是定额发布期或者发布前一年或前半年的市场价格，而非合同签署时的市场价格。并且，前述情况下，合同通常会约定根

据定额的发布时间和合同实际签署时间，配套浮动费率进行计价，即以浮动费率的方式调整这个定额预算基价、编制期或施工期市场价，并在计价时考量其他风险及让利等因素。

二、定额计价模式下合同价格的调整

1.定额计价模式下，合同价格的计价方法，通常采用本争议问题【裁决指引性意见】第一条所述计价方式。定额计价，实际只是用定额原则计算工程量和用定额消耗量组价，而定额中的"人材机"价格通常在编制期按照当时的信息价或市场价调整，至于结算时是否调整"人材机"价格则应当根据合同约定，合同没有约定的参照建设行政主管部门的文件规定执行。

2.对于已经签约并且已经按照合同约定定额确定合同价格的，纵使在合同履行过程中颁布新的定额，工程量的计算和组价中的消耗量仍应适用合同约定的定额标准进行计价，当事人通常不得据此主张调整合同价款。

3.合同明确约定"人材机"直接采用定额预算价不得调整的情形，在实务中较少适用。若存在此特别约定，则适用如下调整方式：

合同约定适用特定版本的定额，且未约定可调整的，应当遵从当事人的约定，即便合同履行过程中定额发生变化，也应当适用合同约定的定额标准，合同价格不随着定额变化进行调整。如果合同履行过程中发生了情势变更的，因客观情况发生重大变化而受到不利影响的当事人可请求变更或解除合同。

4.合同对适用哪个版本的定额无特别约定的，应适用合同订立时的定额版本。

5.合同履行过程中，因设计变更新增工程量或工程项的，合同对新增工程量或工程项的计价方式有约定的按约定执行；如果合同中无约定的，因新增工程量或工程项不属于原合同约定工程范围，可参照签订合同时当地建设行政主管部门发布的计价方法或者计价标准结算工程价款。

【争议问题】

问题3　如何认定签证的效力

【问题界定】

《工程造价术语标准》（GB/T50875—2013）第3.4.8条规定："现场签证是发包人现场代表（或其授权的监理人、工程造价咨询人）与承包人现场代表就施工过程中涉及的责任事件所作的签认证明。"

本争议问题【裁决指引性意见】中的"签证单/签证"，包括发包人与承包人在建设工程施工过程中，通过补充协议、会议纪要、工程联系单、工程变更单、工程对账签证以及其他往来函件、记录等形式，对工程量计算和认定工程价款依据进行签证、确认的书面证据。

【裁决指引性意见】

一、仲裁庭需要关注的事实和证据

（一）当事人关于签证确认主体的约定

签证在建设工程施工合同履行过程中普遍存在，且对发承包人权利义务产生重要影响，发承包人通常会在建设工程施工合同等书面文件中对签证的确认主体进行约定。判断签证对当事人是否具有约束力，仲裁庭需关注下列几类主体的授权范围：

1.当事人的法定代表人或负责人；

2.当事人的项目部及项目工作人员：项目经理等；

3.工程监理人员。

（二）当事人关于签证确认程序的约定

仲裁庭可通过关注如下文件，以查明当事人关于签证确认程序的约定：

11

1. 建设工程施工合同及其补充协议（如有）；

2. 会议纪要；

3. 往来函件（包括邮件、聊天记录等）；

4. 其他经当事人确认的书面文件关于签证确认程序的约定。

二、仲裁庭需要关注的法律问题

（一）签证确认主体对签证效力的影响

1. 当事人的法定代表人或负责人进行签证确认的法律效果。

（1）认定原则。

依据《民法典》第 61 条并参照《民法典合同编通则司法解释》第 20 条的规定，当事人的法定代表人或负责人代表该当事人对工程量、工期、工程质量及工程价款进行签证确认的法律效果，应遵循如下规则进行认定：

①在法律、行政法规规定的法定代表人或负责人的代表权限范围内（法定代表权），当事人的法定代表人或负责人以该当事人名义从事的民事活动，其法律后果由该当事人承受。原则上，当事人的法定代表人或负责人有权代表该当事人进行所有签证确认，该确认行为发生签证效力，其法律后果应由该当事人承担。

②在当事人内部规章制度对当事人的法定代表人或负责人代表该当事人进行签证确认的行为存在限制或存在特殊审批规定（内部代表权限制）的情况下，纵使当事人的法定代表人或负责人的签证确认行为违反该当事人内部代表权限制，相对人主张该签证对该当事人发生效力并由其承担法律后果的，仲裁庭应当基于保护善意相对人的原则，予以支持。但是，该当事人举证证明相对人知道或者应当知道该内部代表权限制的除外。

（2）举证责任。

参照《民法典合同编通则司法解释》第 20 条第 2 款的规定，应由当事人（法定代表人或负责人任职的单位）举证证明相对人知道或者应当知道该内部代表权限制。

但仲裁庭应当注意，依据《民法典》第 504 条的规定，相对人亦应具有合理审慎的审查义务。在当事人法定代表人或负责人越权代表的情况下，若相对人"知道或者应当知道"，则视为相对人恶意。据此，相对人善意或恶意的判断，取决于其是否尽到合理审慎的审查义务。若当事人之间对法定代表人或负责人对签证确认的代表权限制达成了有效的、明确的约定，则应推定所有当事人知晓该限制。在前述情形下，相对人应就法定代表人或负责人是否具有代表权限承担较重的审查义务。

2. 当事人的工作人员进行签证确认的法律效果。

（1）认定原则。

依据《民法典合同编通则司法解释》第21条的规定，当事人的工作人员（不包括当事人的法定代表人或负责人）代表该当事人对工程量、工期、工程质量及工程价款进行签证确认的法律效果，应遵循如下规则进行认定：

①依据《民法典》第170条之规定，当事人工作人员的范围应为"执行法人或非法人组织工作任务的人员"，无劳动关系或雇佣关系的强制性要求。

②当事人在施工合同中就有权对工程量和价款洽商变更等材料进行签证确认的具体人员有明确约定的，依照其约定处理。

③没有约定或约定不明的情况下，仲裁庭认定当事人工作人员所作的签证确认是否是其职务行为时，宜遵循如下原则进行认定：（a）《民法典》第170条有关职务代理的概括授权仅适用于日常交易，相对人应根据工作人员的职务 / 职位并参照《民法典合同编通则司法解释》第21条第2款判断该交易是否为日常交易；（b）当事人工作人员超出《民法典合同编通则司法解释》第21条第2款规定的职权范围进行的签证确认行为不发生签证效力，但该签证确认行为是在其授权范围内的除外；（c）若相对人有理由相信该工作人员有代理权的，应认定为构成表见代理，其法律后果亦应由该当事人承担，该当事人有证据证明相对方知道或应当知道该签证人员没有代理权的除外。

（2）承包人项目经理进行签证确认的法律效果。

施工合同履行过程中，承包人的项目经理以承包人名义在结算报告、签证文件上签字确认、加盖项目部章或者收取工程款、接收发包人供材等行为，原则上应当认定为职务行为或表见代理行为，对承包人具有约束力，但施工合同另有约定或承包人有证据证明相对方知道或应当知道项目经理没有授权或代理权的除外。

（3）举证责任。

善意相对人的认定，需要根据权限限制的具体情况进行个案认定。

从举证责任的角度看，应当推定相对人为善意，由主张签证行为对其不发生效力的当事人承担证明相对人为恶意的举证责任。职务代理情形下，工作人员的代理权的认定标准是客观的，不能依据相对人是否善意来反推工作人员有无代理权。

同时，相对人亦应承担合理审查义务：首先应审查代理权是否表面存在，然后还应进一步审查是否"有理由相信"该工作人员有代理权。若相对人未尽合理审查义务，则足以推定该相对人存在过失，不能构成表见代理，签证确认行为的法律后果不应由其任职的单位承担。

3. 工程监理人员进行签证确认的法律效果。

监理人员的职责是监督工程质量、确认工程变更及工程量相关事实，工程监理人员在监理过程中签字确认的签证文件，涉及工程量、工期及工程质量等事实的，原则上对发包人具有约束力。

承前所述，监理人员签证涉及工程价款洽商变更等经济决策的，需要综合分析签证的内容，考量签证主体的身份，进而判断其法律后果：

（1）从工程价款角度分析，除发包人的授权或另有约定外，监理人员签署的涉及工程价款等经济决策的签证，原则上不约束发包人。具体情形包括但不限于：

①未获得发包人的特别授权，监理人员签证单中对计费标准的认可对发包人不具有约束力。

②监理人员确认的签证单中，若包含工程价款内容的，工程价款部分的内容对发包人不具有约束力，但施工合同对监理人员的授权另有约定或之后被发包人追认的除外。

（2）从签证主体身份角度考量，不同职责权限的监理人员签证确认的证明效力级别不同。如《监理合同》或《施工合同》中对监理人员职责范围有约定的，则从合同约定；如果合同没有特殊约定，可按照《建设工程监理规范》（GB/T50319—2013）规定的职责范围认定签证的约束力，超出该级别职责范围的签证，则不具有约束力。

（3）从工程签证的法律后果来看，基于监理对工程量的监管职责，虽然监理人员原则上不能直接签署涉及工程价款的签证，但是，监理人员签证确认的工程量、工期及工程质量等事实，可能会最终影响工程价款的认定。实践中常见的情形如下：

①监理人员签证的工程计量凭证、工程洽商变更是对施工现场一定程度的真实客观反映，发包人和承包人对监理人在施工过程中签证确认的工程量等技术签证未提出异议或无相反证据足以推翻的情况下，视为认可监理人签证确认的效力，可以作为结算的依据。

②若合同约定工程量、工期及工程质量等事实需要监理人及发包人同时签证确认的，若只有监理人签证确认、无发包人签证确认时，应遵从合同约定进行认定。

③若合同约定变更指示只能由监理人发出的，监理人的签证确认可作为证明合同变更工程量的证据，并据此作为结算依据。

4. 需要特别注意事项。

如能够证明当事人的法定代表人或负责人、当事人的工作人员、工程监理人员与相对方恶意串通、虚假签证、虚报材料或工程量的，宜借鉴《民法典合同编通则司法解释》第23条进行认定，仲裁庭不宜采信签证单内容。

（二）签证内容对签证单作为结算依据的影响

签证内容无论涉及费用、工期还是工程量，都是对双方当事人权利义务的重新确定，最终都是指向工程款结算。仲裁庭在审理案件时，应查明签证单的内容是否具有确定性、真实性，是否存在无效或可撤销的情形。

1. "既认事实，又认费用"的签证，一般可以直接按照签证记载的金额计入结算金额。

部分签证记载的内容不仅对有关事实进行了确认，也对发生的费用进行了确认。此时，应视为双方对签证金额达成了合意，可直接将签证记载的金额作为结算依据。

2. "仅认事实，未认费用"的签证，应按照施工合同的有关约定确认费用，并作为结算依据。

部分签证仅由发包人、承包人对有关事实进行了确认，但并未对由此产生的费用进行金额的确认。此时，应按照施工合同约定的变更签证和价格调整方法确定签证所涉及的费用，并计入结算。

3. "仅认费用，未认事实"的签证，仲裁庭应当进一步核实签证单对应的事实。

当事人对工程量有争议的，仲裁庭应当进一步核实，综合考量施工过程中形成的文件、当事人提供的其他证据或借助专家意见对实际发生的工程量进行认定。

如签证中涉及工程量或对某些项目计价方式的确定与合同约定不符，除非合同中另有约定，可以认为是对合同的变更，应根据变更的签证对当事人之间的争议进行认定。如果采取招标投标的项目中的签证中涉及的内容背离合同实质性内容，则仲裁庭需依据《招标投标法》的规定认定相关内容的效力。

4. 如签证内容无效或可撤销且当事人已行使撤销权的，则该签证不能作为结算的依据，参见本争议问题【裁决指引性意见】第二条第（一）项第4目。

（三）确认程序对签证单是否发生签证效力的影响

如当事人就签证期限、提交和审批流程等程序性事项有约定，或者约定未按程序形成的签证无效的情形下，若案涉签证不完全符合约定的期限、提交和审批流程导致签证存在审批程序或办理流程等程序性瑕疵的，相对人主张该签证对其不发生签证效力的，仲裁庭可从以下方面进行考量：

原则上，即便并未严格按照合同约定的程序或流程形成签证，如承包人能够证明签证的真实性，或签证已得到发包人认可的，仲裁庭可酌情认定其作为认定工程价款的证据。在进行前述认定时，仲裁庭还需考量承包人对于签证程序、办理流程等程序性瑕疵是否存在过错。

如未按照合同约定的程序、流程完成全部签证手续，系发包人怠于签字确认等发包人原因所致的，仲裁庭不宜简单否认签证的效力。对于发包人以未按约定完成签证作为抗辩的，仲裁庭可不予采信。

（四）签证形式对签证单作为结算依据的影响

实践中，签证单的确认形式常常出现仅有签字或仅有印章的签证单。签证形式对签证单作为结算依据的影响，宜按照以下原则区分认定：

1. 施工合同未明确约定以加盖印章作为合同成立条件的，相对人能够证明当事人有权代表在进行签证确认时未超越权限的，仲裁庭应当认定仅有当事人有权代表签名或者按指印、未加盖印章的签证单对该当事人发生效力。

2. 施工合同明确约定以加盖印章作为发包人确认签证条件的，若签证单仅有当事人有权代表签名或者按指印、未加盖印章的，仲裁庭宜在查明施工合同及签证单的实际履行情况后，参照《民法典合同编通则司法解释》第22条第2款，并结合公平原则认定签证单效力：

（1）如当事人有权代表已对签证单签字或者指印予以确认，且承包人已提请发包人盖章确认但发包人无正当理由不盖章确认的，或能够结合其他证据证明签证记载的内容是客观存在的，宜采信签证单内容；

（2）如能够确认签字是真实的，但当事人对签证内容予以否认的，签字一方的当事人应当对其否认的主张予以举证，除非有确切的证据否定签证中记载的内容，否则宜采信签证单中的内容。

3. 施工合同明确约定签证单必须经当事人有权代表对签证单签字或按指印予以确认的，如签证单仅加盖当事人印章而没有当事人有权代表签名或指印，相对人能够证明该签证单系当事人有权代表在其权限范围内加盖印章进行签证确认的，仲裁庭宜参照《民法典合同编通则司法解释》第22条第3款认定该签证单对该当事人发生效力。

在前述情形下，当事人有权代表在订立合同时虽然超越代表或者代理权限，但是依据《民法典》第504条的规定构成表见代表，或者依据《民法典》第172条的规定构成表见代理的，仲裁庭应认定签证单对该当事人发生效力。

第二节　工程价款的确定

【争议问题】

问题4　对"逾期答复视为认可"条款的适用应如何认定

【问题界定】

原则上，当事人在合同专用条款中自愿明确约定了"逾期答复视为认可"

条款，仲裁庭应尊重双方意思自治，按照承包人送审价确定工程价款，而不宜依职权主动审核送审价是否合理。但是，如发包人举证证明承包人在报送结算资料过程中存在虚假、欺诈等情形，且发包人在法定可撤销期限（一年）内明确表示对送审价不予认可的，仲裁庭经审查认为可能存在报送结算资料虚假不实、欺诈等情形的，可要求当事人重新对工程价款进行结算或对工程价款申请鉴定。

【裁决指引性意见】

一、适用"逾期答复视为认可"条款，仲裁庭应查明以下事实

（一）当事人在施工合同中是否明确约定了"逾期答复视为认可"条款（包括发包人的答复期限和逾期答复视为认可的法律后果）

1. 若当事人在合同中明确约定了发包人的答复期限，并同时约定逾期答复视为认可的法律后果，且该约定有效、未被变更或撤销，则可以认定具备适用"逾期答复视为认可"条款的前提条件。该合同约定一般指合同专用条款，如当事人仅在合同通用条款约定该条款，而未在合同专用条款明确约定该条款的，则不宜直接进行"逾期答复视为认可"的认定。

2. 若当事人仅约定发包人应在限期内答复，但未明确约定逾期答复视为认可的法律后果，亦不宜适用"逾期答复视为认可"条款。

3. 若当事人虽约定了逾期答复视为认可的法律后果，但未明确约定答复期限，基于当事人在签订合同时对发包人收到结算材料后一定期限内不予答复则视为认可的结果已达成一致意思表示且对该结果的发生已有合理预期，根据诚信原则和公平原则，如在承包人催告后，发包人仍不予答复的，仲裁庭可结合个案实际情况确定合理的答复期限。

（二）承包人是否已提交符合合同约定的竣工结算材料并送达发包人

1. 若承包人提交的竣工结算材料不完整、不符合合同约定，则不宜直接依承包人送审价认定工程价款。

2. 若承包人无证据证明相关材料已经送达发包人，则不产生依承包人送审价认定工程价款的后果。

3. 发包人是否逾期未就承包人提交的竣工结算资料给予答复，是否存在合同约定或者法律规定可以免责或者延期答复的事由。

二、"逾期答复视为认可"的否定情形

仲裁庭应充分尊重当事人的意思自治，原则上宜认定合同专用条款中"逾期答复视为认可"条款合法有效，一般不宜对承包人送审价进行撤销或调整。除非存在发包人能够证明承包人送审价款存在明显的虚高不实、违反合同约定的结算标准等否定情形。

仲裁庭需要特别注意，如果发包人有证据证明存在重大误解或承包人报送的结算资料存在欺诈，且未超出法定可撤销期限的，仲裁庭宜根据具体案情和当事人举证判断核实后，要求当事人重新对工程价款进行结算或对工程价款申请鉴定。

【争议问题】

问题 5 　承包人未交付或未及时交付竣工验收资料时的处理

【问题界定】

建设工程通常按照施工、提交竣工验收报告、经过竣工验收合格、提交竣工结算资料、完成竣工结算、工程交付使用的流程进行。建设工程全流程中涉及的资料包括"竣工资料""竣工验收资料""工程资料"等不同资料类型，应注意结合合同约定和个案差异区分不同表述的内涵。本争议问题【裁决指引性意见】所述资料，特指"竣工验收资料"。

建设单位是组织竣工验收的责任主体，承包人依法具有配合义务。竣工验收应当具备的文件中，部分文件需要承包人签署或者提供。

实践中，因承包人未交付或未及时交付竣工验收资料产生的争议，常见情形如：发包人以承包人未交付或未及时交付竣工验收资料为由，拒绝支付工程款并（或）要求承包人承担因此给发包人造成的损失；承包人以发包人

迟延办理工程结算、迟延支付工程款等作为抗辩理由，拒绝交付工程竣工验收资料。

【裁决指引性意见】

一、在认定是否存在"承包人未交付或逾期交付竣工验收资料"时，仲裁庭应关注的事实和证据

（一）查明承包人未交付或未及时交付的资料性质

1. 仲裁庭应首先审查当事人主张或抗辩中所涉资料的性质。

作为竣工验收时需要的工程资料，《房屋建筑和市政基础设施工程竣工验收规定》第5条、第6条的表述是"资料""工程档案资料"；《2017年版施工合同示范文本》明确承包人应当交付的是"竣工资料"，而竣工验收时需要"备齐"竣工资料；住房和城乡建设部《建筑工程资料管理规程》（JGJ/T 185—2009）则对竣工验收时需要预验收的资料分项列明。

（1）"竣工验收资料"：依据《建筑工程资料管理规程》，竣工验收资料仅指单位工程竣工验收记录等文件，而非指全部工程资料。

（2）"施工资料"及"工程资料"：依据《建筑工程资料管理规程》，竣工验收完成后所移交的资料称为"施工资料"（承包人）、"工程资料"（全部主体）。《建筑工程资料管理规程》第4.4.1条、第4.5.2条规定，施工资料应由施工单位负责收集、整理与组卷，并应向建设单位移交施工资料，工程资料移交时应及时办理相关移交手续，填写工程资料移交书、移交目录。

《2017年版施工合同示范文本》中的"竣工资料"与《建筑工程资料管理规程》中规定移交的"施工资料"含义应当相同，而"竣工验收资料"似有广义和狭义的理解，广义指验收时需备齐的工程资料，狭义指单位工程竣工验收等文件。

另外，在竣工验收时，单位工程的竣工验收文件应备齐但并未签字，此时工程资料尚未完成组卷，承包人不可能向发包人正式移交最终的"施工资料"。实际上，"竣工资料"在验收时无法"备齐"，其是"与工程同步生成的文件资料齐备"。因此，《2017年版施工合同示范文本》所述承包人应"备齐"

而非"交付"。

2. 承前所述,"竣工资料"与"竣工验收资料"并非同一概念。为查明承包人未交付或未及时交付的资料的性质,仲裁庭应审查如下事项:

(1)双方对承包人应交付的竣工验收资料的具体内容有约定的,从其约定,但约定无效或承包人能够证明约定明显不合理的除外(如要求承包人编制和交付的竣工验收资料所涉工程不属于承包人施工范围,承包人不具有编制或委托第三方编制相关资料的权限等);

(2)双方无约定,但是法律行政法规、规范、标准等有规定的,从其规定;

(3)既无约定,亦无规定,根据行业惯例确定;

(4)依据前述(1)—(3)仍不能确定的,应以法律行政法规等关于进行工程竣工验收和办理工程竣工验收备案应具备或提交的资料为准,其他资料应视为该资料不属于进行竣工验收所需的资料,除非当事人有相反证据足以推翻。

(二)查明双方是否约定了竣工验收资料交付期限

仲裁庭应审查如下文件中关于竣工验收资料交付期限的有关约定,以确认双方是否就承包人交付竣工验收资料的期限达成合意:

1. 承包合同及其补充协议(如有);

2. 会议纪要;

3. 往来函件;

4. 签证;

5. 其他经发承包人双方确认的书面文件。

(三)查明是否存在工期顺延/延误及工期变化的原因

竣工验收资料交付期限直接或间接以绝对日期形式予以约定时,宜查明工程施工过程中的工期顺延/延误天数。

竣工验收资料交付期限以相对日期形式予以约定,例如"承包人应自实际开工之日起1年内交付竣工验收资料",宜查明是否存在该期限并未考虑或未完全考虑工期顺延或延误因素的情形。

同时,仲裁庭应结合对如下事实的查明,综合认定合理的竣工验收资料交付期限及逾期交付责任:

1. 非因承包人原因导致的工期顺延;

2. 因承包人原因导致的工期逾期;

3. 发承包人双方就因承包人原因导致的工期逾期的解决方案或结果（如有）。

二、仲裁庭需要关注的法律问题

（一）竣工验收资料交付期限的认定

发包人、承包人双方对竣工验收资料交付期限有约定的，从其约定。

工程施工过程中存在工期顺延或逾期情况，且约定的竣工验收资料交付期限为绝对日期形式的，在约定期限的基础上，仲裁庭还需考虑工期顺延或逾期天数对竣工验收资料交付期限的影响。如因承包人原因导致工期逾期，进而导致竣工验收资料交付迟延的，原则上发包人有权选择主张工期违约责任或竣工验收资料交付违约责任，除非法律另有规定或合同另有约定。

以相对日期形式约定竣工验收资料交付期限的，该期限已考虑了全部工期顺延或逾期因素的，从合同约定；该期限未考虑或未完全考虑工期顺延或逾期因素的，参照前述绝对日期形式的方式处理。

发包人、承包人双方对竣工验收资料交付期限没有约定的，仲裁庭可根据部门规章的规定，参照相关合同范本的约定，同时结合工程类型、规模等因素综合认定竣工验收资料移交的合理期限。

（二）承包人实际交付竣工验收资料时间及形式的认定

承包人分批次交付竣工验收资料的，以最后一次交付时间作为承包人实际交付竣工验收资料时间，但合同约定的竣工验收资料明显不适用于所涉工程或非竣工验收资料的，其是否交付、交付时间不影响实际交付竣工验收资料时间的认定。

除非相关建设行政主管部门对于竣工验收资料的格式、形式有明确要求，且明确格式、形式不符合要求将导致无法完成竣工验收的，否则承包人所交付的竣工验收资料不符合格式、形式等约定的，原则上不影响竣工验收资料实际交付时间的认定。

竣工验收资料，无论合同约定或相关规定使用的是何表述，仲裁庭宜结合工程实际，在竣工验收时尚无法形成业已签字、盖章的最终资料形式的，只要满足"与工程同步生成的文件资料齐备"并已将该情况告知发包人，就应视为承包人已实际交付竣工验收资料。

（三）发包人请求承包人交付竣工验收资料，承包人以发包人迟延支付工程款、迟延办理工程结算进行抗辩时的处理

发包人请求承包人交付竣工验收资料的，仲裁庭首先应根据本争议问题【裁决指引性意见】第一条，审查发包人请求交付的竣工验收资料是否明确具体，并结合双方约定、法律法规等的规定以及行业惯例确定承包人应交付的竣工验收资料的具体内容及范围。

因工程资料涉及建筑行政主管部门对建设工程的规范管理、工程质量及安全的要求，也关系工程使用价值的及时充分实现，据此承包人应协助办理工程竣工验收及竣工验收备案等相关手续。

1.除非合同明确约定发包人支付工程款是承包人履行交付竣工验收资料义务的前提条件，发包人请求承包人交付竣工验收资料时，承包人以发包人应先履行办理工程结算、支付工程款等义务作出抗辩的，仲裁庭一般不予支持。

2.发包人请求承包人交付竣工验收资料时，承包人以发包人应同时履行支付工程款、办理工程结算为由进行抗辩且抗辩成立的，若承包人未提起反请求，仲裁庭宜参照《民法典合同编通则司法解释》第31条第2款明确承包人在发包人履行支付工程款、办理工程结算等义务的同时履行交付竣工验收资料的义务。

（四）承包人请求发包人办理工程结算、支付工程款，发包人以承包人未交付或未及时交付竣工验收资料为由进行抗辩的处理

1.承包人请求发包人办理工程结算、支付工程款，发包人以承包人未交付或未及时交付竣工验收资料为由进行抗辩而拒绝履行办理工程结算、支付工程款义务的，仲裁庭应依据《民法典合同编通则司法解释》第31条第1款不予支持。但是，承包人未交付竣工验收资料，致使工程无法完成竣工验收、导致不能实现合同目的或者当事人另有约定的除外。

2.因承包人未及时交付竣工验收资料致使工程拖延竣工验收时，而合同约定应当在竣工验收合格后支付工程款，发包人就此主张承包人应先履行交付竣工验收资料义务、待竣工验收合格后再支付的，仲裁庭原则上应予支持。

3.若承包人未交付或未及时交付的资料不是竣工验收资料，除非合同有

明确约定，发包人关于承包人应先履行交付资料义务的抗辩，仲裁庭不应支持。

4. 承包人请求发包人办理工程结算、支付工程款，发包人以承包人应同时履行交付竣工资料为由进行抗辩且抗辩成立的，若发包人未提起反请求，仲裁庭宜参照《民法典合同编通则司法解释》第31条第2款明确发包人在承包人交付竣工验收资料的同时履行办理工程结算、支付工程款的义务。

（五）发包人请求承包人承担因其未交付或未及时交付资料而给发包人造成损失时的处理

工程竣工验收合格后，承包人未按照合同约定移交"工程资料"，承包人未交付或未及时交付资料的行为构成违约的，发包人有权向承包人主张由此所遭受的损失或合同约定的违约责任。仲裁庭需要注意，该移交"工程资料"的义务属于从给付义务/附随义务，除合同明确约定外，承包人未按照合同约定移交"工程资料"的违约行为不能作为发包人拒绝办理工程结算、支付工程款的抗辩理由。

【争议问题】

问题 6 承包人主张逾期支付工程款违约金或利息的处理

【问题界定】

在建设工程领域，一旦发生工程款纠纷，往往会涉及欠付工程款的利息以及合同中约定的逾期付款违约金问题，承包人在仲裁请求提出违约金索赔的同时，往往还主张逾期付款利息。

工程款的欠款利息与逾期付款的违约金本身是不同的两个概念。

【裁决指引性意见】

一、承包人主张逾期付款违约金或利息时，仲裁庭应注意查明的事实和证据

（一）合同是否有效

1.若合同无效，则合同约定的违约金条款和计息标准也无效，当事人不能主张逾期付款违约金，也不能依合同约定的标准主张利息。

2.若合同有效，则按本争议问题【裁决指引性意见】第二条进一步进行审查及认定。

（二）合同关于逾期付款利息的约定

若合同未约定逾期付款利息，但申请人以利息作为标准主张资金占用成本的，则可按本争议问题【裁决指引性意见】第二条第（三）项支持关于资金占用费的主张。仲裁庭需注意，在此情形下，宜在裁决说理部分补充申请人主张的利息实际为资金占用费的认定。

（三）当事人是否申请对逾期付款违约金或利息进行调整

原则上，应充分尊重当事人约定的逾期付款违约金与利息标准。如果当事人申请对逾期付款违约金或利息进行调整的，可参照本争议问题【裁决指引性意见】第二条作出认定。

二、针对承包人主张的逾期付款违约金与利息，应以有效合同约定为基础，区分不同情形进行认定

发包人违反合同约定逾期支付工程价款的，应承担违约责任。实践中，发包人逾期付款时，承包人要求发包人承担违约责任的方式主要有逾期付款违约金与利息两种。对于承包人主张的逾期付款违约金与利息如何认定，在充分尊重当事人意思自治的前提下，仲裁庭应以有效合同约定为基础，区分以下不同情形：

（一）合同只约定了逾期付款违约金、未约定利息的处理

1.若合同只约定逾期付款违约金，未约定利息，且逾期付款违约金足以

填补承包人资金占用损失的，承包人在逾期付款违约金之外额外主张利息的，不宜支持。

2. 若当事人主张逾期付款违约金过高或过低的，仲裁庭可根据当事人请求及举证情况进行审查：

（1）参照《民法典工作会议纪要》第11条第1款，《民法典》第585条第2款规定的损失范围应当按照《民法典》第584条规定确定，包括合同履行后可以获得的利益，但不得超过违约一方订立合同时预见到或者应当预见到的因违约可能造成的损失。

（2）参照《民法典工作会议纪要》第11条第2款，当事人请求增加违约金的，增加后的违约金数额以不超过《民法典》第584条的规定的损失为限。增加违约金以后，当事人又请求对方赔偿损失的，仲裁庭应不予支持。

（3）参照《民法典工作会议纪要》第11条第3款，当事人请求减少违约金的，仲裁庭应当以《民法典》第584条规定的损失为基础，兼顾合同的履行情况、当事人的过错程度等综合因素，根据公平原则和诚信原则予以衡量，并作出裁决。约定的违约金超过依据《民法典》第584条规定确定的损失的百分之三十的，一般可以认定为《民法典》第585条第2款规定的"过分高于造成的损失"。

3. 依据《民法典合同编通则司法解释》第64条第3款之规定，当事人仅以合同约定不得对违约金进行调整为由主张不予调整违约金的，仲裁庭不予支持。

4. 就举证责任而言，仲裁庭应注意，依据《民法典合同编通则司法解释》第64条第2款，"违约方主张约定的违约金过分高于违约造成的损失，请求予以适当减少的，应当承担举证责任。非违约方主张约定的违约金合理的，也应当提供相应的证据"。

（二）合同只约定了利息，未约定逾期付款违约金的处理

当事人对欠付工程价款利息计付标准有约定的，按照约定处理。逾期违约金以合同约定为前提，没有约定的，承包人无权主张。发包人主张合同约定利息标准过高的，仲裁庭可以参考《民间借贷案件适用法律若干问题的规定》第25条第1款，综合考虑建工行业特点及个案情形，以一年期贷款市场报价利率四倍为限进行调整。

（三）合同既约定了逾期付款违约金又约定了利息的处理

若合同约定了违约金，同时又约定了利息的，承包人可以同时主张违约金和利息。但逾期付款违约金与利息支付总额的确定仍需以承包人的实际损失为基础，兼顾合同的履行情况、当事人的过错程度等因素，根据公平和诚信原则予以衡量和认定。

（四）合同既未约定逾期付款违约金又未约定利息的处理

若合同既未约定逾期付款违约金亦未约定利息的，承包人可依据《民法典》第577条及《民法典合同编通则司法解释》第25条的规定主张赔偿损失，仲裁庭应根据具体案情和承包人举证认定损失金额确定发包人的赔偿责任。

如果承包人无法提供证明具体损失的相关证据，并主张以资金占用费作为损失标准的，仲裁庭可以依据《民法典合同编通则司法解释》第25条第1款并参照《新建设工程司法解释（一）》第26条之规定，按照中国人民银行授权全国银行间同业拆借中心公布的一年期贷款市场报价利率（LPR）计算。违约行为发生在2019年8月19日之前的，以中国人民银行同期同类人民币贷款基准利率为标准计算。

（五）合同约定发包人延期付款不计取利息或不承担任何违约责任的处理

实践中，往往存在类似"发包人延期付款，申请人任何情况下均不计取延期利息，且放弃向被申请人索赔违约金及补偿"的约定，鉴于此类约定具有明显的不公平性，当事人以此抗辩的，一般不宜采信。仲裁庭可以结合延期付款的具体情形，给予一定的合理期限。对于承包人主张相应的违约金或逾期付款利息的，可参照本争议问题【裁决指引性意见】第二条第（四）项进行处理。

【争议问题】

问题 7	关于适用《支付条例》第 15 条逾期利息计算标准的认定

【问题界定】

当欠付款项为建设工程合同项下的工程款，当事人对欠付工程价款利息计付标准没有约定时，《新建设工程司法解释（一）》第 26 条规定按照中国人民银行发布的同期同类贷款利率计算。《支付条例》第 15 条规定："机关、事业单位和大型企业迟延支付中小企业款项的，应当支付逾期利息。双方对逾期利息的利率有约定的，约定利率不得低于合同订立时 1 年期贷款市场报价利率；未作约定的，按照每日利率万分之五支付逾期利息。"因此，当欠付款项为建设工程合同项下的工程款，且满足《支付条例》适用条件的情形下，《支付条例》与司法解释的规定确实存在一定冲突。

对于司法解释与行政法规出现冲突时的处理，目前不论在法律规定、司法实践还是理论学说中均未形成统一的观点。由于《支付条例》是国务院针对拖欠中小企业款项问题制定的行政法规，其立法本意是保护中小企业、优化营商环境、激发市场活力，故根据一般法与特别法的关系，仲裁庭在查明满足《支付条例》适用条件的情形下，应适用《支付条例》。

【裁决指引性意见】

一、仲裁庭需要查明的事实

能否适用《支付条例》第 15 条关于逾期利息计算标准的规定，核心在于应对双方主体类型、争议事由、合同订立时间、当事人对逾期利息利率的约定、是否履行告知义务等事项进行查明后判定。

（一）适用对象

1. 双方主体类型。

依据《支付条例》第 1 条的规定，《支付条例》的适用范围限定于"机关、事业单位、大型企业"债务人与"中小企业"债权人之间的款项支付交易。"机关、事业单位、大型企业"之间或"中小企业"之间等其他主体之间的争议，均不适用《支付条例》。

2. 适用对象的认定标准。

《支付条例》第 3 条第 1 款规定："本条例所称中小企业，是指在中华人民共和国境内依法设立，依据国务院批准的中小企业划分标准确定的中型企业、小型企业和微型企业；所称大型企业，是指中小企业以外的企业。"

关于"大型企业"与"中小企业"的认定标准，仲裁庭应结合各行业的特点，根据国家统计局印发的《统计上大中小微型企业划分办法（2017）》（国统字〔2017〕213 号）及《关于印发〈统计上大中小微型企业划分办法（2017）〉的通知》后附修订说明及附表的规定，对照从业人员数量、营业收入、资产总额等指标进行认定。

需要特别注意，大型、中型和小型企业须同时满足所列指标的下限，否则下划一档；微型企业只需满足所列指标中的一项即可。以建筑业为例，大型施工企业须营业收入、资产总额同时不低于 8 亿元，仅满足一项的，将被划入中型企业范畴。

3. 举证责任。

债权人应对是否满足《支付条例》关于适用对象的主体类型要求承担举证责任。

仲裁庭可结合当事人的举证，对当事人是否符合国务院批准的"中小企业"划分标准进行查证：

（1）当事人是否通过了国务院中小企业规模类型自测服务平台的测评标准；

（2）当事人是否经所在地的县级以上地方人民政府负责中小企业促进工作综合管理的部门的"中小企业"认定；

（3）其他关联证据，例如有关行政主管在贯彻执行扶持优惠政策、税收减免、财政补贴政策时对当事人企业规模的认定。

（二）争议事由

《支付条例》的适用范围仅限于机关、事业单位、大型企业从中小企业采购货物、工程、服务后违约拖欠款项从而引发的争议，不宜扩大适用。

（三）合同订立时间

《支付条例》自 2020 年 9 月 1 日起施行，2020 年 9 月 1 日之后新受理的仲裁案件，仲裁庭应查明合同的订立时间与《支付条例》施行的先后顺序并区分处理。

（四）当事人对逾期利息利率的约定

仲裁庭应审查以下证据，确定双方对逾期利息利率的约定：合同及其补充协议（如有）、会议纪要、其他经双方确认的书面文件。

（五）是否履行告知义务

《支付条例》第 3 条第 2 款规定："中小企业、大型企业依合同订立时的企业规模类型确定。中小企业与机关、事业单位、大型企业订立合同时，应当主动告知其属于中小企业。"据此，仲裁庭应当审查债权人与债务人订立合同时是否履行主动告知其属于中小企业的义务，如未履行，则不宜适用。

二、仲裁庭需要关注的法律问题

仲裁庭认定应适用《支付条例》的情况下，就适用《支付条例》第 15 条逾期利息计算标准的认定，需关注以下法律问题。

（一）双方对欠付款项利息计付标准有约定的处理

1. 双方约定的欠付款项利息计付标准合法的处理。

双方对逾期利息的利率有约定的，仲裁庭按照有约定从约定的原则予以处理。

2. 双方约定的欠付款项利息计付标准违反法律行政法规规定的处理。

双方约定的欠付款项利息计付标准低于合同订立时全国银行间同业拆借中心公布的一年期贷款市场报价利率的，当事人申请调整的，可参照《本指引》施工合同价款纠纷编【争议问题 6】处理。

仲裁庭认定应适用《支付条例》的情况下，当事人之间约定的欠付款项利息计付标准低于合同订立时全国银行间同业拆借中心公布的一年期贷款市场报价利率的，仲裁庭应参照《新建设工程司法解释（一）》第 26 条及《关于"背靠背"条款效力的批复》第 2 条，按照合同订立时全国银行间同业拆借中心公布的一年期贷款市场报价利率计息。

（二）双方对欠付款项利息计付标准没有约定的处理

1. 仲裁庭认定应适用《支付条例》的情况下，当事人之间对逾期利息的利率没有约定的，可以按照《支付条例》规定的利息计付标准计算。

2. 仲裁庭认定应适用《支付条例》的情况下，当事人之间对逾期利息的利率没有约定，但约定了以第三方支付款项为付款前提条款的，仲裁庭应参照《关于"背靠背"条款效力的批复》第 2 条的规定，按照全国银行间同业拆借中心公布的一年期贷款市场报价利率计息。同时，大型企业以合同价款已包含对逾期付款补偿为由要求减轻违约责任，经审查抗辩理由成立的，仲裁庭可予支持。

（三）债务人主张《支付条例》第 15 条规定的利息标准过高，请求予以调减的处理

《支付条例》系国务院颁布的行政法规，其适用具有强制性，债务人主张《支付条例》第 15 条规定的利率过高请求调低时，仲裁庭不宜采纳。

（四）债权人在申请仲裁前作出其不属于《支付条例》项下"中小企业"说明或承诺的处理

债权人在申请仲裁前作出其不属于《支付条例》项下"中小企业"说明或承诺，但申请仲裁后予以否认的，在债权人证明其在合同签订时属于"中小企业"后，可参照《本指引》工程价款优先受偿权纠纷编【争议问题 13】"承包人以损害建筑工人利益为由，主张其与发包人之间放弃或者限制承包人建设工程价款优先受偿权的约定无效的认定"的意见进行处理。

【争议问题】

问题 8 "背靠背"条款的适用条件

【问题界定】

在建设工程施工、采购商品或者服务等合同中，常见约定付款义务人

（如承包人或采购方）在收到第三方（如业主或上游采购方）向其支付的款项后再付款，或约定按照第三方向其拨付的进度款比例支付款项，该类以第三方支付款项作为付款前提的条款即为"背靠背"支付条款。

关于"背靠背"条款的效力，原则上应遵循当事人意思自治达成的一致合意，认定"背靠背"条款有效。然而，实务中，时常存在以违反公平原则主张或抗辩"背靠背"条款无效的情形。

2024 年 8 月 27 日《关于"背靠背"条款效力的批复》施行后，对于"机关、事业单位和大型企业"与"中小企业"，是否参照适用《关于"背靠背"条款效力的批复》，会很大程度上影响"背靠背"支付条款的效力认定。据此，在认定"背靠背"条款效力时，应审查是否参照适用《关于"背靠背"条款效力的批复》。

另外，主张"背靠背"支付条款无效或可撤销的情形，在实务中亦时有发生。

【裁决指引性意见】

一、认定"背靠背"条款效力时，应关注的事实和证据

（一）审查案涉合同是否存在《新建设工程司法解释（一）》规定的无效情形

审查案涉合同无效情形应当关注的事实和证据，详见《本指引》关于认定合同无效的相关裁决指引性意见。

（二）审查"背靠背"条款的约定

1.合同是否约定了不合理的付款期限、方式、条件和违约责任等交易条件。

2.合同有关结算、付款的约定，是否有违行业规范、交易习惯。

需要特别注意的是，仲裁庭可根据具体案情和当事人举证，同时结合双方当事人的市场地位及合同缔约过程，就是否存在违反《支付条例》第 6 条及第 8 条规定而导致无效的情形，综合作出判断。

（三）审查是否存在应当适用《关于背靠背"条款效力的批复》的情形

1.审查合同订立时双方的企业规模，承包人（采购方）是否为大型企业，

分包人（供货方）是否为中小企业。认证指标包括企业从业人员、营业收入、资产总额等指标，同时，中小企业应当为境内企业；具体适用需参照《中小企业划型标准规定》和《统计上大中小微型企业划分办法（2017）》进行认定。

2. 审查合同类型，是否为建设工程施工、采购货物或者服务等典型的合同类型。审查合同类型，需结合合同名称、内容及实际履行行为进行综合认定。

关于前述《支付条例》之适用对象、争议事宜、合同订立时间、相关举证责任的查明及认定，详见《本指引》施工合同价款纠纷编【争议问题7】第一条。

二、认定"背靠背"条款效力的基本原则及注意事项

（一）"背靠背"条款效力认定的基本原则

1. 在满足如下条件的情况下，原则上应认定"背靠背"条款有效。

在建设工程合同或采购合同中约定承包人或采购方（即付款义务人）向分包人或供货方（如债权人）的付款，以发包人或上游采购商（即第三方）向其付款为前提，对承包人或采购方（付款义务人）而言具有控制支付风险、减轻垫资压力的商业功能，是市场链条中重要的交易结构，在审查确认符合如下情形的情况下，应当认定其合法有效：

（1）不属于应当适用《关于"背靠背"条款效力的批复》的情形。

（2）"背靠背"条款是双方关于付款事宜的真实意思表示，不违反法律行政法规规定。

（3）"背靠背"条款是合同双方对风险共担所形成的真实合意，不违反公平原则。

（4）"背靠背"条款已经双方平等协商，不构成排除对方主要权利的格式条款。

2. 不适用《关于"背靠背"条款效力的批复》时，存在以下情形的，一般不对"背靠背"条款作否定性评价。

（1）与承包人/采购方签订分包/采购合同的分包人/供应商属于第三方指定分包/采购，第三方未作为一方当事人参与分包/采购合同签订，但分包人/供应商知晓的；

（2）第三方作为一方当事人参与分包/采购合同签订，合同中"背靠背"条款约定明确的；

（3）合同明确约定专款专用，即付款义务人在收到第三方就案涉合同款项后即转付或背书支付给分包人/供应商的。

据此，原则上，应遵循当事人意思自治达成的一致合意，认定"背靠背"条款有效。但是，需特别注意，如案涉合同被认定无效的，"背靠背"支付条款一并无效。

（二）如存在以下情形的，则可能导致对"背靠背"条款约定合理性的负面评价

1."背靠背"条款约定模糊、不明确或存在歧义，例如仅约定"甲方收到业主/客户付款后向乙方支付"的；

2.合同中关于付款进度和比例的约定，与承包人或采购方和第三方在相关合同中约定付款进度和付款比例的匹配度不合理，过分苛刻的。

（三）适用"背靠背"条款的注意事项

在确认"背靠背"条款不存在无效事由的前提下，仲裁庭应通过审查合同文件、工程实体完成情况、工程款收付款情况等证据材料，查明合同约定的"背靠背"付款条件是否成就。

1.付款义务人以"背靠背"条款作为抗辩的，仲裁庭应当注意审查如下情形：

（1）第三方（发包人/上游采购商）向付款义务人（承包人/采购方）实际付款的进度和金额，以及该付款进度和金额与付款义务人向债权人（分包人/供货方）付款进度和金额之间的关联性和对应关系。

（2）第三方（发包人/上游采购商）与付款义务人（承包人/采购方）之间款项结算情况。

（3）第三方（发包人/上游采购商）拖欠结算或付款的，是否由于案涉分包人/供货方的施工/供货质量等原因所导致，是否存在非案涉分包人/供货方的原因导致的情形，例如第三方拖欠结算或付款，系承包人不履行或者不完全履行对发包人的合同义务构成违约，或是由于其他分包人施工范围内的原因造成的。

（4）付款义务人是否存在怠于行使向第三方主张权利的情形。原则上，付款义务人怠于行使其与合同外第三方的权利并根据该"背靠背"条款拒绝

向权利人支付款项、损害了相对方的合理期待利益、导致债权实现障碍的情况下，有必要限制"背靠背"条款的适用。

2. 在审查付款义务人是否存在怠于向第三方主张权利的情形时，仲裁庭可从以下几方面进行考量：

（1）审查工程进度（材料采购）结算／竣工结算审批单、付款申请等文件，查明付款义务人是否及时向第三人提交结算付款所需的完整资料等；

（2）案涉项目竣工验收合格后，审查往来函件等，查明承包人是否积极与发包人办理结算，是否积极催告发包人支付工程款；

（3）付款义务人虽已催告，但第三人一直拒绝支付的，应当查明付款义务人是否及时通过诉讼、仲裁、申报破产债权等方式积极向第三人主张支付相应款项。

3. 第三方丧失偿债能力出现履行不能情形的处理。

在当事人意思自治基础上，合理分担商业风险，是"背靠背"支付条款有效性的逻辑基础。如付款义务人不存在自身违约情形，且已通过诉讼、仲裁、申报破产债权等方式积极主张权利，但第三方已丧失偿债能力出现履行不能的情况，此时"背靠背"条款客观上无法实现，双方利益明显失衡，与双方订立合同目的不符，亦有违诚信原则、等价有偿原则和公平原则。故仲裁庭应根据公平原则予以处理。

付款义务人应就第三方向其支付款项和结算的情况、付款义务人未怠于向第三方主张权利等事项承担举证义务。仲裁庭应根据双方举证质证情况，根据公平原则对此作出综合认定。

三、"背靠背"支付条款无效的法律后果

（一）"背靠背"条款被认定无效后，付款期限的确定

"背靠背"条款被认定无效后，付款期限可由仲裁庭按照行业规范、双方交易习惯等，酌情确定合理付款期限。例如，合同约定采取履行进度结算、定期结算等结算方式的，付款期限应当自双方确认结算金额之日起算。约定以货物等交付后经检验或者验收合格作为支付款项条件的，付款期限应当自检验或者验收合格之日起算；拖延检验或者验收的，付款期限自约定的检验或者验收期限届满之日起算。

（二）"背靠背"条款被认定无效后，迟延利息或资金占用损失的处理

1. 已作约定的，按约定处理。

双方对迟延／欠付款项利息计付标准有约定的，按约定处理。

2. 约定违反法律行政法规规定、未作约定或约定不明的处理。

经审查约定违反法律行政法律规定、未作约定或约定不明的，参照《本指引》施工合同价款纠纷编【争议问题6】"承包人主张逾期支付工程款违约金或利息的处理"处理。

双方对迟延／欠付款项利息计付标准未作约定，但经审查合同价款已包含对逾期付款补偿的，仲裁庭可以酌情减轻违约责任。

四、适用《关于"背靠背"条款效力的批复》对"背靠背"支付条款进行认定的注意事项

自2020年9月1日起施行的《支付条例》第6条第1款及第8条规定，大型企业不得要求中小企业接受不合理的付款期限、方式、条件和违约责任等交易条件；大型企业从中小企业采购货物、工程、服务，应当按照行业规范、交易习惯合理约定付款期限并及时支付款项。合同约定采取履行进度结算、定期结算等结算方式的，付款期限应当自双方确认结算金额之日起算。

自2024年8月27日起施行的《关于"背靠背"条款效力的批复》第1条规定"大型企业在建设工程施工、采购货物或者服务过程中，与中小企业约定以收到第三方向其支付的款项为付款前提的，因其内容违反《保障中小企业款项支付条例》第六条、第八条的规定，人民法院应当根据民法典第一百五十三条第一款的规定，认定该约定条款无效"。

据此，大型企业和中小企业之间关于"背靠背"支付条款争议的认定，宜按如下方式参照适用《关于"背靠背"条款效力的批复》的规定：

1. 审查案涉争议适用《支付条例》是参照适用《关于"背靠背"条款效力的批复》的前提，审查案涉争议是否适用《支付条例》的审查，参见《本指引》施工合同价款纠纷编【争议问题7】第一条。

2. 案涉争议不适用《关于"背靠背"条款效力的批复》的，"背靠背"支付条款并非当然有效，需参照本争议问题【裁决指引性意见】第一条及第二条，根据具体情形判断是否存在其他无效情形。

【争议问题】

| 问题 9 | 实际施工人能否拒绝以发承包之间的结算结果或第三方审核意见作为确定工程折价补偿款的依据 |

【问题界定】

实际施工人是指依照法律规定被认定无效的施工合同中实际完成工程建设的主体，包括借用资质订立施工合同、转包合同、违法分包合同三种违法模式下实际完成工程建设的承包人。实务中，实际施工人与承包人之间可能会在挂靠协议、转包合同以及违法分包合同中约定"以发承包人之间的结算结果或第三方审核意见作为结算依据"的相关条款。

就实际施工人能否拒绝以发承包人之间的结算结果或第三方审核意见作为确定工程折价补偿款的依据问题，仲裁庭应注意审查：实际施工人与发承包人之间的法律关系，合同中是否有明确约定，发承包人是否存在恶意串通故意减少结算价款等情形。

【裁决指引性意见】

一、仲裁庭需要关注的事实和证据

（一）实际施工人与承包人之间的法律关系

1.审查合同约定的施工范围、实际施工人资质、投标保证金的交纳主体等材料，查明实际施工人与承包人之间是否存在挂靠、非法转包或违法分包关系。

2.若认定为挂靠关系，需进一步查明发包人对此挂靠事实是否明知，实际施工人与发包人之间是否存在事实合同关系。

（二）实际施工人与承包人是否约定以发包人、承包人之间的结算结果或第三方审核意见作为结算依据

仲裁庭可通过审查实际施工人与承包人之间的挂靠协议、转包合同、违法分包合同、补充协议等文件，查明是否存在如下约定：

1. 以发包人、承包人之间结算结果作为实际施工人与承包人之间工程价款结算的依据。

2. 以审计机关作出的审计报告、财政评审机构作出的评审结论等第三方审核意见作为实际施工人与承包人之间工程价款结算的依据。

（三）发包人与承包人的结算结果

仲裁庭可通过审查结算协议等证据，查明发包人与承包人的结算结果。若认定为违法分包行为，需查明违法分包的施工内容能否在发包人、承包人之间的结算结果中进行区分。

（四）发包人、承包人之间是否存在恶意串通减少工程结算款，损害实际施工人合法权益的情形

1. 发承包人之间恶意串通的认定。

依据《证据规定》第86条之规定，当事人对于欺诈、胁迫、恶意串通事实的证明，须达到"确信该待证事实存在的可能性能够排除合理怀疑"的证明标准，高于《民事诉讼法解释》第108条规定的"确信待证事实的存在具有高度可能性"证明标准。

就发包人、承包人之间是否存在恶意串通减少工程结算款，损害实际施工人合法权益的情形的查明，仲裁庭可参照《民法典合同编通则司法解释》第23条的规定，要求发包人、承包人就结算协议订立、履行的过程等作出陈述或者提供相应的证据：

综合考虑当事人之间的交易习惯、合同在订立时是否显失公平、相关人员是否获取了不正当利益、合同的履行情况等因素，结合实际施工人提供的证据，判断发承包人存在恶意串通的可能性，仲裁庭可以要求发包人、承包人就结算协议的订立、履行的过程等相关事实作出陈述或者提供相应的证据。若无正当理由拒绝作出陈述，或者所作陈述不具合理性又不能提供相应证据的，仲裁庭可以认定恶意串通的事实成立。

2. 发包人、承包人之间结算结果明显不合理的认定。

通过审查结算协议、结算方式，并结合如下考量因素，查明发包人、承包人签订的结算协议是否按照合同约定结算、是否偏离正常合同价格、是否存在明显不合理的情形：

（1）发包人、承包人之间是否属于关联企业等特定关系；

（2）发包人、承包人之间进行的结算行为是否有违交易惯例、商业逻辑、生活经验、一般常理。就此，需特别注意结算的时间、结算金额是否存在不合理性。例如，发承包人之间的结算完成于实际施工人已就欠付工程款申请仲裁之后且结算金额明显低于第三方审计或通过造价鉴定所审核的结算金额的，则可认为该结算行为不具有合理性。

二、仲裁庭需要关注的法律问题

（一）合同中关于计价方式或计价标准没有约定或约定不明的处理

若实际施工人与承包人在合同中没有明确约定以发包人、承包人之间的结算结果作为结算依据，或者虽约定其他结算方式但该约定不明确的，实际施工人主张不以发包人、承包人之间的结算结果作为确定工程折价补偿款的依据，仲裁庭应予支持。

此时，实际施工人与承包人的合同、发包人与承包人的合同，相互独立。在当事人双方无特殊约定的情形下，实际施工人与承包人的结算不以发包人、承包人之间的结算为依据。实际施工人向承包人提交结算资料后，承包人理应在合理期间内审核并及时向实际施工人提出核定意见。承包人未对结算资料提出异议，而仅以发包人尚未与其结算作为抗辩事由的，不予支持。

（二）合同中约定以发承包人之间的结算结果或第三方审核意见作为实际施工人与承包人之间工程价款结算依据的处理

1. 一般原则。

因实际施工人与承包人的挂靠、转包、违法分包合同无效，合同约定以发包人与承包人之间结算结果或第三方审核意见作为结算依据的相关条款，亦应被认定无效。该条款属于"关于合同价款的约定"，故在实际施工人施工的工程质量合格的前提下，依据《民法典》第 793 条的规定，原则上该条款的约定仍可参照适用。但是，实际施工人能够证明发承包人之间的结算行为存在恶意串通减少工程结算款，损害实际施工人合法权益等情形的除外。

2. 特殊情形。

（1）发包人与承包人之间未完成结算或第三方未出具审核意见的处理。

实际施工人向承包人提交结算资料后，承包人理应在合理期间内审核、及时向实际施工人提出核定意见并及时提交发包人或第三方审核机构，若发包人与承包人未完成结算或第三方未能出具审核意见，仲裁庭应对未完成结算或未能出具审核意见的原因进行审查：

①因实际施工人原因导致未能及时进行结算或审计的，实际施工人请求以司法鉴定的方式确定工程造价的，仲裁庭不予支持，例如，实际施工人未按照约定报送所需的竣工结算资料等情形。

②因承包人原因导致未能及时进行结算或审计的，可视为承包人不正当地阻止条件成就，实际施工人请求以司法鉴定的方式确定工程造价的，仲裁庭应予以支持。例如，承包人收到实际施工人报送的竣工结算资料后未及时提交发包人或审计，或者未提交完整的结算审计资料等情形。

（2）实际施工人与承包人约定作为结算依据的第三方咨询意见存在不真实、不客观情形的处理。

合同约定以审计机关出具的审计意见作为工程价款结算依据的，应当遵循当事人约定，将真实有效的审计结论作为工程价款结算的依据。当事人提供证据证明审计机关的审计意见存在不真实、不客观情形的，仲裁庭可以准许当事人以补充鉴定、重新质证或者补充质证等方法纠正审计意见中存在的缺陷或错误。上述方法均不能解决的，应当准许当事人申请对工程造价进行鉴定。

（3）恶意串通的处理。

若发包人与承包人存在恶意串通进行结算损害实际施工人合法权益的情形，仲裁庭应依据《民法典》第154条认定发包人与承包人之间的结算协议无效，当事人申请造价鉴定的，仲裁庭应予以支持。

【争议问题】

问题 10　固定总价合同，承包人主张调价的处理

【问题界定】

发包人与承包人签订固定总价合同后，原则上合同约定的价款即为结算价款。总价合同履行期间，工程范围、建设工期、工程质量、技术标准、施工图纸等实质性内容未发生变化的，原则上不应调整。

合同约定固定总价并不意味着工程价款一律不得调整，只是在合同约定的风险范围内工程价款不作调整。若出现订立施工合同时无法预见的风险，可能导致双方的利益严重失衡的，继续履行则对当事人显失公平。此时，应对合同价款依约、依法予以调整。

【裁决指引性意见】

签订固定总价合同，价款确定的主要依据为施工图纸、工程量、现行规范等。作为合同依据的施工图纸、说明、相关规定等应对工程范围内容作出详尽的描述，承包人在投标时或签订合同时应据此对一切费用变化的因素作出合理的估计。如果签订合同时，发包人未向承包人提供施工图纸，或者仅依据初步设计图纸即编制工程量清单，以致出现清单漏项、漏量等情况且导致工程价款变化过大，则需要对变化部分的价款进行调整。

一、在认定是否超过固定总价合同约定的工程范围时应查明的事实和证据

（一）工程范围明确时应重点查明的事实

1. 是否名为固定总价合同，实为固定单价或约定不明。

2. 固定总价合同所包含的风险范围。

41

3. 是否因勘察报告不详或错误导致工程量发生变化。

4. 施工过程中，是否出现不利的客观条件。

5. 在工程范围明确时，应查明实际工程量调整的原因，是因发包人的原因或客观原因导致工程量的变化，还是因承包人自身的原因导致工程量的增加。

6. 非承包人的原因导致工期延误，在工期延误期间，人工费、材料费、施工机具使用费等是否上涨。

（二）工程范围有争议时应查明关于工程范围的合同约定及实际发生的变化

1. 合同依据的施工图纸等原始资料确定的工程范围。

2. 根据会议纪要、施工记录、监理材料等文件确定实际施工范围。

3. 是否存在设计变更，设计变更是否导致工程量发生变化。《新建设工程司法解释（一）》第19条第2款规定："因设计变更导致建设工程的工程量或者质量标准发生变化，当事人对该部分工程价款不能协商一致的，可以参照签订建设工程施工合同时当地建设行政主管部门发布的计价方法或者计价标准结算工程价款。"固定总价合同可参照适用该规定。

（三）举证责任的分配

主张工程价款调整的当事人应当对建设工程施工合同约定的工程具体范围、实际工程量增减的原因、实际增减的数量等事实承担举证责任。

二、在认定应否调整时应关注的法律问题

1. 双方对价格调整范围、方式有约定的，从其约定。

2. 若固定总价合同无效，则适用相关法律、法规关于建设工程施工合同无效情形下价款的确定方法。

3. 采用工程量清单方式招标形成的总价合同，其工程量必须以承包人完成且应予计量的工程量确定。合同履行过程中，发现招标工程量清单中出现缺项、工程量偏差，或因工程变更引起工程量增减时，应按承包人实际完成的工程量计算。

4. 是否适用情势变更原则。固定总价合同履行中，若钢材、木材、水泥、混凝土等对工程造价影响较大的主要建筑材料价格大幅上涨，合同对建筑材料价格上涨风险分担有约定的，应按合同约定处理；如果合同没有明确约定，且价格涨幅超出了当事人在订立合同时可以预见的、不属于商业风险范围，若施工合同未履行完成且不存在由于施工人原因导致的工期延误情形，继续履行合同对于当事人一方明显不公平的，承包人可要求发包人对合同价款作出相应调整，具体调整方式、金额可以委托鉴定机构根据施工合同履行过程中项目所在地建设行政主管部门有关价款调差文件的意见予以确定。

5. 考虑是否存在应适用不可抗力相关法律规定的情形。

第二章 施工合同无效情形下工程价款争议的处理

【争议问题】

问题 11 施工合同无效时，如何确定计价方法与依据

【问题界定】

施工合同无效，但建设工程验收合格或者经修复后验收合格的，仲裁庭可以依据《民法典》第 793 条之规定，参照施工合同关于工程价款的约定折价补偿承包人，但合理修复费用由承包人负担。施工合同无效，建设工程经修复后验收仍不合格的，依据《民法典》第 799 条之规定，工程不具备使用功能，据此承包人无权请求参照施工合同的约定折价补偿。

然而，在可以参照施工合同关于工程价款的约定折价补偿的情况下，对于可以参照适用之施工合同条款的范围，实践中存在争议。

【裁决指引性意见】

一、仲裁庭需关注的事实和证据

1. 施工合同约定的结算方法。

2. 建设工程是否已验收合格。

3.若已验收合格，是单位工程竣工验收合格，还是单项工程竣工验收合格，或建设项目竣工验收合格。

4.建设工程经验收不合格的，是否可经修复达到验收合格的标准。

5.建设工程是否存在停工、停建的情形。

6.建设工程是否属于政府投资项目。

7.建设工程是否具备《民法典》第793条规定的折价补偿的条件。

二、仲裁庭需关注的法律问题

（一）施工合同无效时，折价补偿款的计价依据

1.多份合同约定不一致，导致施工合同无效时，工程折价补偿款的计价依据。

多份合同约定不一致且违反《招标投标法》，导致施工合同无效的，工程折价补偿款的计价依据参照《本指引》施工合同价款纠纷编【争议问题1】【裁决指引性意见】第二条第（一）项处理。

其他情形下，多份合同约定不一致导致施工合同无效时，工程折价补偿款的计价依据参照《本指引》施工合同价款纠纷编【争议问题1】【裁决指引性意见】第二条第（三）项及第（四）项处理。

2.施工合同约定两类以及两类以上结算方法，导致合同价款的约定不明时，工程折价补偿款的计价依据。

一个项目的结算方法原则上只有一类，当主计价方法同时约定两类以及两类以上时，可能导致合同价款约定不明。合同对结算方法约定不明时，且双方当事人对以哪种方法进行结算亦无法达成一致的，可根据合同的履行情况确定双方实际执行的是哪种计价方法。如双方当事人对于计价方法各执一词，也可以考虑根据双方各自的主张分别进行鉴定，就不同计价方法之间的差额，在各方当事人之间进行合理分担。

按照市场价格确定工程折价补偿款计价依据的，若建设工程项目不存在可以参考的市场价格，仲裁庭可按照工程造价主管部门颁发的预算定额（定额价）、造价信息（信息价）并结合市场报价浮动率（一般为下浮率）的方式确定工程造价，从而确定工程折价补偿款计价依据。

另外，关于政府投资项目，仲裁庭还需特别注意地方政府或地方政府财

政部门对政府投资项目合同价款约定与调整、工程价款结算、工程价款结算争议处理等事项，是否存在特殊规定。

（二）施工合同无效时，无效合同中可以作为参照结算依据的条款范围

《民法典》第 793 条"可以参照合同关于工程价款的约定"中的"约定"主要指工程款计价方法、计价标准等与工程价款数额有关的约定。仲裁庭应当审慎认定"合同关于工程价款的约定"的范围，可以参照适用之条款的范围，通常认为仅包括施工合同中关于计价条款（工程计量方法、计价方法、工程造价组成条款）、工程款调整（价格调整）等直接关系工程价款确认内容的条款，不包括违约金及利息条款、支付方式、非直接关系工程价款确认内容的条款。

1. 利润、税金。

折价补偿并非返还施工成本，应当包括承包人的利润、税金等内容，仲裁庭可参照施工合同约定的包含了利润、税金的工程价款折价补偿承包人，以平衡其权利。

2. 违约金及利息条款。

施工合同中关于违约金及利息的约定，不属于直接关系工程价款确认内容的条款，故施工合同无效时，不宜参照适用。

3. 资金占用费。

施工合同无效，承包人主张发包人承担欠付款项资金占用费的，仲裁庭应予支持，并参照《本指引》施工合同价款纠纷编【争议问题 6】【裁决指引性意见】第二条第（三）项进行处理。

4. 支付方式条款。

施工合同通常约定工程预付款、工程进度款、工程竣工价款等结算支付的条款。另外，施工合同中通常还存在"背靠背"、完成结算、第三方审计等支付条件条款。前述条款仅属于工程价款支付的约定，不属于直接关系工程价款确认内容的条款，施工合同无效时，不宜参照适用。

若当事人就工程款支付时间能达成一致的，则仲裁庭可按当事人一致意思确定应付款时间；若未能达成一致的，仲裁庭可参考《本指引》工程价款优先受偿权编【争议问题 9】【裁决指引性意见】第二条及第四条推定付款条件成就之日。

5. 进度激励、优质工程奖励条款。

进度激励、优质工程奖励可以成为工程款的组成部分，若承包人实际完成的，仲裁庭可参照约定予以支持。

6. 管理费条款。

施工合同因违法分包、转包或挂靠等行为而无效的，若违法分包、转包人、被挂靠人实际提供了管理工作并主张管理费的，仲裁庭可参照《本指引》施工合同价款纠纷编【争议问题 13】"施工合同无效时，管理费相关争议的处理"的裁决指引性意见进行处理。

（三）施工合同无效时，质保金的处理

因案涉施工合同无效，质保金条款亦无效，合同中关于质保金扣留比例及返还时间的约定对合同当事人不再具有法律约束力。施工合同无效时，就质保金返还金额，仲裁庭可结合当事人的过错情况、已完工程质量、利益平衡、诚信原则等因素综合考量进行无效合同责任承担的认定。就质保金返还时间，可按照本争议问题【裁决指引性意见】第二条第（二）项第 4 目推定付款条件成就之日。

质保金的返还并不免除承包人的质量保证责任。案涉工程存在质量缺陷的，修复费用及损失仍应由承包人负担。关于工程质量保修期及缺陷责任的认定，可参考《本指引》施工合同质量纠纷编相关裁决指引性意见。

（四）施工合同无效，但存在有效的结算协议时，工程折价补偿款的计价依据

施工合同无效但若存在有效的结算协议，基于尊重当事人的意思自治，仲裁庭可在认定结算协议合法有效后，按照《本指引》施工合同价款纠纷编【争议问题 12】【裁决指引性意见】第二条第（二）项进行处理。

（五）合同无效情形下的损失分担

仲裁庭应根据当事人举证的双方过错程度、损失大小、过错与损失之间的因果关系等有效证据，参照《新建设工程司法解释（一）》第 6 条之规定作出裁决。损失大小无法确定的，一方当事人请求参照合同约定的工程价款支付时间确定损失大小的，仲裁庭可以结合双方过错程度、过错与损失之间的因果关系等因素作出裁决。

仲裁庭应特别注意，依据《民法典合同编通则司法解释》第 24 条第 2 款

之规定，仲裁庭应当结合折价补偿的情况，综合考虑财产增值收益和贬值损失、交易成本的支出等事实，按照双方当事人的过错程度及原因力大小，根据诚信原则和公平原则，合理确定损失赔偿额。

【争议问题】

问题 12　施工合同无效时，结算协议相关争议的处理

【问题界定】

依据《民法典》第 567 条的规定，合同的权利义务关系终止，不影响合同中结算和清理条款的效力。

参照《新建设工程司法解释（一）》第 29 条的规定，当事人在仲裁前已经对工程价款结算达成一致的，应尊重当事人意思自治，只要结算协议不存在法定无效事由或被依法撤销的情形，仲裁庭应当以结算协议作为结算工程价款的依据。

实践中，工程结算协议的内容，往往并非单纯结算工程价款，通常还包括对违约责任、损失赔偿等所达成的最终一揽子解决协议，当事人因合同无效而主张结算协议无效，或单独主张结算协议无效的情形，在仲裁实务中时有发生。在认定当事人主张结算协议无效的理由是否成立时，需综合审查进行个案判断。

【裁决指引性意见】

一、当事人主张结算协议无效时，仲裁庭需关注的事实和证据

（一）审查结算协议的形式及内容

结算协议是指双方当事人为解决施工合同中工程价款结算、清算或支付等事宜而达成的合意，通常以施工合同的补充协议、结算协议或退场结清协

议等方式出现。

实践中，工程结算协议的内容，往往并非单纯结算工程价款，通常还包括对违约责任、损失赔偿等所达成的最终一揽子解决协议，更类似于事后清算协议，其具有独立性，与建设工程施工合同中事先约定的结算条款不能等同。

仲裁庭需注意审查：（1）结算协议中是否存在将结算协议界定为施工合同从协议的条款。（2）结算协议是否涉及具体的结算过程，是否存在工程结算价款尚未固定、需要发承包人进一步核算的约定，例如存在包括清单范围内项目计量、变更签证、"人材机"调差、甲供材认价、索赔等内容。

（二）审查当事人主张结算协议无效的理由

当事人提出的无效事由通常有三类：（1）建设工程施工合同无效导致结算协议无效。对此，仲裁庭需重点审查结算协议是类似于事先约定的结算条款还是对既存债权债务关系进行清理的清算协议。（2）结算协议违反法律、行政法规的强制性规定。当事人提出的常见理由包括：结算协议对合同价款、计价标准、价款调整、调整方法、工期等主要条款进行了实质性变更，违背《招标投标法》第46条第1款的规定。（3）结算协议存在恶意串通损害他人合法权益的情形。是否存在恶意串通需要综合案涉证据判断，并参照《本指引》施工合同价款纠纷编【争议问题9】【裁决指引性意见】第一条第（四）项进行认定。

（三）审查结算协议是否存在无效或可撤销情形

审查结算协议是否存在《民法典》规定的法定无效或可撤销情形。如果结算协议存在法定无效或可撤销情形，按无效或可撤销合同进行处理。如果结算协议不存在法定无效或可撤销情形，结算协议内容属于双方对既存债权债务关系的清理，应属有效。

二、当事人主张结算协议无效时，仲裁庭需关注的法律问题

（一）合同无效的情形下，结算协议效力的认定

1.若结算协议仅涉及对当事人既存债权债务的清理，可视作独立的债权债务清理协议，并非施工合同的从合同，结算协议具有独立性。若结算协议因属于从合同而被认定无效的，建设工程验收合格或经修复合格的，此时仲

裁庭可依据《民法典》第793条之规定对结算协议中确定的工程结算价款可参照适用。若结算协议因自身存在效力瑕疵（如违反《民法典》强制性规定）而无效的，则其关于工程结算价款的约定不再参照适用。

2. 若结算协议中涉及本争议问题【裁决指引性意见】第一条第（一）项"仲裁庭需注意审查"部分所述情形的，仲裁庭需结合个案情况，审慎进行区别判断：

（1）若结算协议内容仍以结算为主，虽未确定具体结算金额，但双方就结算计划安排、调差处理、索赔项的处理等达成一致意见的，可以视为当事人对债权债务清理达成了新的合意，应当遵从。

（2）若仲裁庭审查结算协议的形式及内容后，认定该结算协议不具有债权债务清理属性的，应视为当事人尚未达成最终的结算协议，则需要重新结算或通过造价鉴定来确定结算价款。

（二）对结算协议的效力作出认定后，仲裁庭应区分效力认定的不同情形相应确定案涉工程价款

（1）经审查结算协议有效且不存在本争议问题【裁决指引性意见】第一条第（二）所述情形的，结算协议内容是当事人真实意思表示，可以类推适用《民法典》第793条的规定，参照结算协议约定，计算工程结算价款，对当事人的重新结算要求或鉴定申请均不予准许。

（2）经审查结算协议存在不是当事人真实意思表示或存在本争议问题【裁决指引性意见】第一条第（二）项所述情形的，应当支持重新结算或通过工程造价鉴定确定工程结算价款。

（3）当事人在法定期间内，以重大误解或欺诈胁迫为由，对结算协议提出撤销申请的，经审查属于法定可撤销情形的，应当撤销结算协议，支持重新结算或通过工程造价鉴定确定工程结算价款。

（三）合同无效的情形下，结算协议之利息、违约金条款效力的认定

施工合同无效的情形下，结算协议与施工合同中利息、违约金条款文字表述一致的，不应认定结算协议之利息、违约金条款当然无效，仲裁庭需对该条款的针对事项进行实质性审查。若结算协议中的利息、违约金条款系针对结算协议中已无争议的债权债务，且该条款独立于施工合同的利息、违约金条款，则可认定该条款有效。

仲裁庭需注意，该利息、违约金条款仅能因结算协议成立后、不履行结算协议之义务而触发，而不能追溯至结算协议成立之前。否则结算协议会因丧失独立性而无效，该利息、违约金条款亦同时归于无效。

【争议问题】

问题 13　施工合同无效时，管理费相关争议的处理

【问题界定】

本争议问题中的管理费是指在挂靠、转包、违法分包情形下，实际施工人与承包人之间约定扣除固定比例或固定数额的费用。实践中，该管理费也常被冠以"配合费""协作费""目标利润费用"等其他名目。

建设工程施工合同因转包、违法分包或挂靠行为无效时，对于合同中关于管理费约定的处理，业内存在争议。对承包人主张支付管理费、实际施工人主张返还管理费是否予以支持，应结合转包人、违法分包人、被挂靠人实际参与工程管理的情况，根据合同目的、管理费的性质等方面，对是否支持以及支持的比例或金额进行个案判断及认定。

本争议问题【裁决指引性意见】中的"承包人"为转包、违法分包、挂靠情形下的转包人、违法分包人、被挂靠人。

【裁决指引性意见】

一、仲裁庭需要关注的事实和证据

（一）管理费的相关约定

仲裁庭可通过审查合同、补充协议、会议纪要等证据文件，查明双方有无管理费的相关约定。

（二）承包人是否实际参与管理

仲裁庭应审查过程履约文件等证据，从多角度综合认定承包人是否实际履行了管理义务：

1. 管理人员方面，是否为实际施工人提供支持、安排工作人员参与工程现场管理。

2. 是否协助实际施工人编制工程资料。

3. 在财务方面，是否对工程款进行管理：协助报送工程款结算资料、请款等。

4. 在施工过程中，是否监督、管理、把控施工的具体流程，协助组织施工队伍、落实安全文明施工等管理行为。

5. 在施工过程中，是否配合与发包人、材料供应商、劳务单位等各方进行资金、施工资料等的调配和结算等。

6. 是否参与发包方、监理方、分供方等各方的沟通协调和工作会议。

7. 是否实际履行其他案涉工程进度、安全文明施工、工程质量、验收等施工过程的管理义务。

二、仲裁庭需要关注的法律问题

（一）管理费约定的效力和性质

1. 管理费约定的效力。

基于挂靠、转包、违法分包签订的建设工程施工均违反法律的强制性规定，属于无效合同。前述合同中关于实际施工人向承包人支付管理费的约定，应为无效。

2. 管理费约定的性质。

基于转包、违法分包及挂靠收取的管理费，是通过转包、违法分包或出借资质违法套取利益的违法行为，故该类管理费在性质上属于违法收益，不受司法保护。

但是，在承包人实际参与相应工程实际管理的情况下，对于承包人以实际参与管理为由主张相关费用的，仲裁庭可根据具体案情和当事人举证，结合承包人的实际劳务付出，参照合同约定酌情予以部分支持。

基于合同无效，酌情支持的"管理费"，性质上属于实际劳务成本补偿。

仲裁庭宜在裁决中对合同约定的管理费的性质实为"劳务补偿"及"实际劳务成本"进行充分说理。

（二）承包人主张支付管理费的处理

违法分包、转包工程合同或者挂靠合同中约定管理费，承包人主张支付管理费的，应结合转包人、违法分包人、被挂靠人实际参与工程管理的情况，根据合同目的、管理费的性质等方面，对是否支持及支持的比例或金额进行个案判断及认定：

1. 承包人已实际参与工程管理的处理。

在该管理费属于工程价款组成部分的情况下，若承包人在工程施工过程中实际履行了本争议问题【裁决指引性意见】第一条第（二）项所列管理义务并且已实际发生了相应管理成本或劳务成本的，承包人主张参照合同约定收取劳务费用的，仲裁庭可酌情予以支持。

就支持的比例或金额，仲裁庭应参照合同约定并根据当事人的举证，从如下几方面进行考量，酌定在各方之间合理分担该管理成本损失：（1）承包人在施工过程中实际参与管理协调的程度，转包人、违法分包人、被挂靠人实际支出的管理成本或劳务成本的金额；（2）从利益平衡角度，考量合同各方的过错程度等因素；（3）根据公平原则，以双方均不应在必要的实际管理费支出之外获利及不高于合同约定的管理费比例或金额为限。

实际施工人有证据证明合同约定的管理费高于承包人实际管理的劳务成本支出的，可依法予以调整。仲裁庭应综合承包人的管理行为、管理成本、行业平均利润等因素，酌情调整管理费。

2. 承包人未实际参与工程管理的处理。

承包人在工程施工过程中未实际履行本争议问题【裁决指引性意见】第一条第（二）项所列管理义务且未实际发生相应管理成本或劳务成本，而仅仅是通过提供施工资质、转包、违法分包在发包人与实际施工人间赚取差价牟利的，合同无效后承包人主张管理费的，仲裁庭不宜支持。

（三）实际施工人主张返还已支付的管理费的处理

实际施工人对承包人扣除管理费后支付工程款未提出异议，或者实际施工人认可并确认承包人扣除管理费后，又以合同无效或承包人收取管理费系违法所得为由主张返还的，根据实际施工人亦不能从其违法行为中获得利益的原则，并且基于实际施工人明知无法律上支付义务但仍予以支付的事实，仲裁庭对实际施工人主张返还已支付的管理费的主张应不予支持。

（四）未完工工程中管理费的处理

若因发包人原因导致停工，承包人在停工之前或之后实际参与工程管理的，应参照本争议问题【裁决指引性意见】第二条第（二）项第1目，在各方之间合理分担该劳务成本损失。

第三章 建设工程价款支付方式争议的处理

【争议问题】

问题14 发包人与承包人以房抵款协议的效力及处理

【问题界定】

发包人与承包人约定以承包人施工的工程项目所对应的房产或第三人房产折抵工程价款的情形，在建设工程施工合同仲裁纠纷中时有发生。

根据以房抵债协议的签订时间、协议中是否存在消灭工程款债权债务约定等情形，以房抵款协议可区分为代物清偿、让与担保、新债清偿、债的更改等性质，合同的性质会影响原工程债权与以房抵款约定关系的处理。

【裁决指引性意见】

一、仲裁庭需要查明的事实和证据

（一）注意审查和区分以房抵款的不同情形

不同的签约目的、不同的签订时间节点或阶段、不同的抵款房屋来源、不同的协议表述等因素，将直接影响以房抵款协议的性质，并导致相应适用不同的法律规定，据此仲裁庭应对以下事项进行查明：

1. 核实以房抵款协议的签署时间。实践中，大多以房抵款协议是在工程结算后签署，但也存在如下情形：以房抵债协议与建设工程合同同步签署（或作为建设工程合同条款），或在建设工程合同履行过程中且工程尚未结算前签署。

2. 注意审查抵款房屋的来源。以房抵款可以区分为以承包人施工的案涉工程项目房屋抵款、以发包人所有的案涉项目之外的其他房屋抵款、以第三人（如发包人关联公司）名下的房屋抵款等情形。

3. 注意区分抵款房屋是直接抵给案涉债权人还是抵给案涉债权人指定的第三方。实践中，以房抵款协议往往约定将房屋抵给承包人指定的分包商或其他第三方。

4. 注意审查在签订以房抵款协议情况下，当事人对原债务（支付工程款）处理的约定。例如，是否约定"以物抵债协议生效后，相应的原债务同时消灭"；或"如限期不能履行以房抵债（包括不能签署《房屋买卖合同》、不能办理房屋过户登记手续等），发包人应当承担继续向承包人支付工程欠款之义务"等类似表述。

（二）仲裁庭还应注意查明的事项

1. 审查以房抵款协议或行为是否损害第三人利益（如房屋其他共有人利益），避免出现当事人恶意串通损害第三人利益的情形。

2. 审查案涉工程项目是否达到工程款结算和支付条件。

3. 审查以房抵款协议签订后的履行情况，包括是否按约签订了《房屋买卖合同》并办理了房屋过户登记。

4. 审查是否约定如以房抵款协议未按约履行的，未能履行的原因和责任归属。

二、认定以房抵款协议效力时，仲裁庭需注意的法律问题

对以房抵款协议的效力、履行等问题的认定，除法律另有规定外，应以尊重当事人的意思自治为基本原则。

（一）在工程款债务履行期限届满前，债务人或者第三方与债权人达成以房抵款协议的处理

1. 在工程款债务履行期限届满前，债务人（发包人）或第三方与债权人

（承包人）达成以房抵款协议的，该以房抵款协议不直接构成对债的清偿，可参照《民法典合同编通则司法解释》第 28 条之规定，在审查债权债务关系的基础上认定该以房抵款协议的效力。

（1）当事人约定债务人到期没有清偿债务，债权人可以对抵债财产拍卖、变卖、折价以实现债权的，仲裁庭应当认定该约定有效。

（2）当事人约定债务人到期没有清偿债务，抵债财产归债权人所有的，该协议属于流质契约，仲裁庭应当认定该约定无效。当事人请求继续履行该抵债协议的，不予支持。债权人请求对抵债财产拍卖、变卖、折价以实现债权的，仲裁庭应予支持。

2. 在债务履行期限届满之前，当事人签订以房抵款协议，约定将房屋转让登记至债权人名下，债务人到期清偿债务，债权人将该房屋返还给债务人或第三方，债务人到期没有清偿债务，债权人可以对财产拍卖、变卖、折价偿还债权的，仲裁庭可参照《民法典担保制度司法解释》第 68 条的规定认定该约定有效，构成"让与担保"。

债务人或者第三方已将财产权利转移至债权人名下，债务人不履行到期债务的情形下，债权人请求确认财产归其所有的，仲裁庭不予支持；但债权人请求参照《民法典》关于担保物权的规定对财产折价或者以拍卖、变卖该财产所得的价款优先受偿的，仲裁庭应予支持。

（二）在工程款债务履行期限届满之后，债务人或者第三方与债权人达成以房抵款协议的处理

1. 在工程款债务履行期限届满之后，债务人或者第三方与债权人达成以房抵款协议，不存在恶意损害第三人合法权益、虚假仲裁等影响合同效力情形的，仲裁庭应当参照《民法典合同编通则司法解释》第 27 条的规定认定该协议自签订时生效。

2. 以房抵款协议签订后，债务人或者第三方按约履行以房抵款协议，已将房屋产权按约转移登记至债权人或债权人指定的第三方名下的，仲裁庭应当认定相应的原债务同时消灭；以房抵款协议已经履行完毕，抵债房产有瑕疵的，比照买卖合同的瑕疵担保责任处理。

3. 若协议明确约定："以房抵款协议签订生效后，视为发包人在建设工程合同项下的付款义务已履行完毕，承包人不得再向发包人主张相应的工程欠

款""原债权债务同时消灭"等类似表述的，以房抵款协议签订生效后，无论以房抵款协议是否履行完毕（包括抵款房屋是否过户登记至债权人或债权人指定的第三人名下），债权人只可依据以房抵款协议约定向债务人主张违约责任，不得再以建设工程合同原债权向债务人（发包人）主张。

4.若协议约定"限期不能履行以房抵债，发包人应当承担继续向承包人支付工程欠款之义务"等类似表述，以房抵款协议签订生效后，债务人（发包人）未能按约履行的，承包人有权依据建设工程合同原债权向债务人（发包人）主张相应工程欠款。

5.当事人对以房抵款协议生效后相应的原因债权债务是否消灭未明确约定的，债务人或者第三方未按约履行以房抵款协议，经债权人催告后在合理期限内仍不履行的，债权人选择请求履行原工程款债务或者以房抵款协议的，仲裁庭应予支持。

6.在前述4和5情形下，如债权人选择请求履行原工程款债务的，应当注意如下情形：

（1）以房抵款协议是否对"未按约履行"的具体情形作出约定，若存在具体约定，仲裁庭应当审查债权人主张"未按约履行"的情形是否符合合同约定；

（2）以房抵款协议是否涉及第三方，包括：是否以第三方的房产进行抵债，或将房产抵给债权人指定的第三人。如是，仲裁庭应注意审查：以房抵款协议签订后，当事人是否为履行以房抵款协议而签订了《房屋买卖合同》。若已签订《房屋买卖合同》的，仲裁庭应在确认《房屋买卖合同》已经解除或终止的情况下，方可确认承包人有权请求发包人履行工程款原因债务。

【争议问题】

问题 15　发包人以商票支付工程款而商票兑付不能时的处理

【问题界定】

建设工程施工合同履行中，发包人有时会采用商业承兑汇票（以下简称商票）的方式向施工方支付工程款。施工方接受商业承兑汇票后，其基于建设工程施工合同所形成的原因债权是否归于消灭，如因商业承兑汇票无法承兑，施工方（即持票人）是否还有权根据建设工程施工合同约定，再向建设单位主张票据无法兑付金额等额的工程款等问题，仲裁实务中存在争议。

【裁决指引性意见】

一、仲裁庭应查明合同中关于以商票支付工程款的相关约定，以判断当事人的真实意思表示及债权债务关系的性质

仲裁庭首先应当查明当事人在施工合同或商票协议中是否明确约定票据交付即消灭建设工程价款原因债权，例如商票开具 / 交付视为已支付工程款、承包人无权另行主张工程款或票收款清等约定。

当事人的签约意图将直接影响当事人之间的法律关系为债的变更或新债清偿。

（一）若当事人明确约定票据交付即消灭建设工程价款原因债权，则原因债权与票据权利之间关系为"债的变更"

若合同中明确约定了票据交付即消灭原因债权或类似意思表示的，因双方明确约定商票交付时已完成支付工程款的义务、票面金额范围内的工程款债权已经消灭，因此承包人不能再以建设工程施工合同法律关系主张原因债权，而应根据商票追索权的规定按照票据法律关系主张权利。

（二）若当事人未明确约定票据交付即消灭建设工程价款原因债权，则原因债权与票据权利之间关系为"新债清偿"

若合同中没有约定票据交付即消灭原因债权，商票只是债务人为履行原因债权而约定的工程款支付方式中的一种方式。一般情况下，承包人接受发包人开具的商票并到期兑付的，或者已将商票背书转让的，应视为发包人已经支付工程款。承包人持有的商票到期未能兑付或出票人拒绝兑付的，除因承包人未按照提示付款期限提示付款等其自身过错被拒绝兑付外，发包人的付款行为并未实际完成，仍应承担相应数额的付款责任。据此，向票据债权人交付票据，原因债权并不消灭，持票人对其前手既享有票据权利，也享有原因债权，二者并存，即施工方既可选择行使票据追索权，也可基于建设工程施工合同的基础法律关系向发包人主张对应的工程款债权。

需特别注意：基于保护债权的理念，"债的变更"一般需要有当事人明确消灭旧债的合意，否则，合同中关于以商票支付工程款的相关约定，性质一般应认定为"新债清偿"。

二、关于票据权利和原因债权竞合时的行使顺位问题

在票据权利和原因债权同时存在的情况下，从票据关系产生的原因和票据功能的角度考虑，一般而言，施工方应先行使票据付款请求权，未能实现债权的，可再行使原因债权。

仲裁庭在审理施工方基于原因债权主张工程款的案件时，需要先行审核施工方是否提供了商票无法兑付的证据材料。例如，承包人提起仲裁时，汇票未到承兑期，则在仲裁裁决之前，承包人能够提供汇票无法兑付的证据材料的，仲裁庭才能作出支持承包人的裁决。

在新债清偿情形下，承包方作为持票人在期限内提示付款被拒的，承包人享有选择权，既可以按票据关系向票据前手行使追索权或利益返还请求权，也可以依基础关系向直接前手主张建设工程价款支付原因债权。

综上，仲裁庭在审理施工方基于原因债权主张工程款的案件时，需要先行审核施工方是否还持有票据，且提供了商业汇票无法兑付的证据材料，在施工方提供商业汇票承兑或付款被拒的证明材料情况下，施工方的工程债权才能被支持。

三、施工方选择主张原因债权时，已取得的未能承兑的票据的处理

在票据权利未被依法剥夺的情况下（例如发包人并非票据出票或付款人，或者票据已经背书转让流转），无论发包人是否已经支付原因债务，仍可能会出现票据持有人基于票据向背书人、出票人或其他票据债务人提出票据追索，或向出票人、承兑人请求返还票据利益的可能性。因此，在票据未获兑付，施工方选择向发包人主张建设工程施工合同项下的原因债权时，仲裁庭应注意核查：施工方的债权在被支持前，其应向发包人交还票据，以截断票据追索、利益返还请求的可能性。

四、关于持票人逾期提示付款，是否还可以主张原因债权的问题

持票人逾期提示付款的，依据《票据法》第18条的规定，持票人丧失票据权利，但仍然享有民事权利，可以请求出票人或者承兑人返还其与未支付的票据金额相当的利益。《票据法》关于持票人利益返还请求权的规定，是为维持失权持票人与出票人、承兑人之间的利益平衡，防止出票人和承兑人因此获得不当利益。在持票人和直接前手之间，若持票人失权是因其自身过错所致，应自行承担相应的不利后果。若允许持票人再主张原因债权，因票据权利已存瑕疵，债务人（同时为出票人或承兑人的除外）履行基础关系产生的债务后却无法获得完整的票据权利，有失公允。故持票人逾期提示付款导致票据权利丧失的，原则上不能基于基础关系主张原因债权，只可以依据《票据法》第18条的规定，向出票人或者承兑人主张利益返还请求权。

五、关于票据到期持票人未获付款，既有持票人逾期提示付款的情形，也有承兑人客观上已丧失支付能力情形时，持票人的权利认定问题

持票人逾期提示付款和承兑人客观上丧失支付能力二者的法律效果不同，宜分别评价。持票人逾期提示付款的，依《票据法》相关规定，持票人丧失对其前手的追索权；而承兑人发生客观上丧失票款支付能力情形的，依照《票据法》第61条第2款的规定，持票人享有期前追索权。因此，如果持票人逾期提示付款的事实发生在前，则持票人既不能向前手行使票据追索权，也不能基于基础关系主张原因债权，只能向出票人或者承兑人请求承担付款

责任；而如果在票据提示付款期限届满之前承兑人丧失支付能力，则持票人既可以向前手行使票据追索权，也可以基于基础关系主张原因债权。

六、关于基础关系债权人被追索清偿后，能否再向债务人主张原因债权的问题

基础关系债权人收受票据后，票据经历背书甚至多次背书，债权人被追索并予以清偿的，此时债权人重新获得票据，在享有持票人地位的同时也意味着其债权并未得到清偿。其对基础关系直接前手的权利，与本争议问题【裁决指引性意见】第二条的处理方式相同。

【争议问题】

问题 16 | **在承包人申请支付工程价款时，发包人以工程质量缺陷或工期延误主张从工程价款中扣减费用的，应按抗辩还是反请求处理**

【问题界定】

实践中，在承包人作为申请人提起仲裁申请要求发包人支付工程欠款的案件中，发包人作为被申请人往往提出工程质量存在瑕疵、不符合约定或工期存在延误的抗辩，主张应当从工程价款中扣除承包人应承担的修复费用、实际损失、质量瑕疵或工期延误违约金等费用。

抗辩一般是指被申请人对申请人请求的反驳，反请求则是一项独立的请求。对于发包人提出的从工程价款中扣除相关费用的主张，在何种情况下可作为抗辩主张扣减、在何种情况下必须作为反请求提出，仲裁实务中存在争议。

【裁决指引性意见】

一、仲裁庭应查明或关注的问题

（一）发包人主张扣减的各项费用与承包人主张的工程价款是否符合债务抵销的法律规定

1. 仲裁庭应判断承包人请求的工程欠款与发包人主张抵扣的款项在类型和性质上是否相同。

（1）承包人主张发包人支付工程价款，发包人以承包人违约在先为由提出异议的，仲裁庭可参考《买卖合同纠纷司法解释》第31条的规定判断款项类型和性质是否相同并按照下列情况分别处理：

①发包人拒绝支付逾期付款违约金、拒绝赔偿逾期付款损失或者主张承包人应当采取减少价款等补救措施的，属于提出抗辩。

②发包人主张承包人应支付违约金、赔偿损失或者要求解除合同的，应当提起反请求。

（2）仲裁庭应当注意审查案涉合同中对于从工程款中扣减相关费用有无明确约定。

承包人请求的工程欠款与发包人主张抵扣的款项在类型和性质上虽属于不同性质的债权债务，若当事人就发包人主张抵扣的款项有明确的扣减约定或者同意可以相互抵销的，应按本争议问题【裁决指引性意见】第一条第（二）项处理。

2. 仲裁庭还应判断发包人主张扣除的金额是否超过承包人本请求主张的欠付工程款金额。金额超过本请求金额时，仲裁庭难以在本请求裁判中处理发包人的减价主张。

（二）发包人主张扣除的款项是否已经明确，双方是否另外存在工程质量或工期争议

1. 就发包人主张扣除的款项金额，无论是工程质量瑕疵扣款还是工期延误损失／违约金，若双方已在结算协议中明确或已通过其他方式达成相互抵销合意或已实际完成抵扣，且根据合同约定及相关证据可以直接确认已经发

生的相关费用的，可以按抗辩处理，否则，宜按反请求处理。

2. 承包人对于发包人提出扣款所基于的工程质量瑕疵或工期延误本身存在争议的，即需要另行审查是否存在工程质量瑕疵或工期延误，方能确定相应金额（包括质量瑕疵修复费用、违约金等）的，不宜作为抗辩处理，发包人应另行提出反请求或另案请求。

（三）审查发包人的扣减费用主张是否符合法定抗辩权的要件

如果发包人的扣减费用主张满足《民法典》第525条、第526条、第527条关于当事人行使同时履行抗辩权、先履行抗辩权或不安抗辩权的构成要件，则仲裁庭宜按发包人抗辩处理。

二、对于发包人仅主张扣减相关费用时的程序处理

1. 对于当事人仅主张扣减相关费用，但未明确其扣减主张是作为抗辩还是反请求时，仲裁庭应询问当事人，要求其对该扣减主张仅作为抗辩还是作为反请求申请予以明确。如作为反请求的，应书面提出仲裁反请求申请书并办理相应手续。

2. 对于当事人已明确其扣减主张仅作为抗辩，而仲裁庭经审查认为发包人扣减主张应当作为独立请求进行处理的，仲裁庭可按以下方式处理：

（1）明确抗辩与反请求的区别。

（2）告知当事人若将应提反请求的事项仅作为抗辩理由的，存在仲裁庭不予处理的风险。

（3）将该项扣减主张应按抗辩或反请求处理列入争议焦点，要求双方充分发表辩论意见。

（4）限定当事人提出反请求的期限，告知超期提出反请求的后果（仲裁庭有权决定不予接受逾期提交的反请求申请）。

第四章　施工合同工程价款争议中的价款鉴定问题

【争议问题】

问题 17　合同约定进行政府审计的情况下，工程价款如何确定

【问题界定】

政府审计，是指国家审计机关依据《审计法》《审计法实施条例》《政府投资项目审计规定》等相关规定对建设工程项目开展的行政审计活动，也包括财政评审机构依据相关规定出具的评审结论，但不包括当事人的内部审计、审核或当事人上级单位对当事人进行的审计、审核，也不包括一方委托或双方共同委托社会第三方机构进行的审计、审核。

【裁决指引性意见】

一、仲裁庭应关注的事实和证据

（一）判断能否以政府审计结论作为工程价款结算依据时，应查明的事实

1.建设工程施工合同、补充协议、会议纪要、往来函件或其他经发包人与承包人双方确认的书面文件，是否明确约定以财政、审计等部门的审计、

审核结论作为双方结算的依据。

2.案涉工程是否属于《审计法》及相关法律法规规定应进行审计的建设项目。

3.是否超出合同约定的期限未出具审核、审计结论。

4.未在约定的期限内出具审核、审计结论是否有正当理由。

5.财政、审计等部门是否明确表示无法进行审核、审计。

6.是否因承包人原因导致未能及时进行审核、审计，例如承包人未按照约定报送审核、审计所需的竣工结算资料。

7.约定"以政府审计结论作为结算依据"后，在未进行审计的情况下，申请仲裁前是否就通过其他方式就工程价款达成一致意见。

（二）未明确约定审核、审计期限的，需认定合理期限

《政府投资项目审计规定》第9条规定："审计机关对列入年度审计计划的竣工决算审计项目，一般应当在审计通知书确定的审计实施日起3个月内出具审计报告。确需延长审计期限时，应当报经审计计划下达机关批准。"如果未明确约定审核、审计期限，仲裁庭可参考该规定处理。除此之外，仲裁庭还需结合如下因素综合认定"合理期限"：

1.建设工程项目的特殊性和复杂程度。

2.发包人收到承包人报送的竣工结算资料后是否及时向财政、审计等部门提交资料。

3.经承包人催告，发包人是否在合理期限内将承包人报送的竣工结算资料及时向财政、审计等部门提交。

（三）就审计结论能否作为结算依据，应查明的事实

1.是否有证据证明审计结论不真实、不客观、不合理、不准确。

2.审计依据、审计期限是否符合合同约定及相关法律行政法规的规定。

3.审核、审计过程中是否存在违法、违规行为。

二、仲裁庭需关注的法律问题

（一）只有合同明确约定以政府审计作为工程结算依据的，才能将审计结论作为裁决的依据

虽然《审计法》第23条规定审计机关对政府投资和以政府投资为主的建

设项目的预算执行情况和决算等进行审计监督，除非合同明确约定以政府审计意见作为工程价款结算依据，当事人请求以审计机关作出的审计报告、财政评审机构作出的评审结论作为工程价款结算依据的，原则上不予支持。

（二）不视为"合同约定以审计结论作为建设工程结算依据"的情形

1. 合同中未明确约定以审计结论作为建设工程结算依据，承包人基于现实客观因素的考虑不得不配合进行审计，承包人按审计部门的要求提交工程项目相关资料的配合行为不视为已经同意将审计结论作为双方结算的依据。

2. 虽然约定了政府审计，但未明确约定以审计结论作为工程结算依据的，不能推定为双方约定将审计结论作为工程结算依据。

3. 合同未明确约定"行政审计""政府审计""政府财政评审"，而是使用"审计""审核""评审""复核"等表述。因实践中存在政府审计、企业内部审计、第三方审计等多种审计方式，仲裁庭结合案件事实及证据仍无法判断双方约定的审计是否为政府审计时，通常不应认定应以政府部门出具的审计报告作为结算依据。

（三）合同约定以政府审计结论作为结算依据，但双方在未进行审计的情况下已经对工程价款或通过其他方式就工程价款达成一致意见

合同约定以政府审计结论作为建设工程结算依据，但合同实际履行过程中双方未进行政府审计，且在约定"以政府审计结论作为结算依据"后、双方于申请仲裁前已经对工程价款或通过其他方式就工程价款达成一致意见的，应根据个案情况酌情视为双方当事人变更了关于结算依据确定方式的约定，一方主张以政府审计结论作为结算依据的，仲裁庭一般不应支持。

（四）承包人对"合同约定以政府审计结论作为结算依据"的建设项目工程造价申请司法鉴定

1. 审计机关在当事人申请仲裁前未出具审计意见的，仲裁庭应当对审计机关未出具审计意见的原因进行审查，并分别作出处理：

（1）因承包人原因导致的，例如承包人未按照约定报送政府审计所需的竣工结算资料等，承包人请求以司法鉴定的方式确定工程造价的，仲裁庭不宜支持。

（2）因发包人原因导致的，例如发包人收到承包人报送的竣工结算资料后未按约定报请审计机关对工程价款进行审计等，可视为发包人不正当地阻

止条件成就，承包人请求以申请司法鉴定的方式确定工程造价的，仲裁庭宜予以支持。

（3）因审计机关自身原因导致的，仲裁庭可以函告审计机关在合理期间内出具审计意见。审计机关未在合理期间内出具审计意见又未能作出合理说明、或审计机关明确表示无法进行审计的，承包人请求以申请司法鉴定的方式确定工程造价，仲裁庭应予支持。

2.审计机关出具了审计意见，一方当事人以审计结论不客观、不真实或存在错误申请司法鉴定的处理。

当事人有证据证明审计结论违反法律规定或合同约定的，仲裁庭可以在必要的情况下对工程造价进行重新鉴定，例如：

（1）当事人有证据证明审计机关的审计意见存在漏项的，仲裁庭可以依据当事人的申请函告审计机关在合理期间内就漏项部分出具补充审计意见。审计机关未在合理期间内出具审计意见又未能作出合理说明的，仲裁庭可以依据当事人的申请就漏项部分进行工程造价鉴定。

（2）当事人有证据证明审计机关的审计结论与工程实际情况或者合同约定不符，例如采用了与合同约定不符的计价依据的，仲裁庭应当允许当事人就不符部分另行通过司法鉴定确定造价。

3.已经启动司法鉴定程序后，审计机关又出具审计结论的处理。

启动司法鉴定程序之后、审计机关又出具审计结论的，一般情况下司法鉴定程序不予中止或终止。根据个案情况，仲裁庭亦可以根据申请鉴定的一方当事人的意见，酌情决定是否中止或终止司法鉴定程序。

司法鉴定程序不予中止或终止的情形下，司法鉴定结论与审计机关出具的审计结论不一致的，原则上以司法鉴定结论作为结算依据，但当事人有证据证明鉴定人不具备相应资格、鉴定程序严重违法、鉴定意见明显依据不足或鉴定意见具有不能作为证据使用的其他情形的除外。

工程价款优先
受偿权编

第一章 涉及主体的工程价款优先受偿权争议

【争议问题】

问题1 发包人为非项目所有权人时，承包人主张工程价款优先受偿权的处理原则

【问题界定】

《建筑法》第22条及《民法典》第791条等现行法律对于"发包人"资格并无明确规定。通常情况下，建设工程的发包人即为项目的所有权人。

建设工程价款优先受偿权是承包人就工程折价或者拍卖的价款有优先受偿的权利，该权利的实现需要对建设工程项目的所有权进行处分。据此，《民法典》第807条和《新建设工程司法解释（一）》第35条规定的发包人，一般应为工程项目的所有权人。当发包人非项目所有权人时，仲裁庭对于承包人行使工程价款优先受偿权的主张，应当慎重处理。

【裁决指引性意见】

本争议问题主要就发包人并非项目所有权人时，仲裁庭审理承包人工程价款优先受偿权请求的法律适用规则作出指引。

房地产合作开发、委托代建、装饰装修工程三类发包人为非项目所有权人特殊情形的处理，参见《本指引》工程价款优先受偿权纠纷编【争议问题

71

2】【争议问题3】【争议问题4】。

一、仲裁庭需关注的程序问题

通常，工程价款优先受偿权的行使主体，系与拥有项目所有权的发包人订立建设工程施工合同的承包人。在房地产合作开发、委托代建、装饰装修工程等项目中，存在承包人与不具有所有权的发包人签订建设工程施工合同的特殊情形。此时，项目所有权人不是建设工程施工合同的签约主体，不受合同中仲裁协议的约束。在仲裁程序中，将项目所有权人追加为案件当事人，存在无仲裁协议的程序障碍。

本争议问题【裁决指引性意见】的适用，应以项目所有权人能进入仲裁程序并可列为案件当事人（被申请人）为前提。在发包人非项目所有权人时，对承包人可否就承建工程享有工程价款优先受偿权进行审理，仲裁庭首先需要在程序上解决对案外人（项目所有权人）的仲裁管辖问题。

二、仲裁庭需查明或关注的事实

1.仲裁庭需查明承包人行使工程价款优先受偿权的法定要件是否均已具备。

（1）发包人是否欠付工程价款、发包人欠付的工程价款是否为承包人主张行权的工程标的物施工所产生的债权。

（2）工程标的物依法是否可折价、拍卖，工程性质不宜折价、拍卖情形的认定，参见《本指引》工程价款优先受偿权纠纷编【争议问题7】。

（3）承包人是否在规定时限内提出权利主张，工程价款优先受偿权行使期限的认定，参见《本指引》工程价款优先受偿权纠纷编第三章。

2.如仲裁庭认定前述情形均为"是"，则建议仲裁庭根据具体案情，进一步考虑下列全部或部分因素。

3.查明发包人与项目所有权人主体分离的基础原因事实。

仲裁庭在审理时，需要分辨和判断发包人与项目所有权人主体分离是基于何种基础原因事实，从而判断项目所有权人是否为支付工程价款的义务主体。

4.就承包人与发包人订立建设工程施工合同的情况，需特别关注如下几个方面：

（1）承包人是否有放弃工程价款优先受偿权的意思表示。

（2）项目所有权人是否存在向承包人明示阻断或限制承包人优先受偿权、对发包人的工程合同债务不承担任何责任等相关意思表示。

（3）承包人是否知道或者应当知道发包人不是项目所有权人。

（4）承包人是否知道或者应当知道项目所有权人与发包人之间就案涉建设工程存在的基础法律关系。

5. 就建设工程合同履行情况，需特别关注如下几个方面：

（1）发包人与项目所有权人关系的变化情况及变化原因等事实。

（2）项目所有权人介入有关合同价款计算、确认、支付的情况。

（3）承包人与发包人的利益关联情况，承包人与发包人就建设工程合同项下变更价款计算规则、追加价款、延长发包人应付款期限等合同履行过程中的合同内容变更情况。

6. 关注项目所有权人对于发包人订立建设工程合同、履行工程价款支付义务的能力及意愿的影响情况。

三、仲裁庭需考虑的法律适用问题

1. 根据本争议问题【裁决指引性意见】第二条第 1 目查明的事实，仲裁庭需判别法律和司法解释规定的承包人行使工程价款优先受偿权的各构成要件是否均已满足。

2. 根据本争议问题【裁决指引性意见】第二条第 3 目查明的事实，判定如下事项：

（1）项目所有权人与发包人就案涉建设工程存在何种基础法律关系（通常包括合作开发中的合伙或非合伙关系，委托代建或委托代理关系等），并据此判别发包人是否基于合法正当事由与承包人订立和履行建设工程施工合同。

（2）项目所有权人依法或依约应否对发包人的工程价款债务承担连带责任或者对相应建设工程产生的债务承担担保责任。

（3）项目所有权人是否知道或者应当知道发包人与承包人订立和履行建设工程施工合同，且未向承包人提出合理异议。

（4）承包人完成的建设工程成果是否有助于实现项目所有权人利益。

（5）工程所有权人与发包人就案涉建设工程的成果是否存在合理的正向利益关联（就案涉建设工程成果而言，发包人的损益对于项目所有权人的损益有同向影响）。

3. 根据本争议问题【裁决指引性意见】第二条第4目查明的事实，判定如下事项：

（1）承包人是否放弃了优先受偿权，包括承包人在明知项目所有权人拒绝为发包人工程价款债务承担任何责任的情形下仍然与发包人订立和履行建设工程施工合同。

（2）关注承包人与发包人是否存在恶意串通，不当扩大承包人工程价款优先受偿权受偿范围、延长承包人工程价款优先受偿权行权期限等损害项目所有权人权益的事由。就此，仲裁庭可参考《本指引》工程价款优先受偿权纠纷编【争议问题13】处理。

4. 仲裁庭还需审查及判定如下事项：

（1）预期的裁决结果，是否存在与现行法律行政法规、司法解释及政策等有关规定相背离或与本案其他裁决项内容不相容的情形。

（2）预期的裁决结果，是否存在法理或逻辑上的冲突。

【争议问题】

问题 2　房地产合作开发情形下，发包人为非项目所有权人时，承包人主张工程价款优先受偿权的处理

【问题界定】

原则上，工程价款优先受偿权的行使以发包人为工程所有权人为限，且限制在与发包人订立建设工程施工合同的承包人范围内。

实践中，在房地产合作开发情形下，当发包人为非项目所有权人时，仲裁实务界对承包人主张工程价款优先受偿权请求的处理存在争议。

发包人为非项目所有权人时，承包人主张工程价款优先受偿权请求的处理的原则性适用指引，参见《本指引》工程价款优先受偿权纠纷编【争议问题1】。

【裁决指引性意见】

房地产合作开发情形下，发包人为非项目所有权人时，仲裁庭就承包人主张工程价款优先受偿权请求的处理，应注意如下原则及其他注意事项：

一、房地产合作开发项目中，发包人为非项目所有权人的常见情形

发包人为合作开发项目中的非土地使用权人一方，通常基于对项目的出资，以发包人身份对外签订建设工程施工合同。

二、房地产合作开发情形下，发包人非项目所有权人时，承包人主张优先受偿权的处理原则

房地产合作开发一般可认定为共同投资的合伙关系。基于合伙关系，项目所有权人依法或依约对发包人的工程价款债务负连带责任或者担保责任。

承包人享有建设工程优先权的前提是承包人投入的生产要素物化为建筑物中不可分割的组成部分。施工是承包人将人力、物力、财力物化到建筑物中的过程，并且承包人履行建设工程合同创造或增加了属于项目所有权人所有的建筑物的价值，是实现建设工程经济价值的物质基础。发包人的责任财产增加，存在其他债权人方就该建筑物实现债权的可能性，因此需保障承包人工程价款债权的实现。因此，房地产合作开发情形下，发包人为非项目所有权人时，承包人请求确认对承包工程享有工程价款优先受偿权的，仲裁庭一般可以支持承包人的主张。

但是，仲裁庭需特别关注个案中是否存在以下例外情形：

1.在履约过程中，房地产合作开发法律关系是否发生变化。例如，合作开发当事人共同成立了新的项目公司或土地权属发生了变化等。

2.相应裁决是否可能导致对该工程的利害关系人（主要指项目所有权人、发包人、承包人、工程抵押权人）权利保护明显失衡。

3.是否存在由于项目土地权属不具有流转性而导致工程属于"不宜折价、拍卖"的情形。

4.是否存在与现行法律行政法规有关规定、本案其他裁决项内容不相容

的情形。

5.是否存在《商品房消费者权利保护批复》对于商品房消费者的保护规则中规定的例外情形。

【争议问题】

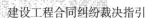

问题3 委托代建情形下，发包人为非项目所有权人时，承包人主张工程价款优先受偿权的处理

【问题界定】

原则上，工程价款优先受偿权的行使以发包人为工程所有权人为限，且限制在与发包人订立建设工程施工合同的承包人范围内。

然而，实践中，在委托代建情形下，发包人为非项目所有权人时，承包人主张工程价款优先受偿权的处理，仲裁实务界存在争议。

发包人为非项目所有权人时，承包人主张工程价款优先受偿权请求的处理的原则性适用指引，参见《本指引》工程价款优先受偿权纠纷编【争议问题1】。

【裁决指引性意见】

委托代建情形下，发包人为非项目所有权人时，仲裁庭就承包人主张工程价款优先受偿权请求的处理，应注意如下原则：

一、委托代建项目中，仲裁庭应对委托代建的模式进行识别

1.建设单位与代建单位签订委托代建协议且同时参与建设工程施工合同的签订及履行，即委托代建的建设单位直接参与建设工程施工合同的签订，并且合同约定工程价款支付义务的主体为建设单位，委托代建仅为利用代建单位对项目的工程管理能力的，该情形下建设单位是工程价款债务人。

2.建设单位与代建单位签订委托代建协议，但建设单位不直接参与建设

工程施工合同的签订及履行的，该情形下代建单位是工程价款债务人。

3. 名义上为委托代建，实际上并非委托代建的情形。例如，合同名称形式为委托代建，但内容是合作开发，即一方提供土地，一方提供资金和工程项目管理并确定利益分配等。前述情形不是真正的委托代建，宜按照《本指引》工程价款优先受偿权纠纷编【争议问题 2】进行处理。

二、委托代建情形下，发包人为非项目所有权人时，承包人主张优先受偿权的处理原则

区别于建设工程施工合同及承揽合同，在委托代建情形下，代建方提供的是专业服务，收取的报酬是专业服务的对价，代建方与项目所有权人之间为委托合同关系。

基于委托关系，依据《民法典》第 925 条、第 926 条的规定，代建单位以自己的名义，在建设单位授权范围内与承包人订立的建设工程施工合同，承包人在订立合同时知道代建单位与建设单位之间的代理关系的，该合同直接约束建设单位与代建单位，建设单位依法或依约对发包人的工程价款债务负连带责任或者担保责任。

如前所述，承包人享有建设工程优先权的前提是承包人投入的生产要素物化为建筑物中不可分割的组成部分。施工是承包人将人力、物力、财力物化到建筑物中的过程，并且发包人履行建设工程合同创造或增加了属于项目所有权人所有的建筑物的价值，是实现建设工程经济价值的物质基础。此情形下的优先受偿权属于费用型担保物权。发包人的责任财产增加，其他债权人方有就该建筑物实现债权的可能性，需要保障承包人工程价款债权的实现。因此，在委托代建情形下，发包人为非项目所有权人时，承包人请求确认对其承建工程享有工程价款优先受偿权的，仲裁庭一般可以支持承包人的主张。

但是，仲裁庭需特别关注个案中是否存在如下例外情形：

1. 相应裁决是否可能导致对该工程的利害关系人（主要指项目所有权人、发包人、承包人、工程抵押权人）权利保护明显失衡。

2. 是否有确切证据证明该建设工程施工合同只约束代建单位和承包人，该合同对建设单位没有直接约束力。

【争议问题】

问题 4 **装修装饰工程，发包人为非项目所有权人时，承包人主张工程价款优先受偿权的处理**

【问题界定】

原则上，工程价款优先受偿权的行使以发包人为工程所有权人为限，且限制在与发包人订立建设工程施工合同的承包人主体范围内。

然而，实践中，装修装饰工程中，发包人为非项目所有权人时，承包人主张工程价款优先受偿权请求的处理，仲裁实务界存在争议。

发包人为非项目所有权人时，承包人主张工程价款优先受偿权请求的原则性适用指引，参见《本指引》工程价款优先受偿权纠纷编【争议问题 1】。

【裁决指引性意见】

装修装饰工程中，发包人为非项目所有权人时，仲裁庭就承包人主张工程价款优先受偿权请求的处理，应注意如下原则及其他注意事项：

一、装饰装修工程中，发包人为非项目所有权人的常见情形

1. 与业主不存在直接租赁关系、从"二房东"处租赁了整栋案涉房屋的承租人，对外签署装饰装修施工合同，对租赁房屋进行重大修缮。

2. 装饰装修施工合同的发包人与业主存在联营关系，发包人以其名义对外签订了装饰装修施工合同，对租赁房屋进行重大修缮。

二、装饰装修工程合同纠纷中，工程价款优先受偿权的行使原则上以发包人为工程所有权人为限

装饰装修工程的承包人投入生产要素，以已经建造的建筑物为基础而进行的二次改造和修缮，该投入物化为建筑物中不可分割的组成部分，增加了属于项目所有权人所有的建筑物的价值，故其与其他建设施工项目具有相同属性。因此，装饰装修工程合同纠纷中工程价款优先受偿权的行使，同样宜适用《本指引》工程价款优先受偿权纠纷编【争议问题1】，原则上装饰装修工程价款优先受偿权的行使应以发包人为工程所有权人为限。

据此，虽然《新建设工程司法解释（一）》删除了"但装饰装修工程的发包人不是该建筑物的所有权人的除外"的表述，但装饰装修工程发包人是否为建筑物所有权人仍然是关键的考虑因素。

三、装饰装修工程合同纠纷中，在审查工程性质是否宜折价、拍卖时，仲裁庭应重点审查的事项

"工程性质不宜折价、拍卖情形"的认定，参见《本指引》工程价款优先受偿权纠纷编【争议问题7】。

装饰装修工程的承包人就建设工程价款主张优先受偿权应具备折价或者拍卖条件，应理解为装饰装修工程的承包人就建设工程价款主张优先受偿权的同时应举证证明行使工程价款优先受偿权的各构成要件已全部满足。另外，仲裁庭还应重点审查如下事项：

1. 整个工程是否需要折价或者拍卖，案涉装饰装修工程是否可单独评估且与其他工程一并折价或者拍卖。

由于装饰装修工程依附于主体工程，装饰装修工程的价值，只有与其依附的主体工程一起使用才能得以体现，而且装饰装修工程通常因主体工程用途的改变而改变。因此，只有在装饰装修所依附的主体工程亦需要整体折价或者拍卖时，装饰装修工程才"具备折价或者拍卖条件"。承包人不得仅因主张装饰装修工程价款而要求对整个建设工程进行整体处分，从而避免因此导致对该工程的利害关系人（主要指项目所有权人、发包人、承包人、工程抵押权人）权利保护明显失衡。

但仍需关注的是，如果装饰装修工程造价远高于主体工程价格、装饰装修工程对整体工程的市场价格产生重大影响、装饰装修工程造价占据整体工程市场价格的大部分比例的，则可以考虑适用例外情形，支持装饰装修工程承包人工程价款优先受偿权的主张。

2. 装饰装修工程的发包人是否为该建筑物的所有权人，或者承包人与该

建筑物的所有权人之间是否存在合同关系。

3. 就建设工程性质是否属于"不宜折价、拍卖"举证责任的分配,应当由发包人承担抑或由承包人承担。

仲裁庭还应注意:装饰装修工程价款优先受偿权的行使范围应限定在建筑物因装饰装修而增加价值的范围内。

另外,需特别关注个案中是否存在如下例外情形:家庭居室装饰装修合同应适用《民法典》合同编关于承揽合同的规定,承包人不享有工程价款优先受偿权。

【争议问题】

问题5 挂靠人主张工程价款优先受偿权的处理

【问题界定】

本争议问题裁决指引性意见的适用仅限于:挂靠情形下,优先受偿权的行使以挂靠人受被挂靠人与发包人之间的仲裁协议约束为前提。

本争议问题裁决指引性意见中的"挂靠",是指缺乏相应资质的单位或个人(实际施工人)借用有资质的建设施工企业(被挂靠人/承包人)名义与工程项目所有权人(发包人)签订建设工程施工合同或实际完成合同项下工程施工的行为。

本争议问题裁决指引性意见不适用于违法转包、违法分包情形下,优先受偿权的行使。实践中,借用资质的挂靠人与违法转包、违法分包的实际施工人的区分,主要是看实际施工人有没有参与前期的磋商、投标或合同订立。借用资质的挂靠人一般都会参与前期的磋商、投标和施工合同订立等事宜,而违法转包、违法分包中的实际施工人一般不参与前述事宜,往往是由承包人承接到工程后将工程的权利义务概括转让或肢解分包给实际施工人。

【裁决指引性意见】

一、仲裁庭需关注的程序问题

对挂靠人是否可以就承建工程享有优先受偿权进行审理时，首先需要在程序上解决仲裁管辖问题。在挂靠的情形下，被挂靠人与发包人签订建设工程施工合同约定仲裁条款，但挂靠人与发包人之间没有仲裁协议，挂靠人能否根据被挂靠人与发包人之间的仲裁协议申请仲裁，仲裁实务中争议较大。本争议问题裁决指引性意见的适用，以挂靠人受被挂靠人与发包人之间的仲裁协议约束为前提。

根据个案情况，对于挂靠人以被挂靠人的名义参与投标或者以被挂靠人的名义与发包人签订建设工程施工合同，且发包人在与被挂靠人签订建设工程施工合同时即知道或者应当知道合同承包人被挂靠的，发包人与挂靠人之间形成事实上的建设工程施工合同关系，挂靠人申请仲裁的，应受被挂靠人与发包人建设工程施工合同中仲裁协议的约束。

二、仲裁庭需查明或关注的事实

（一）查明和关注是否存在如下在仲裁实务中常见的挂靠情形

查明和关注挂靠人与被挂靠人各自实际履行案涉施工合同主要施工义务的过程事实、结果事实。实务中，挂靠人与被挂靠人虽事先存在挂靠关系，但是在实际履行案涉建设工程施工合同过程中，亦可能存在挂靠人因故并未实际完成案涉建设工程施工合同主要施工义务的情形。

被挂靠人对挂靠人实际实施的案涉建设工程施工合同项下主要工作是否进行实质性的"人材机"、施工程序、施工质量等控制管理，是判别案涉建设工程施工合同是否以挂靠方式履行的关键，仲裁庭可参照《建筑工程施工发包与承包违法行为认定查处管理办法》第10条的规定进行认定。

（二）查明和关注在签订建设工程施工合同时发包人是否知道或应当知道挂靠事实、是否存在三方通谋虚假意思表示的情形

1．"发包人知道或者应当知道"的时间，包括但不限于：

（1）发包人在建设工程施工合同项下工程实体开工前即知道或者应当知道合同承包人被挂靠。

（2）发包人在建设工程施工合同项下工程实体开工后完工前知道或者应当知道合同承包人被挂靠。

（3）发包人在建设工程施工合同项下工程完工后知道或者应当知道合同承包人被挂靠。

仲裁庭宜关注：挂靠人以自身名义向发包人履行被挂靠人合同义务、行使被挂靠人合同权利的事实及该等事实发生的时间。上述事实可作为仲裁庭认定发包人知道或者应当知道存在挂靠事实发生的时间依据。

2．"存在三方通谋虚假意思表示"的典型表现，包括但不限于：

（1）发包人追求或积极促成被挂靠人出借资质给挂靠人。

（2）发包人在工程项目招标、合同签订、合同履行等过程中完全知晓且认可挂靠人借用被挂靠人的名义进行施工并接受了挂靠人履行建设工程施工合同的成果。

（3）发包人知道挂靠人与被挂靠人之间的挂靠关系且挂靠人与发包人就合同事宜直接进行磋商，或挂靠人与发包人之间存在出借款项、保证金支付、工程价款支付等直接款项往来，或挂靠人与发包人就施工建设、竣工验收及工程接收等事宜直接发生关系。

3．"不存在三方通谋虚假意思表示"的典型表现，包括但不限于：

（1）发包人未实施放任或配合等促成出借资质的行为。

（2）发包人与挂靠人之间未就施工建设、竣工验收等事宜直接发生关系，且发包人仅向被挂靠人要求工程交付。

（3）发包人未向借用资质的挂靠人直接支付工程价款，仅向被挂靠人支付工程价款。

（三）其他需要特别关注的事项

1．在发包人与承包人的缔约过程中，承包人派出作为其代理人与发包人进行缔约磋商、参加招投标程序、签署合同的人员可以不是承包人的员工。

仲裁庭不宜仅以该代理人非承包人员工，但以承包人名义与发包人进行缔约磋商或参加招投标程序、签署案涉施工合同为由，认定该代理人为挂靠人。

2.关注挂靠人及被挂靠人就实际施工完成工程各自所实际投入的经济成本。实际投入经济成本的大小，可作为判别挂靠人或被挂靠人是否就案涉工程享有工程价款优先受偿权的因素之一。

三、仲裁庭需关注的法律适用问题

1.查明法律行政法规及司法解释规定的享有工程价款优先受偿权的构成要件是否均已具备：（1）发包人是否拖欠工程价款、发包人欠付工程价款与承包人主张行权的工程建设所产生的债权是否相对应；（2）工程标的物的性质依法是否可折价、拍卖，建设工程性质不宜折价、拍卖情形的认定，参见《本指引》工程价款优先受偿权纠纷编【争议问题7】；（3）承包人是否在法律行政法规及司法解释规定期限内提出权利主张，工程价款优先受偿权行使期限的认定，参见《本指引》工程价款优先受偿权纠纷编第三章。

2.就一项被挂靠施工的建设工程，一般不宜同时认定挂靠人与被挂靠人均享有相应的工程价款优先受偿权。

3.挂靠人对其施工建设工程享有工程价款优先权，宜以认定挂靠人与工程项目所有权人（发包人）成立事实上的建设工程施工合同关系，且挂靠人已实际履行工程施工义务为必要条件。

查明存在挂靠情形的相关事实后，仲裁庭宜运用要约承诺理论和《民法典》第490条第2款规定的事实合同成立规则进行综合判断，对挂靠人与发包人是否成立事实上的建设工程施工合同关系进行谨慎认定，避免轻易突破合同相对性。

（1）若不存在三方通谋虚假意思表示的情形，发包人有合理理由相信履行建设工程施工合同义务的真实承包人就是被挂靠人的，则应优先保护善意相对人的利益，此种情况下被挂靠人以自己的名义与发包人签订的建设工程施工合同仅直接约束发包人和被挂靠人。被挂靠人将所承包的工程交由其他人施工的行为属于转包行为，不适用本争议问题裁决指引性意见，依据《新建设工程司法解释（一）》第1条第2款之规定，该转包合同属于无效合同。

（2）若存在三方通谋虚假意思表示的情形，发包人与挂靠人、被挂靠人在签订建设工程施工合同时均知道系挂靠人以被挂靠人的名义与发包人签订合同的，则该行为属于隐藏行为，即三方以发包人与被挂靠人之间的合同隐藏了发包人与挂靠人之间的事实合同关系。依照《民法典》第146条的规定，发包人与被挂靠人以虚假的意思表示实施的民事法律行为无效，发包人与被挂靠人之间的合同无效；以虚假的意思表示隐藏的发包人与挂靠人之间的事实合同，依照《新建设工程司法解释（一）》第1条第2款亦应认定无效。

但是，在挂靠人与发包人之间形成事实上的建设工程施工合同关系且建设工程已经验收合格的情况下，挂靠人有权依据《民法典》第793条第1款的规定请求发包人参照合同关于工程价款的约定折价补偿，且有权就折价补偿款主张工程价款优先受偿权。

4. 如认定挂靠人享有工程价款优先受偿权的主张成立，仲裁庭还应关注挂靠人主张享有优先受偿权的价款是否包含挂靠人与被挂靠人约定的被挂靠人报酬（常以管理费名义约定）：

（1）挂靠人主张享有工程价款优先受偿权的金额，与仲裁庭参照案涉施工合同工程价款结算约定折算的补偿金额相当的，挂靠人主张的金额中无论是否明确包括被挂靠人报酬，仲裁庭均可不就被挂靠人报酬单独进行认定或处理。

（2）挂靠人主张享有工程价款优先受偿权的金额，超出了仲裁庭参照案涉施工合同工程价款结算约定折算的补偿金额，且包含约定的被挂靠人报酬金额的，仲裁庭宜认定被挂靠人报酬金额不属于挂靠人享有工程价款优先受偿权的范围。

5. 预期的裁决结果是否存在与现行法律行政法规、司法解释有关规定或本案其他裁决项内容不相容的情形。

6. 预期的裁决结果是否存在法理或逻辑上的冲突。

【争议问题】

问题 6 工程价款优先受偿权能否随工程价款债权一并转让

【问题界定】

《民法典》第 547 条第 1 款规定，债权的从权利随债权转让而一并转让，但该从权利专属于债权人自身的除外。对建设工程优先受偿权的性质、立法目的及其是否具有人身专属性等问题，业内存在不同观点，据此，承包人转让其享有的工程价款债权时，工程价款优先受偿权能否随工程价款债权一并转让，仲裁实务中存在争议。

【裁决指引性意见】

一、仲裁庭需关注的法律适用问题

（一）认定工程价款债权本身的合法有效性

结合当事人对建设工程施工合同法律关系的存在、债权主体、应付工程款及已付金额等相关证据及事实，仲裁庭宜首先结合相关法律行政法规规定、参照有关司法解释的规定，认定工程价款债权本身是否合法有效；如认定有效，则需要查明工程价款债权的具体金额。

（二）认定工程价款债权转让行为的合法有效性

在工程价款债权真实、合法的基础上，仲裁庭还需结合《民法典》第 545 条、第 546 条等相关法律法规规定，参照有关司法解释的规定，审查并判断工程价款转让行为是否存在法律禁止的情形、是否符合法律规定的转让生效条件，主要包括以下审查内容：

1. 原债权人与债务人之间是否约定债权不得转让或限制转让。

2. 工程价款债权转让行为是否损害他人合法权益。

3.债权债务概括转让：若承包人转让工程价款债权的法律文件同时载有一并转让案涉合同项下承包人对发包人的合同义务的内容，仲裁庭需审查及判断该转让行为是否已取得债务人（即发包人）同意。

4.债权转让通知：承包人转让工程价款债权时，仲裁庭可通过对工程价款债权转让的通知发出主体、被通知对象、通知方式、通知到达被通知对象的时间等事实进行审查，判断承包人是否已向发包人发出合法有效的债权转让通知。

（三）审查工程价款债权让与人对于让与的工程价款享有优先受偿权的构成要件是否均已成就以及享有优先受偿权的债权金额范围

仲裁庭宜审查工程价款债权让与人（即承包人）是否享有工程价款优先权、被转让工程价款债权的范围及其优先受偿的工程对象，并综合前述情况来判定，债权让与人是否仍享有有效存续的工程价款优先受偿权。

仲裁庭可审查事项，包括但不限于：

（1）工程价款债权对应的建设工程的性质是否不宜折价、拍卖，参见《本指引》工程价款优先受偿权纠纷编【争议问题7】；

（2）债权转让时工程价款优先受偿权的行使期限是否已超过法定期限，参见《本指引》工程价款优先受偿权纠纷编第三章；

（3）是否存在导致失权的其他因素，参见《本指引》工程价款优先受偿权纠纷编相关裁决指引性意见；

（4）工程价款债权转让的范围及其对应的优先受偿权价款金额或范围等。

二、仲裁庭就工程价款优先受偿权能否随工程价款债权一并转让进行认定的处理原则及注意事项

（一）处理原则

在工程价款债权本身及转让行为真实、合法、有效，且债权让与人本身享有工程价款优先权的情况下，工程价款优先权可否随工程价款债权一并转让，仲裁庭可依据《民法典》第547条的规定结合具体案情作出相应裁决。

1.工程价款优先受偿权不属于"专属于债务人自身"的债权。

工程价款优先受偿权具有担保工程价款债权实现的功能，系工程价款债权的从权利。工程价款优先受偿权通常并不必然具有人身专属性，不专属于承包人自身。工程价款债权转让后，工程价款优先受偿权作为从权利通常能够符合《民法典》第547条规定的从权利随主权利一并转让的条件，可以随工程价款债权一并转让。

第一，《民法典》第807条对工程价款优先受偿权的规定，不能得出工程价款优先受偿权具有人身专属性的结论。

第二，作为享有优先受偿权的工程价款债权人的承包人，通常并非建筑工人等自然人，且工程价款中包含的建筑工人劳动报酬的债务人是承包人，无论承包人的工程价款及其优先受偿权是否转让，建筑工人始终享有对承包人主张的劳动报酬请求权。由于权利主体不同，因而非自然人的承包人享有的工程价款请求权及其工程价款优先受偿权，区别于具有人身依附性的建筑工人等自然人的劳动报酬请求权。

第三，参考《民法典合同编通则司法解释》第34条的规定，"专属于债务人自身"的债权范围与建设工程价款债权的财产权性质不同。"专属于债务人自身"的债权，多集中于婚姻、家庭、继承或劳动者等特殊的身份关系而产生的人身权利，具有较强的人身属性。然而，建设工程优先权是基于建设工程价款债权，与身份关系无涉，《民法典合同编通则司法解释》第34条并未将工程价款优先受偿权纳入其中。

2. 仲裁庭需注意在仲裁裁决主文中明确如下事项：

（1）工程价款债权受让人所享有优先受偿权的受让工程价款债权的金额；

（2）受让的享有优先受偿权的工程价款债权金额对应的工程范围。

（二）其他注意事项

1. 承包人依法享有优先受偿权的工程价款金额：承包人与发包人在案涉施工合同中约定的工程价款范围可能与司法解释规定的承包人享有优先受偿权的工程价款的范围不一致，且司法解释关于上述工程价款范围的规定发生过变化。实务中，亦常见合同当事人之间合意将不属于案涉合同项下工程价款的其他款项乃至案外债权债务款项一并纳入案涉合同进行结算的情形。仲裁庭应根据具体案件事实发生和持续的不同时间，分别参照原《建设工程司法解释（二）》及《新建设工程司法解释（一）》的规定，认定承包人依法享有优先受偿权的工程价款金额。

2. 优先受偿权是否存在多次转让：仲裁庭需进一步查明工程价款债权的

让与人是否为该工程价款债权的原始权利主体。仲裁庭宜谨慎确认工程价款优先受偿权是否存在多次转让。

3. 享有工程价款优先受偿权的承包人是否为自然人：在《民法典》第 547 条但书所规定的例外情形下，如果已经认定具有工程价款优先受偿权的承包人是自然人，仲裁庭宜谨慎审查及判断。

（1）若其享有优先受偿权的工程价款中难以区分计算承包人的劳动报酬的，仲裁庭不宜裁决工程价款优先权可随工程价款债权一并转让。

（2）若其享有优先受偿权的工程价款中能够区分计算承包人的劳动报酬的，仲裁庭可裁决随工程价款债权一并转让的享有优先受偿权的工程价款不包括承包人的劳动报酬价款及其他可举证证明的专属于自然人承包人自身的价款。

第二章 工程价款优先受偿权的权利行使客体

【争议问题】

问题 7 / 建设工程性质不宜折价、拍卖情形的认定

【问题界定】

《民法典》第 807 条是承包人主张建设工程优先权的法律依据，据此仲裁庭应聚焦"建设工程的性质不宜折价、拍卖"情形的认定，适宜折价、拍卖的，仲裁庭通常应裁决承包人的工程价款优先受偿权实现方式为：折价、拍卖承包人施工部分对应的工程。然而，实务中对"建设工程的性质不宜折价、拍卖"的理解存在争议。

【裁决指引性意见】

一、"建设工程的性质不宜折价、拍卖"的常见情形

对于哪些工程属于不宜折价、拍卖的工程，仲裁庭在审查时需谨慎并从严认定，避免扩大解释。

1.原则上，仲裁庭可参照《民法典担保制度司法解释》第 6 条的规定，审查工程是否为法律禁止抵押的不动产、是否具有社会公益或公用性质。常

见的不宜折价、拍卖工程，包括但不限于：

（1）事业单位／社会团体以公益为目的建设的教育设施、医疗设施、市政、人防或其他社会公益设施。

（2）建设工程属于国家机关已投入使用的办公用房或者军事建筑。

（3）铁路、公路、电力设施、电信设施和油气管道等基础设施工程。

（4）列入文物保护的建筑物和有重要纪念意义的建筑物的修缮工程等。

另外，仲裁庭还需结合如下事项，就工程是否为法律禁止抵押的不动产、是否具有社会公益或公用性质进行进一步审查：

（1）案涉工程是否为发包人实现公益目标所必需。

（2）案涉工程虽与公益目标有牵连，但其权属转移不会影响公益目标实现。

（3）案涉工程目前是否依然用于既定的公益用途。

（4）对于人防工程等特殊公共属性的工程，审查工程所在地对该等工程权属、交易的具体规定，是否允许办理产权登记、是否限制交易。

2. 案涉工程是否为自然属性与使用功能不能独立拆分的工程。例如，属于设备安装、装饰装修、附属工程等实操上不宜单独拆分后再折价、拍卖的工程。

3. 案涉工程是否为违章建筑。违章建筑不宜折价、拍卖，承包人对违章建筑不享有工程价款优先受偿权。工程价款优先受偿权制度系以建设工程的交换价值优先清偿承包人的工程价款债权。承包人享有工程价款优先受偿权的前提是其建设完成的工程依法可以流转。违法建筑在违法情形纠正之前，不能依法取得相应物权并进行交易，一般认为属于不宜折价、拍卖的建设工程。

4. 案涉工程是否为工程质量不合格且难以修复的建筑工程。工程质量合格是折价、拍卖的基础，若工程质量不合格，承包人对案涉工程不享有工程价款优先受偿权。

5. 案涉工程是否为消费者购买的、承包人承建的商品房。若是，则应关注《商品房消费者权利保护批复》的相关规定，查明已经办理商品房产权变更或预告登记，或者消费者已交付购买商品房的全部或者大部分款项的房产范围。

6.是否属于若行使建设工程优先受偿权将严重影响整体功能的工程。例如，通信光纤、供水供气系统、供电系统等工程，以及与厂矿企业的生产有着直接关系的关键工程，该类工程施工往往分段进行，若允许行使优先受偿权，该统一调度使用的工程将会被分割，不利于发挥物的整体效能，造成资源的极大浪费。

二、未竣工工程是否属于"不宜折价、拍卖"的情形

工程完工后质量不合格的，如果经修复仍无法验收合格或客观上无法修复、修复代价过高的，应属于"不宜折价、拍卖"的工程范畴。

建设工程因承包人的原因未能在约定期限内竣工的，承包人应承担的是逾期完工的工期违约责任。若未竣工的建设工程质量合格的，承包人逾期完工不影响其主张工程价款优先受偿权。但承包人就未竣工工程主张工程价款优先受偿权时，仲裁庭应综合考量如下因素：

1.未竣工工程是否已由第三人继续进行施工。

2.未竣工工程是否具备工程完工条件，以实现工程价值保值增值的目的。

3.未竣工工程所在的整个工程需要进行整体拍卖或变现时，承包人施工部分的工程价值是否可单独评估。

4.对未竣工工程进行折价、拍卖，是否可能导致对该工程的利害关系人（主要指项目所有权人/发包人、其他分部分项工程的承包人、工程抵押权人）权利保护明显失衡。

据此，若对未竣工工程进行折价拍卖不会导致对该工程的利害关系人权利保护明显失衡、未竣工工程所在的整个工程具备折价拍卖的条件、折价拍卖时工程价值得到充分体现，且承包人施工部分的工程价值可单独评估等条件同时满足的情形下，仲裁庭宜支持承包人在其施工工程范围对应的工程价款享有工程价款优先受偿权。

三、装饰装修工程是否属于"不宜折价、拍卖"的情形

装饰装修工程的承包人就工程价款主张优先受偿权，案涉工程应具备折价或者拍卖条件：装饰装修工程的承包人就工程价款主张优先受偿权的同时，应举证证明法律行政法规及司法解释规定的承包人行使工程价款优先受偿权

的各构成要件均已成就。

四、分部、分项工程是否属于"不宜折价、拍卖"的情形

若案涉工程为自然属性与使用功能不能独立拆分的工程，仲裁庭应结合案件具体情况综合判断并审慎作出认定，不应轻易否定分部、分项工程承包人享有工程价款优先受偿权。

分部、分项工程是否属于"不宜折价、拍卖"的情形，需要结合个案进行谨慎判断，仲裁庭应注意审查如下条件是否满足：

1. 整个工程是否需要拍卖或变现，案涉分部、分项工程是否可单独评估且与主体工程一并拍卖。

由于分部、分项工程依附于主体工程，分部、分项工程的价值只有与其依附的主体工程一起使用才能得以体现，而且分部、分项工程通常因主体工程用途的改变而改变。因此，若仲裁庭支持承包人对分部、分项工程享有工程价款优先受偿权，应在裁决中明确：若承包人主张对分部、分项工程进行折价、拍卖行使工程价款优先受偿权，会导致对该工程的利害关系人（主要指项目所有权人／发包人、承包人、工程抵押权人）权利保护明显失衡的，只有在分部、分项工程所依附的主体工程亦需要整体进行折价或者拍卖时，分部、分项工程才具备折价或者拍卖条件。

2. 分部、分项工程的发包人是该建筑物的所有权人，或承包人与该建筑物的所有权人之间存在合同关系。

3. 建设工程性质是否属于"不宜折价、拍卖"的举证责任分配，其举证责任由发包人还是承包人承担。

仲裁庭还应注意：分部、分项工程的优先受偿权范围应限定在分部、分项工程增加价值的范围内。

五、承包人承建的商品房已经办理网签的情形

工程价款优先受偿权是承包人的法定权利，在符合法律行政法规及司法解释规定的条件时，工程价款优先受偿权已经成立。工程价款优先受偿权不因建成的房屋已经办理商品房预售合同网签而消灭，如符合工程价款优先受偿权的成立要件，承包人仍有权就工程折价或者拍卖获得的款项优先受偿。

商品房预售合同网签是为规范商品房预售而采用的行政管理手段，并非不动产物权设立、变更、转让和消灭的法定公示方式，不能产生物权变动的效力，亦不会导致承包人原本享有的工程价款优先受偿权因此不成立或者消灭。

商品房消费者权利对抗工程价款优先受偿权的规则依然适用。若承包人行使建设工程价款优先受偿权时与房屋买受人之间发生权利冲突的，属于权利顺位问题，可通过执行异议之诉另行解决。

虽然仲裁审理中不宜就执行阶段的权利顺位问题进行认定，但为了保障仲裁裁决的可执行性，案涉工程为商品房且可能会涉及消费者购房人的，仲裁庭应查明商品房的出售情况，并在裁决中明确承包人仅对"尚未出售房屋（不包括土地使用权）"享有工程价款优先受偿权。

【争议问题】

问题 8　承包人主张就工程折价或拍卖价款以外的工程其他收益价款享有工程价款优先受偿权的处理

【问题界定】

在建设工程的性质不宜折价、拍卖的情况下，案涉工程所在项目的其他收益，承包人可否就该收益主张建设工程优先受偿权，存在争议。虽然《最高人民法院关于公路建设单位对公路收费权是否享有建设工程价款优先受偿权以及建设工程价款优先权是否优于质权的请示的答复》（〔2005〕执他字第31号）中明确，承包人的工程价款优先受偿权可及于公路收费权，但该答复意见仅为个案答复，参考性有限。

实务中，承包人可否参照前述答复意见，就工程折价或拍卖价款以外的工程其他收益价款主张工程价款优先受偿权，仲裁实务界存在争议。

【裁决指引性意见】

一、工程折价或拍卖价款以外常见的其他收益

在建设工程的性质不宜折价、拍卖的情况下，常见的其他收益包括但不限于如下款项：

1.建设工程毁损、灭失或者被征收后，可以获得的保险金、赔偿金或补偿金等替代款项。

2.建设工程的性质不宜折价、拍卖的情形下，发包人基于承包人的工程建设，从相关合作对象或者政府方取得的工程使用收益权、特许经营权收益等经营性收入。

3.发包人基于承包人的高速公路等工程建设，取得的收费权益。

二、承包人主张就工程折价或拍卖价款以外的工程其他收益享有工程价款优先受偿权的处理

承包人就工程折价款或拍卖价款以外的其他收益主张工程价款优先受偿权时，仲裁庭应结合个案具体情况，综合判断并审慎作出认定，不宜直接参照《最高人民法院关于公路建设单位对公路收费权是否享有建设工程价款优先受偿权以及建设工程价款优先权是否优于质权的请示的答复》，就优先受偿权的客体范围作扩大解释。

（一）建设工程毁损、灭失或者被征收后，承包人就建设工程可以获得的保险金、赔偿金或补偿金等替代款项主张工程价款优先受偿权的处理

原则上，依据《民法典》第390条之规定，建设工程毁损、灭失或者被征收后，基于担保物权的物上代位性，承包人可就其建设工程因毁损、灭失或者被征收所获得的保险金、赔偿金或补偿金等替代款项享有优先受偿权。承包人就前述保险金、赔偿金或补偿金等主张工程价款优先受偿权的，应予支持，但不宜作扩张解释。

此时，仲裁庭需注意查明并判定：

（1）法律和司法解释规定的承包人行使工程价款优先受偿权的各构成要

件是否均已成就。

（2）案涉工程是否具有取得上述保险金、赔偿金或者补偿金等物上代位替代收益的现实可行性。承包人应就此承担举证责任。

（3）保险金、赔偿金或者补偿金等替代收益中是否包含建设用地使用权价值以及其他不属于承包人施工范围的工程项目内容。建设用地是建设工程的一个载体，但是承包人对建设用地使用权价值本身没有任何的投入，或者说承包人的建筑材料与劳动力并没有被物化在建设用地上，因此建设用地使用权不是建设工程优先受偿权的权利行使客体。若保险金、赔偿金或者补偿金等替代款项中包含建设用地使用权及其他承包人施工范围的工程价值的，则应予扣除。

（二）建设工程的性质不宜折价、拍卖的情形下，承包人就发包人基于承包人的工程建设从相关合作对象或者政府方取得的工程使用收益权、特许经营权收益、经营性收入等其他收益主张工程价款优先受偿权的处理

1. 一般处理原则。

不宜折价或者拍卖的工程，通常涉及公共利益或者国家利益，具体情形参见《本指引》工程价款优先受偿权编【争议问题7】。在此情形下，若支持承包人对工程使用收益权、特许经营权收益、经营性收入等主张工程价款优先受偿权，则扩大了承包人工程价款优先受偿权的行使客体范围，与《民法典》第807条的规定相悖。因此，对于不宜折价或者拍卖的工程，就发包人从相关合作对象或者政府方取得的工程使用收益权、特许经营权收益、经营性收入，承包人主张工程价款优先受偿权的，一般不应支持。

2. 特殊情形：公路收费权。

承包人依据《最高人民法院关于公路建设单位对公路收费权是否享有建设工程价款优先受偿权以及建设工程价款优先权是否优于质权的请示的答复》对其施工建设的公路取得的公路收费权主张工程价款优先受偿权的特殊情形下，仲裁庭在查明如下事实后，可以支持：

（1）法律行政法规和司法解释规定的承包人行使工程价款优先受偿权的各构成要件是否均已成就。

（2）案涉工程具有取得公路收费权的合法性及现实可行性。承包人应就此承担举证责任。

（3）发包人已经实际取得公路收费权。

三、其他注意事项

1. 金钱属于种类物，发包人还需举证说明发包人基于案涉工程已经实现的物上代位收益款项的专属性。

2. 仲裁庭还宜对基于案涉工程标的物的其他经济收益的性质与承包人施工完成的工程范围之间的关系进行审查，以判别该等其他经济收益是否实质上基于承包人施工完成的工程而产生。例如，政府对城市基础设施运营商的财政补贴奖励、税收优惠等，是为保障实现政府提供或委托提供公共服务的行政职能而给予运营商的行政支持，不宜认定该款项为基于承包人施工完成的工程范围内工程所有权或使用权本身所对应的市场价格的一部分。

3. 对于涉及公益目的的案涉工程，发包人因物上代位获得的其他经济收益是否纳入工程价款优先受偿范围，仲裁庭宜在优先考虑保障公共利益实现的基础上作谨慎判别。

4. 仲裁庭只需就承包人是否享有优先受偿权这一实体权利进行确认，并明确优先受偿金额以及相应的工程范围。至于承包人具体如何受偿、实际可获得受偿的金额及比例，应由裁决的后续履行或在执行程序进行确认。

第三章　工程价款优先受偿权的权利行使期限

【争议问题】

问题 9　如何确定工程价款优先受偿权行使期限的起算点

【问题界定】

承包人应当在合理期限内行使工程价款优先受偿权，"合理期限"的认定涉及期限起算点合理性和期限长度合理性两个维度的双重判断。《新建设工程司法解释（一）》第 41 条将原《建设工程司法解释（二）》中关于承包人行使工程价款优先受偿权的行使期限从 6 个月调整为 18 个月，行权期限的起算点则延续原《建设工程司法解释（二）》中"发包人应当给付建设工程价款之日"的表述。

实践中，对"发包人应当给付建设工程价款之日"的认定，需要结合个案具体情形，综合判断并审慎作出认定。

【裁决指引性意见】

本指引的适用条件为：除建设工程价款优先受偿权行使期限的起算点待判断认定外，仲裁庭已经查明承包人享有工程价款优先受偿权的其他条件已成就。

一、合同对建设工程价款的支付时间有约定的

合同对"发包人应当给付建设工程价款之日"有约定的，应当遵从当事人约定。仲裁庭宜根据个案情况和当事人举证，判断当事人对"发包人应当给付建设工程价款之日"是否已达成真实有效的一致合意。

（一）合同约定了建设工程价款的支付时间且应当给付的建设工程价款数额明确

1. 质量保证金以外的工程价款，一般以质量保证金以外的工程价款满足付款条件作为工程价款优先受偿权行使期限的起算点，即以发包人应当给付质量保证金以外最后一笔工程价款之日作为优先受偿权行使期限的起算点。

2. 质量保证金，以质量保证金应当返还之日作为质量保证金优先受偿权行使期限的起算点。

3. 若当事人约定的付款条件事实上或者法律上不能成就的（例如工程未竣工验收等情形），仲裁庭宜根据合同实际履行情况，特别是工程施工完成情况、工程质量验收情况和验收结果、发包人提前擅自使用工程以及可作为工程付款条件成就的其他事实，酌定"发包人应当给付建设工程价款之日"。仲裁庭需注意，工程未竣工验收情形下关于承包人行使工程价款优先受偿权的认定。

（二）约定了建设工程价款的支付条件但发包人拖延结算

1. 合同约定的工程价款支付条件与结算流程相关，且合同已约定发包人完成审核及确认的期限以及逾期答复的后果，发包人逾期未提异议且长期拖延结算的，仲裁庭宜结合合同关于竣工结算条款、承包人提交结算申请及资料情况、发包人接收和审核/确认的有关约定及实际情况、合同关于逾期答复后果的约定，推定"发包人应当给付建设工程价款之日"，并以此作为工程价款优先受偿权行使期限的起算点。

2. 合同约定的工程价款支付条件与结算流程相关，但合同未约定发包人完成审核/确认的期限或没有约定逾期答复的后果，若承包人依约提交了竣工结算文件，但发包人长期怠于审核或答复或未积极推进财政审计或上级单位的审核流程，从而导致工程价款难以完成结算的，仲裁庭宜结合具体案情和当事人举证，以"提交仲裁申请之日"作为承包人工程价款优先受偿权行

使期限的起算点；或依据《民法典》第159条的规定视为相应的付款条件已成就，并酌定"发包人应当给付建设工程价款之日"。另外，还应当注意，承包人提交仲裁申请的时间是否存在过于迟延的情形。

（三）约定了建设工程价款的支付条件但竣工结算过程中产生结算争议

合同约定了工程价款的支付条件（其表现形式时常为结算完成后一定时间内支付），但在竣工结算过程中当事人之间产生结算争议，难以就工程价款达成一致合意的，仲裁庭宜综合考虑结算争议产生的原因、当事人的过错情况、是否存在不正当阻却条件成就的情形等因素及当事人的举证，根据合同约定酌定"发包人应当给付建设工程价款之日"或以承包人"提交仲裁申请之日"作为工程价款优先受偿权行使期限的起算点。

二、合同对建设工程价款的支付时间没有约定或约定不明确

合同对工程价款的支付时间没有约定或约定不明确，且难以根据合同约定推定"发包人应当给付建设工程价款之日"的，仲裁庭宜查明相应性质工程价款支付的约定条件，并借鉴行业惯例，推定付款条件成就之日作为工程价款优先受偿权行使期限的起算点。

第一，建设工程已竣工验收且已经实际交付的，仲裁庭应综合考量推定的"发包人应向承包人支付欠付工程价款利息起算点"与推定的"工程价款优先受偿权行使期限的起算点"的一致性，以确定"发包人应当给付建设工程价款之日"，即若根据个案判断，认定"建设工程交付之日"作为利息起算点，则亦应以"建设工程交付之日"作为"工程价款优先受偿权行使期限的起算点"；若根据个案判断，未认定"建设工程交付之日"作为"发包人应当给付建设工程价款之日"，则应根据个案情况酌定"建设工程交付之日"之后的时间作为"发包人应当给付建设工程价款之日"及"工程价款优先受偿权行使期限的起算点"。

第二，建设工程已经竣工验收，没有交付，但已提交竣工结算文件的，仲裁庭宜参照前述"约定了建设工程价款的支付条件但发包人拖延结算""约定了建设工程价款的支付条件但竣工结算过程中产生结算争议"不同情形，进行区别认定。

第三，建设工程已经竣工验收，没有交付，亦未提交竣工结算文件的，以承包人"提交仲裁申请之日"作为工程价款优先受偿权行使期限的起算点。

依据《新建设工程司法解释（一）》第41条之规定，付款条件成就之日以债权确定、到期为前提，据此仲裁庭不宜直接依据原《建设工程司法解释（二）》第27条推定：建设工程没有交付的，以提交竣工结算文件之日为工程价款优先受偿权行使期限的起算点。

另外，根据具体案情，仲裁庭亦可酌情考虑增加发包人合理的备款时间。

三、合同解除或者终止履行的

1. 合同解除或终止履行，发包人和承包人就合同解除或终止履行后工程价款的支付另行达成协议，且发包人和承包人另行达成协议时工程价款优先受偿权行使期限尚未届满的，该协议约定的应支付建设工程价款之日为工程价款优先受偿权行使期限的起算点。

2. 合同因解除或者终止履行等特殊原因导致不能按照合同约定时间或条件确定应支付建设工程价款之日，且发包人和承包人尚未另行达成协议的：（1）若合同解除或者终止履行时间与当事人提交仲裁申请的时间间隔过短，且申请人在提出仲裁申请前未向发包人报送过工程结算文件的，仲裁庭宜考虑合同中有关发包人结算审核期限的约定，在合同约定总体合理的情况下，可以遵循合同约定的期限；（2）若合同约定的审核期限明显过长或约定不明的，可酌情考虑发包人收到仲裁申请文件后审核确认承包人工程结算文件的合理时间，不宜一概以承包人申请仲裁主张工程结算之日作为工程价款应付之日。

四、合同无效时的处理

在合同无效，但建设工程经竣工验收合格的情况下，建设工程价款优先受偿权行使期限的起算点如何确定，目前仲裁实务界存在不同的观点，需要根据个案中的不同情形予以判断。

若认为合同无效不影响建设工程价款优先受偿权的行使，可参照本争议问题【裁决指引性意见】所述不同情形分别认定工程价款优先受偿权行使期限的起算点。若认为合同无效，主张建设工程价款优先受偿权的权利基础已不存在，则无须对工程价款优先受偿权行使期限的起算点进行认定。

【争议问题】

> **问题 10** 当事人协议变更工程价款支付期限时，工程价款优先受偿权行使期限的认定

【问题界定】

协议变更工程价款支付期限，是指建设工程施工发包人与承包人对建设工程施工合同原约定的工程价款支付期限进行变更的行为。

工程价款支付期限变更的常见情形包括：（1）签订建设工程施工时，对招标投标文件／中标合同中的工程价款支付期限进行变更；（2）工程施工过程中，通过补充协议等形式，对建设工程施工合同原约定的工程价款支付期限进行变更；（3）竣工结算时，在结算支付协议中，对建设工程施工合同原约定的工程价款支付期限进行变更；（4）竣工结算后，通过后续补充协议等形式，对结算支付协议中约定的付款期限进行变更。

本争议问题【裁决指引性意见】仅涉及常见的变更后的工程价款付款期限晚于合同原约定期限的延期付款情形，不涉及提前付款情形。

【裁决指引性意见】

《新建设工程司法解释（一）》第 41 条规定："承包人应当在合理期限内行使建设工程价款优先受偿权，但最长不得超过十八个月，自发包人应当给付建设工程价款之日起算。"正常情况下，应付款时间经发包人与承包人协商一致而延长的，工程价款优先受偿权行使期限的起算点随之延长，但为避免发包人与承包人恶意串通，损害其他债权人利益，仲裁庭应主动审查如下事项：

一、当事人协议变更工程价款支付期限约定的有效性

原则上，应尊重当事人在意思自治的基础上协商一致变更工程价款支付期限的约定。工程价款支付时间经发包人与承包人协商而延长的，工程价款优先受偿权行使期限的起算点随之延长。

鉴于承包人工程价款优先受偿权的行使必然对案涉工程涉及的其他债权人权利造成直接影响，为了进一步判断当事人变更从而延长付款期限的合意的效力，仲裁庭应基于被申请人的抗辩或者依职权主动审查如下事项：

（1）查明当事人协议变更工程价款支付期限是否为承包人与发包人的真实意思表示。

（2）查明是否存在本争议问题【裁决指引性意见】第三条所述的无效情形。

需要注意的是，一般而言，工程价款支付时间并非《招标投标法》项下的招标投标实质性内容。当事人签订建设工程施工合同时，对招标投标文件/中标合同中的工程价款支付期限进行变更，导致建设工程施工合同支付期限与招标投标文件/中标合同不一致的，该工程价款支付时间的变更对建设工程施工合同的效力不产生影响。

二、仲裁庭应审查当事人协议变更付款期限时原建设工程施工合同项下的工程价款优先受偿权行使期限是否已经届满

当事人协议变更工程价款支付期限时，承包人是否已经丧失工程价款优先受偿权，将直接影响协议签订后承包人是否可以继续主张工程价款优先受偿权的认定，因此仲裁庭应当查明当事人协议变更付款期限时原建设工程施工合同项下的工程价款优先受偿权行使期限是否已经届满。

（1）查明原建设工程施工合同约定的应付工程价款之日，以确定变更前工程价款优先受偿权行使期限的起算点，参见《本指引》工程价款优先受偿权编【争议问题9】。

（2）查明当事人约定变更工程价款支付期限的具体时间及形式。

（3）查明当事人变更后的付款期限，是否存在严重迟延、是否已经超出了建设工程施工合同约定的可行使优先受偿权的合理期限；若超出合理期限，

是否存在特殊理由。

三、当事人协议变更付款期限的约定是否存在如下情形

仲裁庭还需注意当事人协议变更付款期限的约定是否构成对第三人合法权益或社会公共利益的损害，或是否存在发包人与承包人恶意串通、通谋虚伪意思表示等《民法典》规定的可能导致变更行为无效的情形，据此仲裁庭需注意审查如下事项：

1. 查明以案涉工程作为担保物的担保权人权利、发包人的其他普通债权人权利、案涉工程购房人的房屋所有权等。

2. 查明当事人是否曾经多次达成变更付款期限的协议、当事人变更后的付款期限、是否存在严重迟延。法律行政法规虽然并不禁止当事人对包括付款期限在内的合同条款进行变更，但考虑到施工合同履行过程中的发包人应付工程价款之日与工程价款优先受偿权的行使期限起算点的认定密切相关。如果仲裁庭在审理过程中发现当事人曾经多次达成变更付款期限的协议，则应当对该变更行为对建设工程价款优先受偿权行使的影响进行严格审查。

第四章　工程价款优先受偿权的权利行使方式

【争议问题】

问题 11　承包人以发函或协议折价方式主张行使工程价款优先受偿权的处理

【问题界定】

承包人以发函方式主张行使工程价款优先受偿权是指：建设工程施工合同承包人通过向发包人发送信函（包括纸质信函、电子信函）的方式，向发包人作出承包人在付款期限已届期但发包人尚未支付的工程价款金额范围内，就承包人所施工工程行使工程价款优先受偿权的意思表示的行为。

当事人以协议方式确认工程价款优先受偿权是指：建设工程施工合同承包人与发包人在工程竣工或交付后，就已完成结算但未支付的工程价款，协议约定并确认承包人就其所施工的工程享有工程价款优先受偿权的行为。

【裁决指引性意见】

一、注意区分权利的享有与权利的行使

1. 承包人的工程价款优先受偿权源自《民法典》第 807 条的规定，属于承包人的法定权利。就该权利的享有而言，承包人无须向发包人通过司法途

径提出主张即在符合该权利的构成要件之后当然享有。因此，承包人是否发函向发包人主张该权利，不影响承包人在符合法定条件时享有该项权利。

2. 依照《民法典》第 807 条的规定，承包人行使或者实现工程价款优先受偿权的形式包括：第一，与发包人协议将该工程折价；第二，请求将该工程依法拍卖。其中，第一种形式系当事人通过自行协议以自力救济方式实现承包人的工程价款优先受偿权，其基础逻辑在于发包人与承包人之间对建设工程未付价款以及行使优先受偿权的范围及路径均无异议；第二种形式系发包人与承包人之间就未付工程价款金额或承包人是否享有优先受偿权存在争议，经当事人申请并经仲裁裁决确认后，当事人请求以依法拍卖方式实现承包人的工程价款优先受偿权。

二、承包人以发函方式，主张行使建设工程价款优先受偿权的认定

单由承包人向发包人发函主张行使工程价款优先受偿权，其实质为承包人提出以折价方式实现工程价款优先受偿权的要约（要约内容为以承包人或其指定的第三人折价取得其所施工完成的案涉工程所有权，并以该折价抵销全部或部分工程价款），属于承包人的单方意思表示，在未得到发包人确认情况下，其所主张的优先受偿权的实现尚处于不稳定状态，不足表明承包人已经行使工程价款优先受偿权。

依照《民法典》第 807 条的规定，承包人主张以拍卖方式行使工程价款优先受偿权的，应当向人民法院或者当事人约定的仲裁机构提出请求，即该等主张依法不属于当事人可自行协商确定的内容。如承包人来函中提出以拍卖方式实现工程价款优先受偿权的，发包人即便同意，仲裁庭亦不宜直接根据对于该函记载内容的一致意思表示确认承包人工程价款优先受偿权的具体内容。

三、承包人以协商折价方式，主张行使建设工程价款优先受偿权的认定

通过协商折价的方式实现优先受偿权，应以承包人与发包人签订折价转让协议并完成建设工程所有权变更为准。

【争议问题】

问题 12　调解结案时，能否通过仲裁调解书确认工程价款优先受偿权

【问题界定】

当事人申请以调解方式确认建设工程价款优先受偿权的，符合法律行政法规规定的，仲裁庭可以确认。为了防止虚假仲裁、损害案外人利益等情况，仲裁庭应当进行实体审查，重点审查建设工程价款优先受偿权的行使主体、行使期限、行使方式、工程价款债权的范围等实质性事项是否符合法律规定，尤其应注意审查是否存在当事人虚增工程价款数额、伪造竣工记录、伪造付款期限、伪造行使时间等情形。未经实体审查或者经审查不符合工程价款优先受偿权行使条件的，不宜出具仲裁调解书。

通过仲裁调解书确认工程价款优先受偿权的，仲裁调解书对事实与理由的撰写不宜从简，须参照裁决书对支持工程价款优先受偿权的事实与理由进行撰写，保证事实认定部分的完整性及说理部分的充分性。

【裁决指引性意见】

一、能否通过仲裁调解书方式确认工程价款优先受偿权

建设工程优先权作为法定优先权，该权利虽然具有与担保物权类似的物权属性，但工程价款优先受偿权在性质上更多地体现为债的担保，具有权利法定性、债权优先性等特征。因此，在法律行政法规及司法解释未将工程价款优先受偿权界定为物权、未明确禁止通过调解书对工程价款优先受偿权进行司法确认的情况下，应尊重当事人对权利的处分权。在对行使工程价款优先受偿权法定条件完成实质性审查的情况下，可以有限制、有条件地允许通过仲裁调解书确认建设工程优先权。

另外，在通过仲裁调解书方式确认工程价款优先受偿权时，仲裁庭应注意执行地法院对通过仲裁调解书方式确认工程价款优先受偿权的处理口径，注意仲裁调解书的强制执行是否会在执行阶段遇到障碍。

二、通过仲裁调解书确认建设工程优先权时的审查主体、审查方式及审查事项

（一）审查义务主体

鉴于调解程序的特殊性及工程价款优先受偿权登记公示制度的缺失，存在当事人利用调解制度损害案外人合法权益的可能。实务中，对当事人申请通过仲裁调解书确认工程价款优先受偿权的请求，仲裁庭应当持谨慎态度，对工程价款优先受偿权法定条件是否成就主动进行实质性审查。

（二）审查方式

纵使通过调解方式结案，只有仲裁庭通过实质性审查确认了工程价款主债权正式合法有效且工程价款优先受偿权行使条件已成就的情况下，仲裁庭才能根据当事人的申请对符合法定条件的工程价款优先受偿权在仲裁调解书中予以确认。

（三）适用范围

实务中，承包人通常在主张支付工程价款案件中同时主张确认工程价款优先受偿权，单独对工程价款优先受偿权提起确权之诉的案件较少。

鉴于前述实质性审查的要求，只有在系属工程价款为给付之诉且可通过调解方式确认工程价款数额的案件中，才可以通过仲裁调解书方式确认建设工程优先权。

在未取得对尚欠工程价款金额的裁决确认的情形下，单独对工程价款优先受偿权提起确权之诉的案件中，由于无法对可适用优先受偿的欠付工程款金额完成实质性审查，故不能通过仲裁调解书方式确认工程价款优先受偿权。

（四）审查事项

1.注意对工程价款优先受偿权的成立及行使要件进行必要的审查，审查事项包括：

（1）行使期限是否届满。仲裁庭还应审查发包人应付款时限。承包人提出上述仲裁请求的时间是否属于《新建设工程司法解释（一）》第41条规定

的"合理期限"且未超过 18 个月的最长期限，详见《本指引》工程价款优先受偿权编【争议问题 9】。

（2）工程价款优先受偿债权范围是否符合法律规定。仲裁庭应审查当事人协议确认的承包人享有工程价款优先受偿权的工程价款的金额、组成、承包人实际施工的工程范围等事项，以确认的行使工程价款优先受偿权的债权性质是否仅为案涉合同项下的工程价款债权、该债权的具体金额是否明确。若为工程总承包合同项下的承包人债权，仲裁庭还需审查其债权能否拆分为金额明确的施工工程价款债权和施工价款之外的其他价款（例如勘察设计费、采购服务费、发包人工作代办费等）。

（3）案涉施工合同项下的工程价款债权所涉的建设工程是否已经验收合格，工程价款支付条件是否已经成就。

（4）工程价款优先受偿权的权利主体是否符合法律规定，被申请人是否为案涉工程的所有权人，参见《本指引》工程价款优先受偿权编【争议问题 1】。

（5）工程性质上是否存在不宜折价、拍卖的情形，参见《本指引》工程价款优先受偿权编【争议问题 7】。

2. 通过仲裁调解书确认建设工程优先权时，仲裁庭还需要审查双方意思表示的真实性、合法性，关注仲裁调解书的可执行性，重点审查是否存在下列情形：

（1）是否存在当事人恶意串通、虚假仲裁的可能。

（2）是否存在伪造工程量结算单、伪造竣工记录、伪造工程价款数额等虚增工程价款，从而实现逃避债务、偿还私人借款的可能。

（3）是否存在发包人与承包人串通损害发包人、抵押权人及其他债权人等案外人利益的可能。

（4）是否存在违背当事人真实意思、显失公平的情形。

三、通过仲裁调解书确认建设工程优先权时，仲裁调解书的撰写方式和要点

在调解结案的案件中，当事人通常约定对争议的事实及证据从简。但是，通过仲裁调解书确认建设工程优先权时，仲裁调解书应当写明仲裁请求、案件事实和调解结果。并且，以下事实查明及法律认定事项不宜从简，须参考裁决书的撰写方式，确保事实认定的完整性及说理部分的充分性：

（1）是否符合本争议问题【裁决指引性意见】第二条第（四）项所述要件及情形。

（2）对工程价款的金额，须逐项进行分析，是否属于《新建设工程司法解释（一）》第40条规定的除外情形。

第五章 其他工程价款优先受偿权相关争议

【争议问题】

问题 13 承包人以损害建筑工人利益为由，主张其与发包人之间放弃或者限制承包人工程价款优先受偿权的约定无效的认定

【问题界定】

承包人放弃工程价款优先受偿权损害建筑工人利益，是指承包人放弃工程价款优先受偿权的行为导致其应得工程价款部分或全部无法收回，并进而导致参与案涉工程施工劳务的建筑工人因无法按期、足额取得劳动报酬而致合法权益遭受损害的情形。

"损害建筑工人利益"中的建筑工人是指就案涉建设工程施工作业与承包人存在直接劳务合同关系的劳务工人、受雇于与承包人存在直接劳务分包合同关系的劳务分包公司的劳务工人，以及受雇于与承包人存在内部承包合同关系的施工班组的劳务工人，以及依据《保障农民工工资支付条例》规定应由承包人垫付其分包人的农民工工资所对应的农民工。

法律并未禁止承包人放弃建设工程价款优先受偿权。承包人自愿放弃建设工程价款优先受偿权且该放弃行为只涉及承包人自身权益的，该放弃行为有效。但若该放弃行为损害实际施工人等案外人利益的，对该案外人不产生效力。

【裁决指引性意见】

一、仲裁庭可查明以下事实审查承包人放弃建设工程价款优先受偿权是否损害建筑工人利益

1. 承包人放弃工程价款优先受偿权的行为是否导致其相应工程价款债权的回收受到实质性影响，即直接导致与之对应的工程价款债权部分或者全部无法收回。

（1）注意查明承包人放弃工程价款优先受偿权的行为是否已经事实上导致其工程价款债权无法收回。

（2）承包人主张其放弃工程价款优先受偿权的行为将必然导致工程价款在未来无法收回的，仲裁庭应当根据承包人的举证，并就相关事实进行查明。

2. 承包人放弃工程价款优先受偿权导致其相应工程价款债权部分或者全部无法收回是否实质性影响了承包人向参与案涉工程施工劳务的建筑工人支付相应劳动报酬的能力。

（1）注意审查承包人放弃工程价款优先受偿权导致承包人部分或者全部工程价款债权无法收回对承包人对施工工人劳动报酬支付能力造成影响的程度，是全局性、持续性的，还是局部的、暂时性的。

（2）仲裁庭对承包人清偿能力的查明可从承包人整体资产负债情况、现金流情况、偿债能力及运营情况等角度入手，不宜仅局限于案涉工程本身。

（3）注意审查承包人主张已经存在的拖欠建筑工人劳动报酬的事实是否属实，且宜特别关注承包人此类证据的真实性。

3. 承包人放弃工程价款优先受偿权对其整体清偿能力的影响及造成承包人无法向建筑工人支付劳动报酬的程度和范围。

（1）注意审查承包人清偿能力恶化是否已经或者必然会导致其无法向建筑工人支付或者依法垫付劳动报酬，进而造成对建筑工人利益的损害，还是仅为一种可能。

（2）注意审查承包人因放弃建设工程价款优先受偿权造成的清偿能力恶化导致其无法向建筑工人支付劳动报酬的数量和范围，是个别的、暂时的，还是普遍的、短期内无法缓解的。

（3）仲裁庭还宜关注承包人在对外清偿债务时对施工工人劳动报酬支付的优先清偿顺序，不宜仅局限于承包人是否实际存在拖欠施工工人劳动报酬。建议仲裁庭判别承包人在暂时性、局部性对外清偿能力不足时，是否存在故意对施工工人劳动报酬的支付作劣后安排，以期不正当地促成其与发包人之间放弃或限制建设工程价款优先受偿权的约定无效的条件成就的情形。

（4）仲裁庭还宜关注承包人在发生施工工人劳动报酬拖欠后，是否采取过积极合理措施避免拖欠。

二、仲裁庭需要关注的法律适用问题

承包人与发包人之间放弃或者限制承包人建设工程价款优先受偿权的约定，原则上应为有效，除非存在如下例外情形：

（一）对《民法典》第132条的适用

《民法典》第132条规定："民事主体不得滥用民事权利，损害国家利益、社会公共利益或者他人合法权益。"

一方面，仲裁庭应注意发包人是否存在滥用权利的情形，主要是指发包人可能滥用与承包人约定或者承包人承诺对工程价款优先受偿权的放弃或限制的一般有效性所引致的发包人不承担优先受偿责任的抗辩权。

另一方面，仲裁庭应注意承包人是否存在滥用权利的情形，主要是指承包人可能滥用损害他人合法权益的约定依法无效的制度，违反诚信原则，故意造成对建筑工人劳务报酬的拖欠，以否认其与发包人约定或者承包人承诺对建设工程价款优先受偿权的放弃或限制的一般有效性。

（二）仲裁庭需要注意查明或者关注承包人放弃工程价款优先受偿权的行为与建筑工人利益受损之间因果关系的认定

1. 仲裁庭需审查承包人放弃优先受偿权的行为是否影响其工程价款的回收。

2. 仲裁庭需关注建筑工人利益受损是否存在承包人放弃优先受偿权的行为之外的其他更直接和重要的影响因素。

3. 仲裁庭需关注承包人作出放弃优先受偿权的意思表示之前如已经发生无力支付建筑工人劳动报酬的情形，其放弃行为是否会导致该种情形的加剧。

【争议问题】

问题 14 | **以房抵款协议未履行，承包人工程价款优先受偿权的处理**

【问题界定】

以房抵款是建设工程施工合同履行中常见的支付工程款的方式，本争议问题【裁决指引性意见】中的抵款房产限定为承包人施工的工程项目所对应的房屋。

在以房抵款协议未履行的情形下，就承包人能否继续主张工程价款优先受偿权进行处理时，仲裁庭应注意审查以房抵款协议性质、工程价款优先受偿权法定构成要件等事项，区分处理。

【裁决指引性意见】

一、仲裁庭需要查明的事实

（一）审查以房抵款协议的性质及效力

根据协议签订时间、是否明确消灭工程款债权债务等约定，审查以房抵款协议的性质和效力，参见《本指引》施工合同价款纠纷编【争议问题 14】。

（二）承包人享有工程价款优先受偿权的构成要件是否成就、是否构成对原工程债权债务的放弃

1. 审查建设工程合同、工程性质、验收文件、结算付款情况等证据，认定法律行政法规和司法解释规定的承包人享有工程价款优先受偿权的构成要件是否已成就。

2. 审查承包人与发包人签订以房抵工程款协议的真实意图，是否明确约定以房抵债协议生效后相应的原工程债务同时消灭，即具有终局性通过以房抵款协议签订方式取得所抵房屋所有权，并放弃行使建设工程合同项下工程

款债权以实现回款的意思。

二、仲裁庭需要关注的法律问题

（一）以房抵款协议性质认定对承包人优先受偿权的影响

1. "让与担保"合同项下工程价款优先受偿权的处理。

若债务人或者案外人与债权人在债务履行期限届满前达成以房抵款协议，则构成"让与担保"。债务人或者案外人到期没有清偿债务，债权人可请求参照法律行政法规关于担保物权的规定对财产拍卖、变卖、折价优先偿还其债权：

（1）若债务人或者案外人已将抵债房产的财产权利形式上转让至债权人名下，债权人可依据《民法典担保制度司法解释》第68条的规定处理。债务人不履行到期债务，债权人可请求参照《民法典》关于担保物权的规定对财产折价或者以拍卖、变卖该财产所得的价款优先受偿。

（2）若债务人或者案外人未将抵债房产的财产权利形式上转让至债权人名下，债权人可依据《民法典合同编通则司法解释》第28条第2款的规定，请求对抵债财产拍卖、变卖、折价以实现债权，但债权人主张工程价款优先受偿的，仲裁庭不予支持。

2. "代物清偿"合同项下工程价款优先受偿权的处理。

若以房抵款协议性质为"代物清偿"，依据民法基本原理，代物清偿作为清偿债务的方法之一，是以他种给付代替原定给付的清偿，以债权人等有受领权的人现实受领给付为生效条件，在新债务未履行前，原债务并不消灭，当新债务履行后，原债务同时消灭。债务人未履行以房抵款协议，债权人仍可基于施工合同关系要求债务人支付抵房工程款并主张工程价款优先受偿权，符合工程价款优先受偿权行使要件时，仲裁庭应予支持。

（1）若当事人未明确约定以房抵款协议生效后相应的原债务同时消灭的，债务人或者案外人未按照约定履行以房抵款协议之前，原债务不消灭，债权人可选择请求履行原债务或者以房抵款协议，即债权人有权基于施工合同关系请求债务人支付抵房工程款并主张工程价款优先受偿权，符合工程价款优先受偿权法定行使要件时，仲裁庭应予支持。

（2）若当事人明确约定以房抵款协议生效后相应的原债务同时消灭的，

即以房抵款协议已代替相应的原施工合同项下工程款债务，原则上债权人只能要求债务人履行以房抵款协议，并依据《民法典》第 157 条的规定认定民事行为无效、被撤销或确定不发生效力后的责任承担。债权人主张工程价款优先受偿的，仲裁庭不予支持。

（二）工程价款优先受偿权的权利行使客体

承包人主张工程价款优先受偿权的工程范围限于其承建的工程部分，若以房抵款协议中系以其他项目的房屋或者非承包人承建的房屋抵款，即使以房抵款协议符合行使工程价款优先受偿权的法定构成要件，也不能因此认定承包人对抵债房屋享有工程价款优先受偿权。

施工合同工期
纠纷编

第一章　开竣工日期的认定

【争议问题】

问题1　开工日期的认定

【问题界定】

开工日期，是指承包人开始施工的日期，也是工期计算的起始点。开工日期是认定工期是否延误以及实际延误天数的重要依据，也是确定双方当事人工期责任的重要依据。开工日期包括计划开工日期和实际开工日期，在认定工期是否延误时，通常以实际开工日期作为工期计算的起算点。承包人未按期开工并导致工期延误的，应当承担逾期完工的违约责任。因发包人原因导致承包人未能按期开工，应当承担由此给承包人增加的费用和（或）延误的工期，并向承包人支付合理的利润。如发包人未在约定的时间内发出开工通知超过一定期限的，承包人还有权提出价格调整要求，或者解除合同。

一般情况下，仲裁庭可参照《新建设工程司法解释（一）》第8条的规定认定实际开工日期，即当事人对建设工程开工日期有争议的，应当以发包人或者监理人发出的开工通知载明的开工日期为开工日期。但如开工通知发出后，尚不具备开工条件的，以开工条件具备的时间为开工日期；因承包人原因导致开工时间推迟的，以开工通知载明的时间为开工日期。

仲裁实务中，双方当事人对实际开工日期的争议主要涉及：（1）开工条件是否具备的认定；（2）承包人已经实际进场施工情况下实际开工日期的认定；（3）无法查明实际开工日期的情况下实际开工日期的认定。

【裁决指引】

一、认定实际开工日期时，仲裁庭需要关注的事实和证据

1. 关于开工日期的约定或记载文件：（1）建设工程施工合同；（2）竣工许可证；（3）开工报告；（4）开工通知；（5）签证文件；（6）竣工验收报告；（7）竣工验收备案表。

2. 监理开工令不等同于开工通知。监理开工令是指总监理工程师根据《建设工程监理规范》的规定，在组织审查施工单位报送的开工报审表及相关资料后签发的开工令。开工通知是发包人或监理人按照合同约定向承包人发出开工日期的通知。监理开工令和开工通知是性质不同的两份文件。仲裁庭应查明当事人提交的关于确定开工日期的相关监理证据是监理开工令还是开工通知。

3. 开工条件是否具备，参见《本指引》施工合同工期纠纷编【争议问题2】"开工条件的认定"。

4. 部分工程具备开工条件的情况下，可分别认定开工日期。

双方合同中若有单位工程或分部工程的施工工期要求，如存在部分工程具备开工条件或部分已经开始施工的情况，可以分别认定开工日期，并认定相应的工期责任。

二、认定实际开工日期时，仲裁庭需要关注的法律问题

（一）承包人已经实际进场施工对实际开工日期认定的影响

1. 开工条件不具备，发包人或监理人也未发出开工通知，但承包人经发包人同意已经实际进场施工的，以承包人实际进场施工时间为开工日期。

2. 承包人虽已进场实际施工，但实际施工内容并非合同内约定的工程内容，例如承包人代发包人完成"三通一平"工作，或完成合同外的施工内容或辅助性的施工内容（打试验桩、地下障碍物处理、基础施工前的降水和基

坑支护等）。

（1）此种情况因承包人施工内容不在合同约定范围内，承包人主张不应据此认定承包人进场施工日期为合同开工日期的，应予以支持。

（2）对于此种情况下开工日期的认定，应当结合承包人完成的合同之外的前期工作实际内容及所需的时间、开工条件是否具备以及各方的责任予以综合认定。

3. 承包人实际进场施工后，发生施工条件不具备问题，例如水电供应暂停、道路通行受限、图纸变化等，属于施工过程中的工期延长问题或工期索赔问题，不影响对已经开工的事实认定，不应认定为不具备开工条件，亦不影响对开工日期的认定。

4. 承包人已经实际开始施工后，由于未取得施工许可证等原因被政府主管部门责令停工的，不影响对开工日期的认定，仍可认定实际开工日期为开工日期。此种情况下，承包人可主张工期顺延。

（二）在无法查明实际开工日期的情况下如何认定实际开工日期

1. 综合考虑开工报告、施工过程中的签证文件、施工日志、会议纪要、合同、施工许可证、竣工验收报告或者竣工验收备案表等载明的时间，并结合是否具备开工条件的事实，认定开工日期。

2. 对于不同载体中记载的开工日期，应考虑不同载体对于认定开工日期的证明力大小：

（1）如开工报告有记载的，原则上应当以开工报告上载明的开工日期为实际开工日期。

（2）如通过施工过程中的签证文件、施工日志、会议纪要等材料，可以查明承包人实际开始施工的时间，应当以该等材料上记载的开工时间为实际开工日期。

（3）竣工验收报告通常为双方当事人以及监理单位对工程施工及竣工验收情况的记录和确认，在无其他证据予以否认的情况下，可以认定该报告上记载的开工日期为实际开工日期。

（4）合同、施工许可证或竣工验收备案表上记载的开工日期通常与实际开工日期的关联性较弱，仲裁庭在以此认定开工日期时，需结合实际履行情况以及开工条件是否具备等情况，综合确定最接近于事实的实际开工日期。

若工程质量验收报告、竣工验收证明载明的开工日期，在工程施工许可证核发日期或监理签发的开工报告载明的日期之前，且根据监理日记、工地会议纪要等显示在先的开工日期之前工程已具备开工条件的，应综合查明事实确定开工日期。

【争议问题】

问题2 开工条件的认定

【问题界定】

开工条件是指承包人开始施工应当具备的条件。《建设工程监理规范》（GB/T50319—2013）第5.1.8条规定，同时具备下列条件时，总监理工程师签发工程开工令：（1）设计交底和图纸会审已完成；（2）施工组织设计已由总监理工程师签认；（3）施工单位现场质量、安全生产管理体系已建立，管理及施工人员已到位，施工机械具备使用条件，主要工程材料已落实；（4）进场道路及水、电、通信等已满足开工要求。

从开工条件的责任主体看，开工条件包括发包人负责的条件和承包人负责的条件。此外，实务中考虑开工条件是否具备，还包括开工所需的自然和社会环境条件。开工日期的确定意在区分发包人和承包人的工期责任，此处所指的开工条件具备，应当是指由发包人负责的开工条件的具备且不存在外部原因导致无法开工的情形。

【裁决指引性意见】

一、认定开工条件是否具备时，仲裁庭需要查明的事实和证据

（一）双方当事人关于开工条件的约定

1.当事人是否约定了开工日期开始起算的开工条件。

2. 双方当事人是否在合同中将施工 / 开工条件约定为开工日期开始起算的必要先决条件。如当事人约定施工 / 开工条件是开工日期开始起算的先决条件的，应当遵从当事人的约定。

3. 合同约定应由发包人负责的开工条件。

4. 合同约定应由承包人负责的开工条件。

（二）发包人负责的开工条件

参考《2017 年版施工合同示范文本》通用条款的相关规定，由发包人负责的开工条件，主要包括：

1. 许可或批准。

发包人应办理法律行政法规规定的由其办理的许可、批准或备案，包括但不限于：建设用地规划许可证、建设工程规划许可证、建设工程施工许可证、施工所需临时用水、临时用电、临时占用土地等。

2. 设计图纸的提供和交底。

发包人应按照约定的期限、数量和内容向承包人免费提供图纸，并组织承包人、监理人和设计人进行图纸会审和设计交底。

3. 提供施工现场。

4. 提供施工条件。

（1）将施工用水、电力、通讯线路等施工所必需的条件接至施工现场内。

（2）向承包人提供正常施工所需要的、进入施工现场的交通条件。

（3）协调处理施工现场周围地下管线和邻近建筑物、构筑物、古树名木的保护工作，并承担相关费用等。

5. 提供基础资料。

发包人应当向承包人提供施工现场及工程施工所必需的毗邻区域的基础资料，例如各类地下管线资料、气象和水文观测资料、地质勘察资料、相邻建筑物资料、构筑物和地下工程资料等。

二、认定开工条件是否具备时，仲裁庭需要关注的法律问题

（一）开工条件是否具备的举证责任

仲裁庭在认定因发包人原因导致开工条件不具备从而对实际开工日期造成影响时，应按如下原则确定举证责任：

1. 承包人应当说明开工条件不具备的具体情形以及对承包人实际开工的影响。

2. 如承包人列举的开工条件不具备的情形属于发包人的责任范围，应当由发包人对是否具备开工条件承担举证责任。

3. 如承包人列举的开工条件不具备属于自然和社会环境等外部因素引起，应当由承包人对此承担举证责任。

如发包人抗辩称承包人也没有做好开工准备，即便发包人开工条件具备，承包人也无法开工，仲裁庭宜审查承包人是否已实际做好了开工准备，由承包人负责的开工条件是否已实际具备，并据此对实际开工日期的认定进行综合考虑。

（二）因发包人原因导致开工时间推迟，仲裁庭需要考量的事项

1. 许可或批准未完成对开工条件认定的影响。

（1）原则上发包人负责的许可或者批准未办理完成，应认定为开工条件不具备。但是，承包人明知发包人未取得施工许可证，仍然同意进场施工，事后又主张开工条件不具备的，可不予支持。

（2）若双方约定由承包人代为办理应当由发包人办理的相关许可或批准且承包人同意进场施工的，对承包人以开工条件不具备而主张应当以开工条件具备的时间作为实际开工日期的，可不予支持。

（3）如承包人进场后，发现发包人未完成相关的许可或批准，从而拒绝开始施工或有证据证明承包人仅开展了准备工作或辅助性工作的，宜认定开工条件不具备。

2. 未提供设计图纸对开工条件认定的影响。

（1）若发包人未按约定提供设计图纸并组织图纸会审和交底，承包人主张开工条件不具备的，可予以支持。

（2）通常情况下，发包人可以根据进度计划安排分批、分阶段提供设计图纸，但应以不影响承包人正常组织施工为前提。如发包人提供部分设计图纸，承包人根据施工组织设计和进度计划安排，可以进行施工的，宜认定为具备开工条件。

（3）原则上发包人提供的设计图纸未经施工图审查批准或仅为设计白图的，应认定为开工条件不具备。但是，发包人指令承包人可以按图施工且承

包人也同意施工的，事后承包人以开工条件不具备而主张应当以开工条件具备的时间作为实际开工日期的，可不予支持。

3. 施工现场对开工条件认定的影响。

（1）发包人未按约定提供施工现场的，可以认定为开工条件不具备。

（2）发包人虽向承包人移交了施工现场，但施工现场存在权属争议、相邻关系纠纷、拆迁纠纷等未解决，致使承包人无法施工的，应当认定为开工条件不具备。如前述纠纷尚未导致承包人无法施工，仅对承包人的施工现场造成干扰的，可根据实际情况认定具备施工条件。对于上述纠纷对承包人施工的干扰，可参照《本指引》施工合同工期纠纷第二章及第三章中工期顺延、施工干扰的相关裁决指引性意见进行处理。

4. 施工条件对开工条件认定的影响。

（1）双方当事人就进场交通、现场三通一平、施工现场周围地下管线和邻近建构筑物保护等施工条件对开工的影响发生争议的，仲裁庭应当查明：发出开工通知时，上述施工条件的具体情形以及对承包人实际开工的影响。如未对实际开工造成实质性影响，不宜据此认定为施工条件不具备，例如由发包人负责修建的进场道路，虽未达到规范规定或双方约定的道路标准，但仍可组织施工等情形。

（2）若双方约定发包人将部分施工条件交由承包人完成或由承包人通过其他措施解决，承包人仍以开工条件不具备而主张应当以开工条件具备的时间作为实际开工日期的，可不予支持，例如现场暂时无法通电，由承包人自备柴油发电机发电等情形。

5. 基础资料对开工条件认定的影响。

（1）开工通知发出后，若承包人已实际进场，但承包人主张发包人未提供地下管线资料或其他有关基础资料影响其开工的，仲裁庭可在查明基础资料对承包人实际施工是否造成实质性影响的基础上，综合考虑予以认定。

基础资料对承包人实际施工是否造成实质性影响，可通过如下方式具体分析：查阅施工记录、施工日志、监理会议纪要等资料了解施工单位前期具体施工的内容；分析案涉工程的性质及施工对基础资料的依赖程度；审查承包人以可否通过合理途径获取上述基础资料等。

（2）若双方约定或招标文件中确定由承包人负责收集和查明地下管线资

料以及其他有关基础资料的，发出开工通知时，承包人同意进场施工且未就基础资料对施工的影响提出异议的，可以认定具备开工条件。

（三）其他不可归责于承包人但导致开工时间推迟的情形

1. 外部原因对开工条件认定的影响。

开工通知发出后，若发生了自然灾害、恶劣天气等原因或由于政府指令等原因导致承包人实际无法开工的，应当认定为开工条件不具备，宜以承包人实际开工时间作为开工日期。

2. 其他原因对开工条件认定的影响。

（1）合同约定由发包人提供原材料、设备且发包人提供的原材料、设备是承包人开工所必需的，在开工通知发出后，发包人未按合同约定提供，承包人主张开工条件不具备的，宜予以支持。

（2）合同约定发包人支付工程预付款，承包人已实际进场施工且未以发包人未支付工程预付款为由拒绝开工的，对承包人以此为由主张开工条件不具备的，可不予支持。

【争议问题】

问题3　多份合同约定工期不同时的处理

【问题界定】

关于同一建设工程中存在的多份合同对建设工期的约定不一致时如何认定工期的问题，主要涉及：（1）合同效力对工期认定的影响；（2）黑白合同裁判规则对工期认定的影响；（3）因客观情况发生变化对工期认定的影响。

【裁决指引性意见】

一、多份合同对工期约定不同，仲裁庭认定工期时需要查明的事实和证据

同一建设工程项目存在多份施工合同时，仲裁庭需要对导致存在多份合同的原因、多份合同的内容、是否为实际履行的合同及合同的效力进行判断：

（一）非实际履行的合同

1.应行政管理的要求：双方当事人按照《招标投标法》和《招标投标法实施条例》的规定履行招投标手续，并签订了符合行政管理要求的中标合同之后，发包人为了满足自身利益的需要，利用招标人的优势地位，迫使承包人另行签订与中标合同实质性内容不一致的施工合同。

2.应集团系统内部管理的要求：双方当事人在招投标之前已就建设工程项目的施工签订了施工合同，之后为配合公司或集团系统内部管理的需要，以招投标的方式另行签订中标合同。

（二）实际履行的合同

1.新增工程量：建设工程施工合同签订后，发包人新增部分工程内容、发生了设计变更和工程变更等事项，双方就此另行签订了建设工程施工合同或补充协议。

2.因客观情况的变化：双方当事人在施工合同履行过程中，根据合同履行过程中出现的客观情况变化，另行签订了补充协议，或以会议纪要、备忘录、签证等形式就合同的部分内容进行了重新约定。

二、多份合同对工期约定不同，仲裁庭认定工期时需要关注的法律问题

（一）多份合同之间的法律关系和适用规则分析

1.对于通过招投标方式签订的建设工程施工合同，依据《招标投标法》第46条和《招标投标法实施条例》第57条的规定，双方不得另行签订背离中标合同实质性内容的合同。依据《新建设工程司法解释（一）》的相关规

定，如果另行签订的合同与中标合同的实质性内容不一致的，或双方未按招投标文件签署施工合同的，应当以中标合同或招投标文件中的约定确定双方当事人的权利义务。

2. 未通过招投标方式签订的多份施工合同的适用，应首先考察合同是否有效，并以有效合同的约定作为工期认定的依据。若多份合同均有效，多份合同之间的约定出现不同时，应充分尊重缔约主体在合同履行中的意思自治，以缔约主体所签订合同约定的合同文件解释顺位、签订时间先后顺序或实际履行的合同作为认定的依据。当事人请求按照实际履行的合同的约定认定工期，仲裁庭应予支持。无法确定实际履行的合同时，通常认为后签订的合同为双方当事人对之前签订的合同的变更，宜参照最后签订的合同中关于工期的约定认定工期。

3. 要注意施工合同与工程变更、工程索赔的关系。施工合同履行过程中，如出现工程变更事项或工程索赔事项，双方就变更和索赔事项另行签订了补充协议或合同，改变了原施工合同约定的实质性内容的，通常认为该等情形不违反《招标投标法》的相关规定。该情形下，另行签订的合同与原合同内容不一致的，宜以重新签订的合同中的约定为认定工期的依据。

（二）通过招标投标方式发包工程项目，双方签订的多份合同约定工期不同时的工期认定

《新建设工程司法解释（一）》关于多份合同的处理规则涉及如下两种情形：（1）双方当事人另行签订的建设工程施工合同与中标合同的实质性内容不一致；（2）当事人签订的建设工程施工合同与招标文件、投标文件、中标通知书载明的实质性内容不一致。

1. 另行签订的合同约定的工期与中标合同约定的建设工期不一致时，宜以中标合同的约定认定双方约定的工期。

依据《新建设工程司法解释（一）》第2条的规定，如当事人主张招标人和中标人另行签订的建设工程施工合同中关于工期的约定与中标合同不一致的，应当以中标合同中约定的工期作为双方约定的工期。

2. 当事人签订的中标合同中关于工期的约定与招标文件、投标文件、中标通知书的约定不一致的，宜以招投标文件和中标通知书载明的工期作为认定工期的依据。

《新建设工程司法解释（一）》第22条的规定虽然针对的是结算工程价款问题，但一般认为，建设工期与工程价款同样属于合同的实质性内容，因此对建设工期问题也可以类推适用。发承包双方通过招投标方式签订的建设工程施工合同中约定的工期如果与招投标文件和中标通知书不一致的，仲裁庭应当以招投标文件和中标通知书载明的工期作为认定工期的依据。

3.合同签订后，因客观情况发生了在招标投标时难以预见的变化而另行订立建设工程施工合同的，宜以重新订立的合同中的约定认定工期。

（1）新增工程的工期认定。建设工程施工合同签订后，发包人在原施工合同的基础上，新增部分工程，双方就此另行签订施工合同。双方当事人在另行签订的施工合同中并未实质性改变原施工合同内容对应的工期，仅就新增部分重新约定了工期，宜以重新签订的合同中的约定认定工期。

（2）工程变更情形下的工期认定。施工合同履行过程中，发生了工程变更事项，工程变更的实施对原合同工期产生影响，双方当事人据此对合同工期进行调整的，宜认定双方重新约定的工期。

（4）工期索赔情形下的工期认定。合同履行过程中，因发生了导致工期延误的事件，双方当事人通过工期索赔程序对工期顺延并重新签订协议的，宜按重新签订的协议认定工期。

（三）未通过招标方式发包工程项目，双方签订的多份合同约定工期不同时的处理

当事人未通过招标投标方式发承包工程项目，就同一建设工程订立的多份建设工程施工合同中约定工期不同时，仲裁庭可按以下规则处理：

1.多份合同中，既有有效合同，也有无效合同的，应参照有效合同的约定认定工期。

2.多份合同均为有效的，应当按照实际履行的合同中的约定认定工期，无法确定实际履行的合同的，可按照最后签订的合同中的约定认定工期。

（四）双方签订的多份合同均无效时，多份合同约定工期不同时的处理

依据《新建设工程司法解释（一）》第6条的规定，当合同无效时，无效合同中约定的工期，可作为确定一方当事人损失的参考。

参照《新建设工程司法解释（一）》第24条规定的精神，对于多份合同

均无效的情形，可以参照实际履行合同中的约定认定工期。实际履行的合同难以确定的，可参照最后签订的合同中关于工期的约定对工期进行认定。

【争议问题】

问题 4　发包人拖延竣工验收情况下，竣工日期的认定

【问题界定】

《新建设工程司法解释（一）》第 9 条第 2 项规定："承包人已经提交竣工验收报告，发包人拖延验收的，以承包人提交验收报告之日为竣工日期。"

发包人是否存在拖延验收，核心在于发包人是否突破约定的验收期限或合理的验收期限。在认定是否存在"发包人拖延验收"时，仲裁庭应首先确认发包人收到承包人竣工验收申请报告后的验收期限，再结合当事人的主张或抗辩，查明并确认约定验收期限或无约定验收期限时的合理期限。

【裁决指引性意见】

一、在认定是否存在"发包人拖延验收"时，应查明的事实和证据

（一）合同约定验收期限的，宜遵从合同约定

仲裁庭应审查如下文件中关于竣工验收的约定，以确认双方是否就验收期限达成合意：

1. 承包合同及其补充协议（如有）；

2. 会议纪要；

3. 往来函件；

4. 签证；

5. 其他经发承包双方确认的书面文件。

（二）未约定验收期限的，需认定合理期限

若发承包双方未约定验收期限，则需判断发包人验收的"合理期限"。仲裁庭可以参考相关合同范本以及法律行政法规中关于发包人收到竣工验收申请报告后应组织验收或作出答复的期限规定，并结合如下因素综合认定：

1. 工程具体类型；

2. 工程规模；

3. 竣工验收申请报告提交时间；

4. 工程竣工验收时间（如确已竣工验收）；

5. 往来函件（例如承包人催告发包人验收的书面函件）；

6. 其他对验收期限认定有影响的因素。

二、在认定是否存在"发包人拖延竣工验收"时，应关注的法律问题

（一）合同未约定验收期限的，合理期限的认定

在发承包双方对验收期限无约定时，可参考适用相关合同示范文本的相关约定（包括具体天数），并结合有关工程的实际情况，予以综合考量和认定。

（二）发包人未在约定期限或合理期限内组织竣工验收是否具有正当理由

仲裁庭应结合案涉建设工程施工合同约定及相关证据，审查案涉工程是否已经具备竣工验收的实质要件和形式（程序）要件。如合同对竣工验收条件有明确约定的，依约定确定。如合同约定不明或未约定，可从如下几方面来判断发包人未在约定期限或合理期限内组织验收是否具有合理理由：

1. 承包人是否已完成建设工程设计和合同约定的各项内容；

2. 承包人是否已提交完整的技术档案和施工管理资料；

3. 承包人是否已按法律规定出具工程竣工报告；

4. 承包人是否已提交工程使用的主要建筑材料、建筑构配件和设备的进场试验报告，以及工程质量检测和功能性试验资料；

5. 是否存在因不可抗力等影响发包人组织竣工验收的法定或约定事由；

6. 承包人提交竣工验收报告的时间是否超出合同约定的竣工日期、竣工

验收报告的形式是否符合规范、竣工验收报告是否有监理签字等，但结合证据认定对工程竣工验收的基础事实不构成实质性影响的除外；

7. 是否满足法律行政法规规定或合同约定的其他条件。

（三）工程质量不合格需要返工的，竣工日期的认定

发包人拖延组织竣工验收，若以竣工验收申请报告提交日作为竣工日期的，应以工程质量合格为前提。若仲裁庭认定发包人无正当理由拖延组织竣工验收，但发包人验收后发现工程质量确实不合格需要返工，且经返工后通过竣工验收的，仲裁庭宜以承包人返工后再次提交验收申请报告之日作为竣工日期。但是，在计算承包人的实际施工工期时，应当扣除发包人拖延验收的期间。

【争议问题】

问题 5 发包人提前组织竣工验收时竣工日期的认定

【问题界定】

发包人提前组织竣工验收的情形通常为工程存在部分扫尾工程未完工或缺陷修补（以下简称甩项工程）未完成，但发包人已组织竣工验收。

目前，我国法律行政法规并未对提前竣工验收进行明确约定，但《2017年版施工合同示范文本》明确了实操中可以进行甩项验收。

仲裁实务中，双方当事人对发包人提前组织竣工验收的争议主要涉及工程竣工日期的认定、甩项工程保修期和缺陷责任起算时间的认定等。

【裁决指引性意见】

一、发包人提前组织竣工验收是否构成对合同关于竣工验收条件的变更，仲裁庭应关注的事实和证据

（一）双方是否就提前组织竣工验收达成合意

仲裁庭可对以下事实、证据进行审查，若存在以下任一情况的，可认定双方已就提前验收达成合意：

1. 已签署提前竣工验收协议，例如甩项验收协议；

2. 已编制甩项工程工作清单以及相应施工计划；

3. 结算时已扣除甩项工程对应价款；

4. 竣工验收报告载明甩项工程未完工；

5. 发包人自认；

6. 其他可以证明发包人同意提前验收的材料；

7. 若审查后未发现上述事实或证据，但发包人实际已组织竣工验收并竣工验收合格的，此时可推定为已就提前验收达成合意。

（二）建设工程竣工验收的法定条件是否已经具备

1. 完成建设工程设计和合同约定的各项内容；

2. 具备完整的技术档案和施工管理资料；

3. 具备工程使用的主要建筑材料、建筑构配件和设备的进场试验报告；

4. 具备勘察、设计、施工、工程监理等单位分别签署的质量合格文件；

5. 具备施工单位签署的工程保修书。

（三）甩项的具体内容

仲裁庭在审查提前验收纠纷时，应一并关注甩项的具体内容，若甩项涉及建设工程主体或其他重要施工内容，将导致工程无法达到法律规定的竣工验收条件，此时即便双方达成甩项的合意，也可能因违反法律法规强制性规定而被认定无效。

二、发包人提前组织竣工验收的，认定"竣工日期"时仲裁庭需要关注的法律问题

（一）发包人提前组织竣工验收是否构成对合同关于竣工验收条件的变更

一般而言，发承包双方达成提前竣工验收合意（含推定的合意）的，构成对原合同关于竣工验收条件的变更。

（二）提前竣工验收时竣工日期的认定

提前竣工验收构成对合同竣工验收条件的变更，按照有约定从约定的原则，可按以下不同情形认定竣工日期：

1. 双方在已签署的合同或提前竣工验收协议等文件中明确约定提前验收非最终验收，竣工日期以最终验收合格之日确定的，此时应以甩项工程完工后，发包人再行组织承包人、勘察、设计、监理完成工程质量验收并确认工程质量合格的日期，作为竣工日期。

2. 双方未在已签署的合同或提前竣工验收协议等文件中明确提前验收非最终验收，且对实际竣工日期产生争议的，依据《新建设工程司法解释（一）》第9条规定，此时宜以发包人组织承包人、勘察、设计、监理完成除甩项工程外的工程质量验收并确认工程质量合格的日期，作为竣工日期。除甩项工程外，其他工程对应的工程款、质量保修金的起算时间、工程价款优先受偿权的行使期限均据此确定。

3. 双方在已签署的合同或提前竣工验收协议等文件中对竣工日期有其他约定的，应尊重双方当事人的意思自治。

（三）提前组织竣工验收情形下建设工程的保修期和缺陷责任期的起算

1. 因提前甩项验收构成对原承包合同建设工程范围的变更，除甩项工程外，其他工程对应的保修期和缺陷责任期起算日期，应从建设工程提前竣工验收合格之日起算。

2. 关于甩项工程本身的保修期和缺陷责任期起算日期，因甩项工程本身未验收，仲裁庭还需进一步审查：

（1）双方是否就甩项工程另行施工达成合意；

（2）甩项工程完工后是否再行就甩项部分组织验收。

若双方已就甩项工程再行施工达成合意的，甩项工程的保修期和缺陷责任期起算日期为甩项工程完工后再行组织验收的日期。

若双方未就甩项工程达成合意的，提前组织竣工验收合格即为工程整体的、最终的竣工验收合格，全部建设工程的保修期和缺陷责任期起算日期从建设工程提前竣工验收合格之日起算。

【争议问题】

问题 6   **建设工程已完工，但承包人拒绝履行竣工验收配合义务时工期责任的认定**

【问题界定】

建设工程完工后，配合办理竣工验收并交付竣工工程系承包人的主要义务，除非工程合同存在明确的相反约定，承包人不能拒绝履行上述义务，即不能行使先履行抗辩权。承包人应当在工程完工后积极配合发包人及有关部门进行竣工验收。

【裁决指引性意见】

一、审查承包人拒绝履行竣工验收配合义务是否存在正当理由时，仲裁庭需要关注的事实和证据

仲裁庭应当结合承包人提供的证据及文件，查明以下事实，确认承包人拒绝履行配合义务是否具有正当理由：

（一）合同

合同是否明确约定承包人配合办理竣工验收的前提条件。若合同已明确约定的，约定的前提条件是否已实际成就。

（二）履约文件

1. 发包人的催告文件、签署文件等证据；

2. 会议纪要、施工日志、监理文件等是否记载影响工程交付或者竣工验收的事实情况。

（三）配合行为

承包人是否存在拒绝履行配合义务行为的情形，承包人拒绝履行配合义务行为的常见情形包括承包人拒绝提交竣工图纸、拒绝提交设备材料进场单证、拒绝移交已完工的工程等。

（四）正当理由

若存在以下情况的，可视为承包人拒绝履行配合义务具有正当理由：

1. 发包人未完成合同约定的相关前序事项；

2. 发生不可抗力事件，例如受疾病管控措施影响，相关人员无法参加验收等。

二、认定承包人拒绝履行竣工验收配合义务时的工期责任，仲裁庭需关注的法律问题

（一）承包人拒绝履行配合义务存在正当理由的工期责任

若承包人拒绝履行配合义务存在正当理由，仲裁庭应注意审查：

1. 合同已约定承包人履行配合义务之前发包人的先履行义务时，发包人不履行义务的前序事由与承包人在工程完工后拒绝履行配合义务之间是否存在因果关系；

2. 承包人是否有权行使先履行抗辩权，例如工程合同约定承包人在发包人未支付工程进度款之前，有权拒绝履行配合义务。

存在上述情形之一的，则发包人未按工程合同履行义务时，承包人有权拒绝对等给付，此时可参考承包人完工时间作为认定竣工日期的依据，由此产生的工期延误与承包人无关。

（二）承包人拒绝履行配合义务不存在正当理由的工期责任

工程完工后，承包人拒绝履行配合义务且不存在正当理由的情形包括：

1. 承包人拒绝履行配合义务不受发包人未履行义务的前序事由影响；

2. 确实存在前序事由但该前序事由系承包人自身原因造成，例如因承包

人与其分包单位或供应商的纠纷导致无法交付工程等情形。

存在上述情形之一的，则竣工日期仍以工程合同约定为准。若发生工期延误，承包人承担全部责任。

（三）承包人拒绝履行配合义务存在多项事由交叉时的工期责任

一项违约行为本身所引起的后果可能是另一项违约行为的诱因，各种风险事件往往交叉形成对工期延误的影响。

1. 拒绝履行配合义务导致工期延误可能存在的交叉影响事由。

（1）承包人过错导致工期延误的事由。

承包人的过错包括：施工的具体实施方案不当、计划不周；施工人员经验不足，不能通晓规范、理解设计意图；质量缺陷解决不及时；无法有效管控分包单位；安全防范措施不到位；自有资金不足，垫付能力差；等等。

（2）非承包人过错导致工期延误的事由。

非承包人过错包括：发包人、设计人、监理、材料供应商等的过错，或不可抗力、公共事件、极端恶劣天气等事由导致的工期延误。

2. 存在多项事由交叉时的工期责任认定。

仲裁庭经过审查如认为承包人拒绝履行义务系受到多项事由交叉影响且不可完全归责于承包人时，应分析各项事由对工期影响的组合权重，计算实际延误的天数，据此确定合理的工期责任。无法查清的，通过工期鉴定或专家证人方式确定竣工日期，以确定工期责任。

【争议问题】

问题7 对分包工程竣工日期的认定

分包工程合同中竣工日期不明确的常见情形包括：（1）当事人约定以分包工程之外的其他工程或整体工程的竣工日期作为分包工程竣工日期；（2）分包工程未约定竣工日期。

【裁决指引性意见】

一、认定分包工程竣工日期时，仲裁庭需要关注的事实和证据

1. 仲裁庭应审查以下文件，对当事人是否已就分包工程竣工日期达成合意进行判断：

（1）分包工程施工合同、补充协议等合同文件及招标文件；

（2）工程会议纪要；

（3）工程监理日志、工程结算单；

（4）承包人与分包人往来函件；

（5）承包人委派的工程人员与分包人委派的工程人员往来邮件记录、微信聊天记录等。

2. 分包工程未约定竣工日期，在认定分包工程竣工日期时，仲裁庭需审查如下事实和证据：

（1）分包人是否已提交竣工验收报告、竣工验收报告，是否经承包人盖章确认；

（2）承包人收到分包人提交的竣工验收申请报告或向监理人报送工程质量验收申请文件后，是否存在拖延验收的情形；

（3）在工程竣工验收报告出具前，是否存在该分包工程或整体工程是否已投入使用的情形，例如房屋销售、入住、开业、出租、投产、通车等；

（4）分包工程竣工是否为其他工程施工的前提；

（5）承包人是否与分包人进行了结算。

二、认定分包工程竣工日期时，仲裁庭需要关注的法律问题

（一）约定分包工程竣工日期取决于其他分部工程或整体工程的竣工日期的情况下，分包工程竣工日期的认定

1. 原则上应按合同文件明确约定的分包工程竣工日期进行认定。

2. 若合同约定以其他工程或整体工程的竣工日期认定分包工程竣工日期的，仲裁庭进行工期延误责任承担认定时，应审查：

（1）是否存在《本指引》施工合同工期纠纷编【争议问题9】【裁决指引性意见】第二条所述情形，其他工程或整体工程的延误是否可归责于分包人。

（2）若其他工程或整体工程因不可归责于分包人的原因延误的，分包工程竣工日期宜以合同约定的分包工程竣工日期进行认定，但分包人对于竣工延期不承担延误责任。

（二）若分包工程未明确竣工日期，分包人承包范围内工程验收报告等相关文件是否已经承包人和分包人的书面确认

若分包工程未明确竣工日期，认定分包工程竣工日期时，仲裁庭应审查如下事项：确认分包人承包范围内工程验收报告等相关文件是否经承包人和分包人的书面确认，并据此确定分包人承包范围内工程是否验收合格，从而确定分包工程的实际竣工日期：

1. 具有经承包人与分包人盖章确认的分包工程竣工验收报告等文件证明工程已经竣工验收合格的，以竣工验收报告中的工程竣工日期认定分包工程的竣工日期。

2. 分包人已提交竣工验收申请报告，承包人存在拖延验收的，参照《新建设工程司法解释（一）》第9条第2项规定，以分包人提交验收申请报告之日为竣工日期。

3. 建设工程未经验收，发包人擅自使用的，参照《本指引》施工合同质量纠纷编【争议问题5】"发包人'擅自使用'的认定及处理"进行认定。

4. 在无上述可认定分包工程竣工日期的情形时，若分包工程竣工为其他工程的施工前提，则宜以其他工程的开工时间作为认定该分包工程竣工日期的依据。

5. 在分包人不能证明分包工程实际竣工日期的情况下，分包人应承担举证不能的不利后果。

第二章 工期延误与工期顺延

【争议问题】

问题 8 承包人的工期责任认定

【问题界定】

建设工程施工合同中，因承包人原因或者可归责于承包人的其他原因导致工期延误的，发包人可以向承包人主张采取赶工措施、请求承包人承担工期延误违约金、赔偿发包人工期延误造成的损失。

发包人主张承包人承担工期延误责任，承包人通常以工期不存在延误、工期延误非己方原因导致、工期延误没有给发包人造成实际损失、合同约定的工期违约金过高等予以抗辩。

【裁决指引性意见】

一、认定承包人工期责任时，仲裁庭需要关注的事实和证据

1.发包人向承包人主张损失或责任的类型：（1）主张采取赶工措施；（2）主张工期延误违约金；（3）主张工期延误造成的实际损失。

2.工期是否存在延误：仲裁庭需查明合同约定工期、实际工期，以确定

是否存在工期延误以及工期延误的实际天数。

3. 工期延误的原因：工期延误的原因一般可分为发包人原因、承包人原因、不可归责于双方当事人的第三方原因。

二、认定承包人工期责任时，仲裁庭需要关注的法律问题

（一）查明工期延误的原因，并就工期延误的后果及责任在当事人之间进行分配

1. 仲裁庭应就工期延误的原因和责任确定举证责任。仲裁庭若认为无法通过现有证据确定工期延误原因的，可就相关事项委托鉴定机构或委托工期专家证人辅助进行查明，参见《本指引》施工合同工期纠纷编【争议问题 29】至【争议问题 31】。

2. 查明工期延误的原因后，仲裁庭应当根据工期延误的原因将工期延误的后果和责任在双方当事人之间进行分配。

3. 如经审理认为双方当事人对工期延误均有责任，但根据现有证据无法准确划分各自责任大小且根据《本指引》施工合同工期纠纷编【争议问题 29】至【争议问题 31】认为无须启动鉴定或委托专家证人的，可酌情裁决由双方各自承担部分责任，并据此裁决相应的违约责任或损失分担比例。

（二）不同原因导致工期延误时，承包人的工期责任分析

1. 因非承包人原因导致的工期延误，承包人不承担工期延误的违约责任。在此情况下，发包人可要求承包人采取赶工措施，但由发包人承担相应的赶工费用，或根据双方的约定向承包人支付赶工奖。承包人应当采取合理的措施，减少因工期延误造成的损失，并应根据工期延误的情况，调整工期进度计划和施工组织设计，报发包人或监理人批准。承包人亦可根据实际情况，提出采取赶工措施的建议。

2. 因承包人原因导致的工期延误，承包人应当向发包人承担工期延误的违约责任。发包人可以要求承包人采取赶工措施、请求承包人承担工期延误违约金、赔偿工期延误给发包人造成的实际损失。

（三）发包人向承包人主张工期延误的责任类型分析

1. 发包人要求承包人采取赶工措施的处理。

因承包人原因导致工期延误的，发包人可以要求承包人采取赶工措施，

承包人应当按发包人的要求制定赶工措施方案，报发包人或监理人批准后，采取赶工措施，并自行承担相应的赶工费用。如双方当事人对于赶工费用的承担有争议的，可参照《本指引》施工合同工期纠纷编【争议问题 23】处理。

2. 发包人主张承包人承担工期延误违约金的处理。

（1）若双方当事人在合同中约定了工期延误违约金，仲裁庭可按照约定裁决承包人应当承担的工期逾期违约金。

（2）若合同约定了承包人工期延误违约金的上限，但发包人认为违约金的上限额度不足以弥补其损失，并主张突破双方约定的违约金上限，请求承包人赔偿其损失的，对发包人的请求一般不予支持。但是，若仲裁庭经审理后查明，双方约定的违约金上限明显不足以补偿发包人损失的，仲裁庭可根据发包人的请求，综合考虑合同约定、工期延误的具体情形、承包人的过错程度、发包人是否采取了合理的减损措施等酌情决定是否予以调整。

（3）若合同约定承包人延误工期时，发包人可在应付工程款中直接扣减工期延误违约金，发包人主张在应付承包人的工程款中抵扣工期延误违约金的，仲裁庭可予以支持。

3. 发包人主张承包人赔偿工期延误造成的损失的处理。

发包人请求承包人赔偿其因工期延误造成的损失的，按照《本指引》施工合同工期纠纷编【争议问题 22】处理。

【争议问题】

问题 9 发包人以工期延误为由不支付工程款或要求扣减工程款的处理

【问题界定】

发包人常以承包人延误工期作为不支付工程款或扣减工程款的理由，包括：以行使先履行抗辩权或不安抗辩权为由延迟或拒绝支付工程款；要求承包人承担工期违约责任，并在应付工程款中直接扣减工期违约金或赔偿发包人受到的实际损失等。

【裁决指引性意见】

一、仲裁庭需要关注的事实和证据

（一）合同关于工期延误责任承担方式的约定

仲裁庭应查明合同中有关约定，包括但不限于：

1. 合同及其违约责任条款的有效性；

2. 当事人对工期目标的具体约定，包括节点工期和总工期；

3. 合同关于进度计划修订以及赶工的具体约定；

4. 工期延误的违约责任承担方式及违约金计算标准，包括是否约定了节点工期违约责任；

5. 就工期延误赔偿损失的范围，是否约定赔偿发包人的实际损失或间接损失；

6. 就工期延误违约金的承担方式，是否约定违约金可以从工程进度款或结算款中直接扣减；

7. 是否约定了工期违约金的限额，是否存在违约金标准过高的情况等。

（二）是否存在工期延误的事实

在事实调查阶段，仲裁庭应根据申请人的仲裁请求和被申请人的抗辩来查明承包人是否存在工期延误的事实，包括但不限于：

1. 是否存在工期延误；

2. 工期延误的具体情况，包括延误的天数；

3. 导致延误发生的原因；

4. 造成的经济损失的金额。

仲裁庭应根据合同约定及法律行政法规的规定，就延误责任作出判断。若双方对前述事实问题等存在明显争议，仲裁庭依据现有证据难以直接认定的，可通过工期鉴定或专家证人的方式确定。

二、仲裁庭需要关注的法律问题

（一）发包人的主张是否符合合同约定

若合同明确约定发包人可直接在进度款中扣减相应违约金、赔偿金的，在对相关金额进行审查确认后，仲裁庭可予以支持。若未明确约定发包人可直接扣减相应违约金、赔偿金的，则一般不予以支持。

若合同未明确约定可直接扣减，但仲裁庭在审理中发现承包人确实需要承担违约金或赔偿金的，尤其在剩余工程款与承包人应承担的违约金相当、少于违约金金额或承包人提供的履约担保不能覆盖违约金时，仲裁庭可根据案件具体情况（包括承包人提供履约担保的情况等），向发包人释明其可另行提出仲裁请求。

需要注意的是，承包人的工期义务与发包人支付工程款义务并非对等义务，承包人对其造成的工期延误应承担相应违约责任，但并不阻碍承包人获取工程款。并且，实务中，除工程预付款外，一般均约定承包人先行完成相应施工产值或施工节点，发包人再支付一定比例的工程款，据此对于发包人以行使先履行抗辩权为由，提出的不支付工程款或免除其支付工程款义务的请求，仲裁庭一般不予以支持。

仲裁庭须注意查明合同中是否约定了在满足特定条件时可以免除工期违约责任，例如在总工期不延误情形下，可以免除承包人节点工期违约责任或返还已扣减违约金；或者，当事人在合同履行过程中通过补充协议、会议纪要或其他签证方式，约定承包人通过赶工措施追回相应工期或实现某一节点目标的情况下，可以免除其工期违约责任。若存在前述情况的，可按双方约定处理。

（二）其他需要考虑的因素

仲裁庭还应进一步审查和考量以下因素：

1.案涉工程是否已经竣工或工期延误损失已无法挽回。

若承包人的工期延误仅仅是施工过程中某一工序滞后于原定的工期计划，但工程尚未竣工或工期延误损失仍可通过赶工措施等予以挽回的，发包人以行使不安抗辩权为由，要求延迟或扣减工程款的，仲裁庭一般不予支持。

2.发包人延期付款与承包人工期延误的前后时间关系。

实务中，承包人的施工行为是一个动态的过程，而发包人支付工程进度款与承包人完成一定的施工产值或实现约定的工期目标存在关联性。若承包人工期延误在前，则发包人延期支付进度款当属合理；若发包人延期付款在前，而承包人工期延误在后，则需要结合合同约定及导致工期延误的原因等实际情况作出综合研判。

3. 违约金是否合理。

依据《民法典》第585条第2款的规定，约定的违约金低于造成的损失的，仲裁庭可以根据当事人的请求予以增加；约定的违约金过分高于造成的损失的，仲裁庭可以根据当事人的请求予以适当减少。对于"过分高于"的认定，可参照《民法典工作会议纪要》第11条进行处理。

（三）工期延误造成的发包人损失赔偿范围应如何确定

发包人损失是指建设工程工期延误导致的费用增加或收益减少，发包人所需承担的全部或部分损失，一般指可以量化的财产性损失。实务中，发包人主张的损失通常包括：

1. 经营性收入损失。因工期延误导致发包人不能按时使用建筑物进行经营从而导致的经济损失。

2. 租金损失。因工期延误导致发包人延长租赁其他建筑物、设施设备等产生的损失。

3. 逾期交付损失。因工期延误导致发包人逾期向案外人（如购房人）交付而承担的违约金损失。

4. 甲供材料价格上涨的损失。因工期延误，甲供材料价格的上涨而导致发包人额外支付的费用损失。

5. 监理费用损失。因工期延误而导致监理服务期延长，发包人须向监理人支付延长期的监理费用。

6. 其他损失。如发包人对其他案外第三方违约产生的损失等。

对于发包人主张的因工期延误导致的直接损失且实际发生的，比如已签订租赁合同的租金损失、甲供材料价格上涨的损失、增加监理费用损失等，一般予以认可，而对于逾期交付的损失，司法实务中较多被认定为间接损失，须发包人实际发生才能认定。发包人未举证证明的，可不予以支持。

【争议问题】

问题 10　承包人工期延误抗辩事由的处理

【问题界定】

实践中，发包人认为承包人的施工周期超出合同约定工期，应当承担工期延误违约责任，而承包人经常以导致施工延迟的原因并非承包人的原因或不应由其承担责任等提出抗辩。

【裁决指引性意见】

一、仲裁庭需要查明的事实和证据

（一）合同关于工期延误责任承担的约定

工期延误可区分为因发包人原因导致的工期延误、因承包人原因导致的工期延误和因不可归责于合同当事人的情况引起的延误等三类情形。其中，不可归责于合同当事人引起的工期延误的原因通常包括不可抗力、异常恶劣的气候条件、不利物质条件、案外第三方原因等。仲裁庭需要关注合同对于不同原因导致工期延误的责任承担方式及承包人是否可以顺延工期或免于承担责任等的具体约定。

（二）导致工期延误的事实及主要原因

仲裁庭应根据双方举证查明导致案涉工程工期产生延误的事实及主要原因，包括但不限于：

1.工期是否存在延误以及延误的具体天数。仲裁庭可结合实际开竣工日期的认定，初步判定与约定工期相比实际工期是否存在延误，并在此基础上对延误的具体天数进行认定。

2.导致工期延误的主要原因。仲裁庭可根据当事人提交的相关证据，重点审查开工通知、施工许可证、施工进度计划、施工日志、监理日志、发包人或监理人发出的暂停施工指示（停工通知）、图纸签收记录、工程款支付凭证以及工程联系单、会议纪要、往来函件、工程变更记录等签证资料。如一方当事人提交的证据难以直接查明延误原因的，仲裁庭可按照"为主张之人有证明义务"的原则对当事人的举证责任进行确定。

若双方对是否存在工期延误、导致延误的原因、延误天数等存在较大争议或仲裁庭依据现有证据难以直接查明时，可通过工期鉴定或专家证人的方式确定。

二、仲裁庭需要关注的法律问题

（一）承包人提出的抗辩事由是否符合合同约定或法律行政法规规定

实务中，承包人的工期抗辩事由通常包括以下几方面：

1. 发包人（或监理人）未履行合同约定义务，例如，发包人迟延取得工程施工所需的许可或批准；发包人未按合同约定及时提供图纸，发包人未按约提供原材料、设备、场地、资金、技术资料，发包人提供的基础资料等文件错误，工程款支付不到位，发包人或监理人未按合同约定发出指示、批准等文件，监理人未及时进行隐蔽工程检查检验，发包人未及时组织竣工验收等；

2. 工程变更；

3. 不可抗力；

4. 不利物质条件；

5. 异常恶劣的气候条件；

6. 法律法规政策变化；

7. 指定分包商或平行承包商原因导致工期延误；

8. 政府指令停工或其他第三方干扰施工等。

在案涉工程确实存在工期延误的情况下，仲裁庭应结合合同约定及法律行政法规规定，对承包人提出的工期延误抗辩事由是否成立，逐一进行审查认定。一般情况下，若根据合同约定或法律行政法规规定，导致工期延误的事件不应由承包人承担责任或可顺延工期的，则抗辩事由成立，反之则不成立。对于承包人已经取得了工期顺延签证的延误事件，仲裁庭一般可直接认定抗辩事由成立。

（二）抗辩事由与工期延误结果之间的因果关系

1. 仲裁庭在认定工期延误抗辩事由是否成立时，还应注意分析相关抗辩事由与工期延误结果之间是否存在因果关系。比如，发包人虽未完全履行合同约定的某项义务，但该项义务对工期并不产生直接影响或并不必然导致工期延误的后果。在此情况下，不宜认定抗辩事由成立。

2. 仲裁庭还应判断延误事件对工期关键线路的影响，以及是否属于可原谅的延误。如果某个延误事件虽不可归责于承包人，但该事件导致的工期增加不在关键线路上或者不会导致关键线路发生改变，即对工期并不产生实质性影响的，也不宜认定抗辩事由成立。

（三）延误事件对工期的影响是否与承包人过错有关

实务中可能出现承包人的工期延误抗辩事由虽形式上符合合同约定或法律行政法规规定，但相关延误事件对工期产生影响是由于承包人的过错而导致的，则不应认定承包人的抗辩事由成立。例如，依据法律行政法规及参照司法解释，新冠疫情或疫情防控及应急处置措施属于不可抗力，若施工期间遭遇疫情影响的，可以顺延相应工期。但是如果因承包人原因使得原来应在疫情发生前竣工的工程发生延误，并在延误期间遭遇疫情的，则抗辩理由不成立。

（四）承包人关于工程量增加、存在工程变更导致工期延误的抗辩的认定

承包人有证据证明确实存在合同外新增工程、合同内工程量增加、工程变更等情况并影响工期的，抗辩理由一般可成立。但需要注意的是，工程量变化或工程变更并不一定意味着增加工期，部分工程量增加和变化可能仅对局部的非关键线路施工产生影响，对总工期并没有实质影响。

对于工程变更导致工程量增加的，应进一步确定是否增加了关键线路上的工程量。如果增加的工程量在关键线路上或者导致关键线路发生改变的，通常会对工期造成影响；如果增加的工程量并非在关键线路上的，则不影响工期。同理，如果工程变更导致返工、停工的，也应进一步确定是否导致对关键线路的影响。

除此之外，工程造价的增加也并不一定导致工期延长，不能直接以合同

签约价与最终工程结算总价的比值调整工期。当仲裁审理中遇到该等争议，双方不能就具体影响期间达成一致意见的，需要根据合同约定和证据综合判断，必要时可通过工期鉴定或专家证人辅助查明。

【争议问题】

问题 11 合同协商解除后工期责任的处理

【问题界定】

双方当事人就合同解除协商达成一致并解除合同后，一方当事人是否还可以向对方主张工期延误的违约责任或追究工期延误损失？

《2017 年版施工合同示范文本》通用条款 19.5 条规定："提出索赔的期限：（1）承包人按第 14.2 款［竣工结算审核］约定接收竣工付款证书后，应被视为已无权再提出在工程接收证书颁发前所发生的任何索赔。（2）承包人按第 14.4 款［最终结清］提交的最终结清申请单中，只限于提出工程接收证书颁发后发生的索赔。提出索赔的期限自接受最终结清证书时终止。"

仲裁庭在审理采用《2017 年版施工合同示范文本》或存在其他类似合同条款的案件时，应注意审查合同解除协议中对工期责任问题的处理，在此基础上确定当事人是否有权提出工期损失索赔以及索赔的范围。

【裁决指引性意见】

一、仲裁庭需要查明的事实和考量的主要因素

仲裁庭应在查明是否实际存在工期延误以及工期延误原因的基础上，进一步审查和考量如下情形：

1.因工期延误导致的实际损失是否在合同解除之后形成；

2.合同解除的主要背景和原因：解除合同是否与其中一方的严重违约有

关，协商解除合同是否是各方的真实意思表示，一方当事人是否处于压力之下或存在不平等的签约地位；

3.解除合同的协议约定是否明确清晰，是否存在权利概括性放弃或无其他争议的表述；

4.解除合同的协议是否已经履行完毕并办理了最终结清手续；

5.合同协商解除时，是否已就工期延误进行了处理。

二、仲裁庭需要关注的法律问题

1.解除协议已对双方的权利义务作了概括性约定（例如，对合同已经履行部分如何清算、未了事项如何处理等事宜一并作出约定；在合同解除协议约定明确清晰、不存在法定的无效或可撤销情形）的情况下，仲裁庭应尊重当事人的意思，一般应认为当事人在合同解除协议中已就施工合同的解除达成一揽子解决方案。在合同解除之后，当事人无权再向对方主张工期延误的违约责任或追究工期延误损失。

2.合同解除协议对工期延误导致的损失既未作出专门处理，亦未作概括性处理或协议明确约定对工期延误损失另行协商处理的情况下，仲裁庭应查明工期延误事实、原因、责任承担及实际损失，并依据合同约定及法律行政法规规定作出处理。

3.审理查明建设工程工期确实存在延误、工期延误确因一方原因导致、该等延误损失系在合同解除之后显现而合同解除协议中未对该问题进行明确约定或处理的情况下，仲裁庭可以结合该等损失在解除协议签订时的可预见性、协议对未了事项的约定等进行综合判断，并在此基础上确定是否支持一方当事人主张工期延误违约责任或追究工期延误损失的请求。

4.当事人约定以合同解除协议完全履行作为一方当事人放弃工期延误责任的前提，若合同解除协议未能履行或未能完全履行的，权利方可以主张取消放弃，进而主张工期延误违约责任或主张工期延误损失。

【争议问题】

问题 12　承包人未能依约提供工期顺延签证等书面文件时，工期顺延的处理

【问题界定】

签证是合同双方对工程调整用书面方式的互相确认，是对事实的确认或变更；通过签证，发承包双方就有关履约事项达成一致书面意见，并据此作为调整合同价款、延长施工工期和工程结算的依据。

当事人约定顺延工期应当经发包人或者监理人签证等方式确认的情况下，若承包人未取得相应的确认，通常情况下难以支持其顺延工期的主张。但在满足一定条件的情况下，其工期顺延的主张能够得到支持。仲裁庭应结合合同约定及导致承包人未能取得工期顺延签证的案件事实，区分具体情况以确定能否顺延工期。

【裁决指引性意见】

一、仲裁庭审查工期顺延主张时需要关注的事实和证据

（一）施工合同中对工期顺延签证的程序性约定

包括关于申请工期顺延的程序、期限及其法律后果的具体约定，通常存在以下两种情况：

1. 合同明确约定承包人未在约定期限内提出工期顺延申请的，视为工期不顺延，即工期顺延逾期失权条款。

2. 合同虽约定承包人应当在规定期限内提出工期顺延申请（工期索赔），但未明确约定逾期提出申请视为工期不顺延或丧失要求延长工期的权利，即未明确约定逾期索赔失权。

因逾期失权关系当事人的重大权利，应注意合同对工期顺延的程序、期

限及其法律后果的具体约定，查明双方的真实意思表示。

（二）承包人是否在约定期限内申请过工期顺延

若合同未明确约定工期顺延逾期失权的，仲裁庭应对承包人是否在合同约定的期限内向发包人或者监理人申请过工期顺延进行重点审查。

承包人申请工期顺延的证据可能包括签证单、索赔意向书签收记录、邮件、微信记录、相关的会议纪要、往来函件、工程联系单、监理日志等。

若合同明确约定发包人在收到索赔报告（签证申请）后一定期限内逾期答复，则视为认可承包人的索赔要求的，则需要查明承包人申请工期顺延是否已构成视为认可。如果符合的，则应认定承包人已经取得工期顺延的签证。

（三）申请工期顺延的事由是否符合合同约定

仲裁庭应围绕承包人主张的工期顺延事由逐一进行审查，并判断其是否符合合同约定。审查时一般需要考量：工程量的增加，工程变更对工期的影响，发包人未按约提供原材料设备、场地、资金、技术资料等因素。必要时，可通过工期鉴定或专家证人的方式进行查明。此外，不利物质条件、异常恶劣的气候条件、法律行政法规政策变化等也是合同中较为常见的可以顺延工期的事由。

二、仲裁庭审查工期顺延主张时需要关注的法律问题

（一）申请工期顺延的事由是否符合法律行政法规规定

对于虽然合同未明确约定，但该工期顺延事由符合法律行政法规规定的（如不可抗力），仲裁庭可按照"有约定从约定，无约定从法定"的原则决定是否支持。

（二）申请顺延工期的事由与工期延误的因果关系

若申请工期顺延的事由符合合同约定或法律行政法规规定，仲裁庭需审查申请工期顺延的事由与工期延误之间是否存在因果关系，审查申请工期顺延事由对工期延误造成的具体影响，在此基础上确定可否给予工期顺延及可顺延的天数。

（三）其他认定是否顺延工期时宜综合考量的情形

基于工程建设过程的复杂性，对于承包人未提供工期顺延申请的情况，仲裁庭也可结合相关事实，借助工期鉴定或专家证人手段对工期是否顺延作

出综合判断。特别是在出现不利物质条件、异常恶劣的气候条件、法律行政法规政策变化及政府指令停工等原因导致工期延长的情况下，即使合同未将相关情形列为可以顺延工期的事由，仲裁庭亦可依据公平原则，合理确定各方权利义务。

【争议问题】

问题 13 **承包人在索赔期限届满后提出工期索赔的处理**

【问题界定】

《新建设工程司法解释（一）》第 10 条第 2 款规定："当事人约定承包人未在约定期限内提出工期顺延申请视为工期不顺延的，按照约定处理，但发包人在约定期限后同意工期顺延或者承包人提出合理抗辩的除外。"仲裁庭对承包人在约定期限届满后的是否属于"合理抗辩"进行判断时，需要考量如下事实及因素。

【裁决指引性意见】

一、仲裁庭需要关注的事实和证据

（一）施工合同是否明确约定逾期索赔失权条款

仲裁庭应查明施工合同中对工期顺延的程序性约定，包括申请工期索赔的程序、期限及其后果的具体约定：

1. 合同仅约定承包人应当在规定期限内提出工期顺延申请，但未明确约定"未在上述期限内提出申请视为工期不顺延或丧失要求延长工期权利"等逾期索赔失权条款的，不能当然产生超出索赔期限失权的法律效果，应结合是否超过诉讼时效以及具体案情据实裁决。

2. 合同既约定工期索赔的期限，又约定逾期失权的，一般应按照合同约定处理。但是，如果承包人提出合理抗辩，并有证据证明其未提出工期索赔有合理理由的，仲裁庭不应直接认定失权，应结合案情据实裁决。

（二）发包人是否在约定期限届满后同意工期顺延

如果发包人在约定期限届满后同意工期顺延，仲裁庭依据该自认行为，应予认可承包人顺延工期的请求。实务中，发包人同意顺延工期的证据包括但不限于：

1. 发包人在会议纪要、往来函件、工程联系单等文件及邮件、微信记录中表明同意工期顺延和 / 或给予费用补偿的；

2. 对于持续影响的事件，发包人默许或在其他文件中表示可以在结算时一并处理工期顺延问题的；

3. 发包人已经明确放弃了以"逾期索赔失权"作为抗辩理由的。

若发包人在约定期限届满后仅在相关文件中原则性表示可以考虑顺延工期的，仲裁庭应查明可顺延工期的事实是否确实存在。如确有相关事实且符合合同约定或法律行政法规规定的，可以认可顺延相应工期。

二、仲裁庭需要关注的法律问题

（一）承包人是否提出合理抗辩

如果承包人未在约定期限内提出工期顺延申请，但能提出合理抗辩的，可支持其顺延工期的主张。仲裁庭应重点审查：承包人是否确因客观原因无法在约定期限内提出工期顺延申请；或者能够证明承包人已经以一定形式提出，但因发包人原因或其他客观原因未能形成有效的证据等情形。

"合理抗辩"的情形一般包括：

1. 承包人是否怠于行使权利。承包人虽未按照约定的期限及形式主张工期顺延，但能够通过会议纪要、洽商记录、签证单、联系单等书面文件或邮件、微信记录等证明双方就工期顺延问题进行过沟通的，可以据此判断承包人是否怠于行使权利。

2. 承包人是否由于客观原因未提出索赔请求。审查是否存在以下情形：承包人因客观原因无法在约定期限内提出工期顺延申请；或者承包人已经以一定形式提出，但因发包人原因或其他客观原因未能形成有效证据等情形，例如因不可抗力原因未能提出申请、发包人拒绝签收索赔意向通知书、发包人的指定联系人下落不明、合同约定的送达地址及收件人发生变更未及时告知承包人。

3. 承包人有充分证据证明工期顺延 / 延误系因发包人或其他无法预见的客观原因导致，且承包人对逾期主张工期索赔无主观过错。

4. 承包人逾期申请的，是否影响仲裁庭对索赔事件的调查。承包人逾期申请的，在不影响仲裁庭对索赔事件进行事实调查的情况下，承包人仍能依据相关证据证明其可顺延工期的事实确实存在的，仲裁庭应审慎审查是否支持其主张。

5. 工期索赔事件具有持续影响。持续性的索赔事件在未彻底结束前，事件导致的延误期限暂时无法确定，承包人往往无法在约定的期限内提出索赔请求，仲裁庭宜在尊重工程实际的情况下作出处理。

（二）工期延误是否因工程变更引起

工程变更可能会引起工期和费用的调整，且是发承包双方达成合意的行为。因此，对于工程变更引起的工期调整，仲裁庭应按照合同约定的工程变更相关条款进行处理，一般不适用逾期失权条款。

（三）不可抗力与逾期索赔失权条款的竞合

不可抗力通常是承包人可以申请工期顺延的约定事由，也是法定的免责事由。如果因不可抗力发生承包人逾期索赔的，仲裁庭应结合具体案情，按照合同中的不可抗力条款或法律行政法规规定进行处理。

【争议问题】

问题 14　合同双方原因共同导致工期延误的责任分配

【问题界定】

共同延误，又称同期延误，是指在建设工程施工合同履行过程中，在某一特定时间段内，既发生了可归责于承包人的延误事件，又发生了不可归责于承包人的延误事件，且导致了同期延误的情形。仲裁庭应结合发包人和承包人的证据对某一特定时段内发生的多个工期延误事件是否存在、导致各延误事件发生的原因、延误事件与延误结果之间是否存在关联性等分别进行审查，以确定责任分配。

【裁决指引性意见】

一、仲裁庭需要关注的事实和证据

（一）是否存在工期延误以及工期延误的具体天数

仲裁庭应结合发包人和承包人的证据对某一特定时段内发生的多个工期延误事件是否存在以及造成的工期延误天数进行审查，应注意查明以下事实：

1. 同一时间段内发生了哪些延误事件；

2. 在没有其他延误事件的情况下，这些延误事件是否对关键线路产生了实质性的影响；

3. 各延误事件与工期延误结果之间是否存在关联性；

4. 各延误事件分别影响的工期天数等。

（二）导致各延误事件发生的原因及其影响程度

根据双方当事人举证情况并结合合同约定、依据法律行政法规规定及行业惯例等综合判断导致各延误事件发生的原因及其影响程度，应注意查明以下事实：

1. 导致各延误事件发生的各自原因；

2. 各延误事件的发生应分别属于哪一方的责任；

3. 双方当事人对导致工期延误事件发生是否存在过错及过错的程度，包括是否存在当事人的恶意违约行为；

4. 各延误事件对总工期的影响天数；

5. 各延误事件分别导致了多少经济损失等。

若双方对是否存在工期延误、导致延误的原因、延误天数及延误所导致的损失等存在较大争议时，可通过工期鉴定及专家证人的方式查明。

二、仲裁庭需要关注的法律问题

（一）构成共同延误须满足的条件

若要构成共同延误，须首先满足以下四个条件：

1. 两个或多个延误事件彼此无关、彼此独立，且即使没有其他延误事件，该延误事件也必然会拖延项目完工；

2. 两个或多个延误事件由不同相关方承担履约责任，其中一个或多个可能是案外第三方导致的事件；

3. 延误事件不是相关方的恶意违约行为；

4. 延误事件对关键线路上的工作造成了实质性的影响且不容易矫正。

除以上四个前提条件外，两个或多个延误事件之间的关系须满足以下两个必要条件，方可构成共同延误：

1. 延误事件必须发生在同一分析区间或者影响同一分析区间；

2. 任何一个延误事件在没有其他延误事件的情况下，必须能够独立地对关键线路产生延误。

（二）共同延误情形下的责任分配方式

相较于一方原因引起的工期延误事件，共同延误情形涉及因素更多，双方责任的定性和定量更为复杂。实务中，若仲裁庭难以直接作出认定的，可通过工期鉴定或委托工期专家证人查明导致工期延误原因、工期延误天数和因工期延误产生的损失，并在此基础上对"共同延误"责任进行分配。

限于各种主客观原因，工期鉴定及专家证人存在难以确定导致损失的各个延误的来源以及各延误事件与损失结果之间的因果程度的情况，亦存在无法精确计算每个延误事件引起的延误时间的长度以及每个延误事件对整个工期延误的影响程度的情况。因此，目前国内仲裁实践中，主要通过以下几种方式处理：

1. 区分导致工期延误的主次责任，由导致延误发生主要责任方或存在严重违约一方当事人承担主要责任或全部责任，对方当事人承担次要责任或不承担工期延误责任。

2. 区分导致工期延误的责任比例，按照各延误事件对总工期的影响程度，由发包人、承包人按一定比例承担责任。

157

3.对于由双方共同过错所致的工期延误，双方各自承担因工期逾期造成的损失。

仲裁庭可结合案件的具体情况，综合考虑导致延误事件发生的原因、延误事件与延误结果之间的关联性、当事人的过错程度、对工期的影响程度等因素，酌情确定双方在共同延误情形下应承担的责任比例。

【争议问题】

问题 15 节点工期延误但总工期未延误，承包人节点工期延误违约责任的承担

【问题界定】

节点工期通常指工程项目建设达到建设工程施工合同所约定的某一个形象进度的时间。实践中，通常按照工程的某个分部分项工程或者某个里程碑工程（如桩基、地下室顶板、主体结构、二次结构、外幕墙、装饰装修等）设置阶段性工期目标，从开工日到阶段性工期目标完成日之间的时间即节点工期。

节点工期与合同工期之间存在着密切的联系。在施工进度管理中，通常会根据合同总工期确定节点工期，进而确定施工进度；根据节点工期要求及具体施工条件编制整个工程的控制性网络进度计划，并对进度目标进行分解，提出细化后的控制性进度目标。

【裁决指引性意见】

一、仲裁庭需要关注的事实和证据

（一）当事人之间就节点工期计划及其延误违约责任的约定

仲裁庭应注意结合施工合同及工程施工过程中形成的其他履约文件，对当事人之间就节点工期计划及其延误违约责任的约定进行审查，具体审查事

项及考量的因素包括但不限于:

1. 合同及其违约责任条款的有效性。

2. 合同或经双方确认的其他文件(如施工组织设计、施工进度计划等)对节点工期目标(计划工期)是否有明确的约定。

3. 合同中是否明确约定了节点工期延误的违约责任承担方式或违约金计算标准。节点工期违约责任的承担应当以有合同明确约定为前提,若合同仅约定了节点工期而未约定节点工期违约责任的,对于发包人主张节点工期延误违约责任的请求,一般不应支持。

4. 合同是否存在如下约定:总工期不延误情形下,可以免除承包人节点工期违约责任或返还已扣减违约金。

5. 合同是否约定了节点工期违约金累计金额的限额。

6. 承包人主张违约金标准过高请求调低的,仲裁庭应结合承包人的违约情形、发包人自身的过错程度、发包人因节点工期延误产生的损失或影响等因素,判断违约金是否明显过高并予以调整。

(二)承包人是否存在节点工期延误的违约事实

在违约事实调查阶段,仲裁庭应根据申请人的仲裁请求和被申请人的抗辩来审查双方证据体系是否完备,并根据证据情况确定举证证明责任。

1. 首先应结合发包人和承包人的证据确定里程碑工程的开始时间和完工时间,以审查节点工期延误是否存在。

2. 应根据证据资料确定节点工期延误的原因,判断造成节点工期延误是否属于承包人的责任。

3. 根据双方举证,查明是否存在根据合同约定或法律规定可以顺延工期的情形以及可顺延的天数,承包人在可顺延工期天数的范围内可免于承担责任。

二、仲裁庭需要关注的法律问题

(一)节点工期延误天数的确定

1. 计算节点工期延误天数时,应当从计划节点工期届满之日起算,至实际完成该节点计划之日止,而不能以延误事件发生的时间作为延误工期的起算点。

2. 承包人节点工期延误的具体情形，包括是单节点工期延误还是多节点工期延误，各延误事件之间是同一条工期线路上的前后节点还是并行线路上的节点。当存在多流水交叉施工或多条工期线路的情况下，应运用关键线路分析法判断该节点延误事件对工期的实际影响。

3. 存在多个单体（单位、标段）工程的建设项目，应结合不同单体工程的实际开工时间、计划工期及实际完成时间等分别计算延误天数。

4. 若双方对工期延误天数、是否属于实质性延误、可顺延的工期等存在明显争议，仲裁庭依据现有证据难以直观认定的，可通过工期鉴定或专家证人的方式查明后确定。

（二）其他需要考虑的因素

仲裁庭在确定承包人应否承担节点工期违约责任及责任大小时，还应进一步审查和考虑以下因素：

1. 承包人是否采取赶工措施追回延误的工期。仲裁庭可从平衡违约行为与实际损失的角度予以考虑，并结合具体案件确定是否减轻承包人责任。

2. 节点工期延误是否对发包人利益产生直接影响或造成实际损失。仲裁庭予以合理调整发包人请求的重要考量因素，包括是否影响发包人商品房预售、重要节点验收、交房等。

【争议问题】

问题16 节点工期与总工期均发生延误，承包人工期违约责任的承担

【问题界定】

工程实际中，当前一施工节点工期发生延误后，在承包人不采取赶工措施的情况下，极可能导致后一节点工期无法达到合同约定的计划工期目标，例如地下室结构延期完成，必然影响上部主体结构施工的开始时间，在施工周期不变的情况下，又会导致主体结构施工工期延后，即产生多节点延误的后果。

【裁决指引性意见】

一、仲裁庭需要关注的事实和证据

仲裁庭除宜遵循节点工期延误案件相同的事实调查方法外，还应注意下列问题：

（一）是否同时存在节点工期延误与总工期延误的事实

实践中，经常发生节点工期延误而总工期不延误的情况，仲裁庭需要结合合同对节点工期和总工期的具体约定、开竣工时间认定、里程碑工程的开始时间和完工时间、可顺延工期认定等因素分别确定是否存在节点工期和总工期的延误事实，具体审查方式可参见《本指引》施工合同工期纠纷编【争议问题 15 】。

（二）合同对承包人承担节点工期延误与总工期延误违约责任是否有明确约定

仲裁庭可遵循《本指引》施工合同工期纠纷编第二章对合同中有关工期及其延误违约责任的约定进行审查，同时还需关注：

1. 合同在对若干里程碑工程的节点工期（完工日期或工期天数）有具体约定的情况下，是否对未按约定完成节点工期目标具体约定了承担违约责任的方式或违约金的数额、计算标准；

2. 合同对总工期延误的违约责任承担方式或违约金的数额、计算标准的约定；

3. 合同是否约定了节点工期违约金累计金额的限额。

二、仲裁庭需要关注的事实问题

（一）节点工期违约是否可以多节点顺延处罚

工程实务界在工期索赔管理中遵循"关键线路"原则，即只有对工期关键线路产生影响的干扰事件才可以顺延工期。同理，只有对总工期计划产生实质性影响的节点工期延误事件才需要承担违约责任。一般认为，合同当事人不应就同一个违约行为重复承担多次责任。当发生某一节点工期延误的情况时，如果承包人不采取赶工措施，那么后期的节点必然都要相应顺延，但如果后一个施工节点仍可以在合同约定的期限内完成的，只能要求承包人承担前一个节点工期延误的违约责任；若后一个施工节点所用时间超过原定施工期限的，则应就超出部分工期承担违约责任。

（二）案涉工程尚未竣工的情形下，节点工期与总工期均发生延误时，承包人工期违约责任的承担

若涉案工程尚未竣工，发包人依据节点工期延误事实一并主张总工期延误违约金的，鉴于总工期延误事实尚未发生，承包人尚有通过赶工措施保证工程项目在原计划总工期内竣工的可能性，故对该请求一般不予支持。如果工程虽然尚未竣工，但由于节点工期延误或其他原因已经导致总工期延误的，则应结合具体案情确定是否支持发包人的请求。

（三）合同未约定节点工期延误违约责任的情况下，节点工期与总工期均发生延误时，承包人工期违约责任的承担

如果施工合同中虽然约定了节点工期和总工期，但仅约定了总工期延误的违约责任，未约定节点工期延误的违约责任的，一般而言，对于发包人主张节点工期延误违约责任的请求不予支持。

（四）是否存在违约金标准过高或过低的情况

承包人主张违约金标准过高请求调低的，仲裁庭应结合承包人的违约情形、发包人自身的过错程度、发包人因节点工期延误产生的损失或影响等因素，判断两项违约金合计是否明显超过或明显低于实际损失或对方当事人订立合同时能够预见的损失，并予以调整。

【争议问题】

问题 17　合同约定任何情形下工期不予顺延，承包人主张顺延工期的处理

【裁决指引性意见】

一、争议条款效力的认定

就本争议问题，发包人与承包人经常就题述争议条款是否为无效或者可撤销条款发生争议，主要情形包括：（1）是否反映了当事人双方在签订合同时的真实意思表示；（2）是否属于格式条款，且存在法律行政法规规定的无效情形；（3）是否违反法律行政法规强制性规定；（4）是否违反公平原则；等等。

仲裁庭应注意查明以下事实，并结合案件实际综合判断题述争议条款是否有效或者可撤销：

（一）涉案施工合同是否有效

若施工合同无效，则合同中有关的工期约定亦无效。

（二）题述争议条款是否为经双方充分协商的真实合意

仲裁庭应重点审查承包人对题述争议条款是否存在重大误解，或是否因处于市场弱势地位而被迫接受显失公平的题述争议条款。

1.采用招标方式进行工程发包的，招标文件及投标文件中是否载明了题述争议条款。

如双方签订的中标合同中相关约定符合招标文件规定的，可认定双方进行了充分的协商，一般情况下可认定题述争议条款有效。若招标文件中无相关条款，发包人在签约时要求在合同中加入"工期一概不得顺延"等类似条款的，因违反《招标投标法》第46条的规定，应认定该约定无效。

2.非招标方式发包的，双方当事人是否就该条款进行了充分的协商。

对采用非招标方式的工程，可结合相关会议纪要、往来函件、合同洽商

记录等材料，对双方当事人是否就该条款进行了充分协商进行审查。

（三）题述争议条款是否构成格式条款

实践中，施工合同文本一般都由发包人提供，条款相对固定，特别是房地产开发企业提供的合同文本，承包人的商议空间有限。因此，对于承包人主张格式条款无效或不成为合同内容的抗辩，仲裁庭应依据《民法典》第496条、第497条的规定审查如下事项，在此基础上对工期条款是否有效作出判断：

1. 合同文本是由哪一方拟定或提供的；

2. 争议条款是否为一方当事人为了重复使用而预先拟定，并在订立合同时未与对方协商；

3. 提供合同文本的一方是否就争议条款履行提示或者说明义务；

4. 提供格式条款的一方是否不合理地免除或者减轻其责任，加重对方责任、限制对方主要权利或排除了对方的主要权利等。

（四）争议条款是否构成可撤销的合同条款

仲裁庭需要注意查明是否存在《民法典》第147条至第152条规定的合同可撤销的情形。需要注意，撤销权有行使期限的限制，当事人在规定期限内没有行使撤销权的，撤销权消灭。如果承包人向仲裁庭申请撤销合同或题述争议条款的，仲裁庭应查明该撤销权是否已经消灭。

二、争议条款无效时，应在综合考虑导致工期延误原因及相关因素的基础上确定是否顺延工期

若仲裁庭确认题述争议条款无效或者可撤销，应在查明导致工期延误原因的基础上，依据相关法律行政法规、行业交易惯例，并兼顾公平原则以确定承包人是否有权顺延工期。

1. 若因发包人的原因致使工期延误的，仲裁庭可依据《民法典》第798条、第803条、第804条等规定并结合案件具体情况，确定承包人是否可顺延相应工期。

2. 若因双方原因导致的工期延误，仲裁庭可结合双方对导致延误的过错程度和影响程度，是否存在一方恶意违约等情况，酌定分配工期延误责任，并确定是否可以顺延工期及可顺延的天数，必要时可借助工期鉴定及专家证

人等方式查明后确定。

三、题述争议条款有效的情况下，仍可顺延工期的情形

在题述争议条款有效的情况下，并不必然导致"任何情形下承包人均不得停工，工期不予顺延"的法律后果。在一些特定情况下，仲裁庭仍可支持承包人顺延工期的请求：

（一）按约定工期继续履行合同是否可能导致无法实现合同目的

仲裁庭应审查非承包人原因导致的停工天数、占总工期的比重以及因停工产生的其他影响，综合判断承包人采取合理赶工措施能否弥补停工损失的工期、承包人采取赶工措施所增加的成本是否过高、是否可能严重危及工程质量及安全等事项后，从继续按约定工期履行合同是否可能导致无法实现双方合同目的角度，确定是否允许承包人顺延工期。

（二）导致工期延误的原因是否构成情势变更

若导致工期延误的原因属于当事人在订立合同时无法预见的、不属于商业风险的重大变化，继续履行合同对于承包人明显不公平的，仲裁庭也可依据《民法典》第533条规定的情势变更原则，确定是否允许承包人顺延工期。

（三）是否因工程变更导致工期延误

对于由发包人提出或由承包人提出经发包人批准的工程变更，鉴于双方对合同内容变更已达成合意，题述有关工期一概不得顺延的约定不能适用，对因工程变更导致增加工期的，可允许承包人顺延工期。

四、因不可抗力导致工期延误，承包人能否要求顺延工期

仲裁实务中，主流观点倾向于认为法律关于不可抗力的条款属于强制性规定，据此纵使施工合同约定了题述"任何情形下工期不予顺延"等条款，若发生了因不可抗力导致工期增加的情形，仲裁庭可依据《民法典》第590条的规定，裁决承包人对该停工事件导致的工期损失不承担责任，并确定是否允许其顺延工期。

【争议问题】

问题18 不合理工期条款的认定

【问题界定】

合理工期是指在一定的施工条件下，具有相同或近似施工技术、施工经验和管理水平的施工单位在完成一定工作量时，正常情况下所需的工程建设工期。故合理工期并无统一标准，而是针对特定时期、特定区域、特定工程项目的施工承包企业施工效率的综合评定。

虽然定额工期本身对合同工期并不产生强制性的约束力，但仍是实践中判断是否构成任意压缩合理工期的主要判断标准。压缩定额工期达到一定比例，则可能偏离正常的社会平均生产水平，存在工程质量和安全风险，应组织专家认证，并采取相应的技术保障措施。

【裁决指引性意见】

仲裁庭在审理约定工期是否属于不合理工期及其有效性问题时，宜从是否存在"任意压缩合理工期"行为和约定工期本身的合理性进行审查和研判。

一、工期约定是否违反法律行政法规强制性规定

（一）招标方式发包的项目

仲裁庭应审查施工合同中的约定工期与中标的合同工期是否一致，是否存在"任意压缩合理工期"的行为，并重点关注：

1.招标文件中载明的定额工期和招标人要求的计划工期；

2.投标文件中载明的投标工期；

3.施工合同载明的约定工期与中标工期是否一致。

如实际签订合同中的约定工期短于中标工期，或双方后续通过补充约定

形式进一步压缩中标工期的，则因违反《招标投标法》第46条规定的"不得再行订立背离合同实质性内容的其他协议"，应认定约定工期无效。

如施工合同载明的约定工期与投标工期不一致，一方当事人请求将投标文件中的工期作为依据的，仲裁庭在查明该投标工期符合招标文件要求及建设行政主管部门相关规定的情况下，可以按招投标文件约定处理。

（二）非招标方式发包的项目

1. 发包人是否有在合同工期的基础上任意压缩工期，从而导致损害工程质量安全；

2. 是否存在发包人为缩短工期，要求承包人降低工程建设标准的情形。

二、约定工期是否符合行业管理要求

仲裁庭应结合合同约定工期、定额工期及工程所在地建设行政主管部门对于工期管理的相关规定，综合判断约定工期是否合理：

1. 工程所在地建设行政主管部门是否颁布了工期定额或工期指导标准，若没有的，可参考住建部《建筑安装工程工期定额》；

2. 发包人在项目施工发包前，根据适用的工期定额和涉案工程的具体条件计算得出的定额工期（标准工期）；

3. 发包人要求工期短于定额工期的，是否明确了保障工程安全、质量和工期的技术措施，并在最高投标限价中单列赶工措施费用；

4. 约定工期是否符合工程所在地建设行政主管部门对于工期定额下浮率的规定；

5. 约定工期短于定额工期（标准工期）达到一定比例的，是否按规定组织并通过了专家论证；

6. 涉案工程是否存在影响定额工期的特殊情况。

三、约定工期是否符合工程实践的合理性

承包人的工程实施能力也是对约定工期合理性的重要评判标准。如果发包人将存在较高施工技术难度的建设工程发包给不具有类似工程施工经验或工程实施能力的承包商，同时又约定较为严苛的合同工期，则可能构成不合理工期。仲裁庭需要考虑的因素包括：

1.涉案工程的建设规模、施工技术难度、质量标准、地质条件及气候条件等；

2.现行《建筑业企业资质标准》对承建该类工程施工企业的资质要求和工程业绩要求，若承包人不满足法定资质要求的，则会导致合同无效；

3.工程招标文件对投标人过往工程业绩、资质的要求是否符合相关规定及工程的实际；

4.承包人的资质和类似工程业绩等。

第三章 停工、赶工与工期相关的索赔

【争议问题】

问题 19　发包人原因导致开工迟延或工期延误期间遭遇"人材机"价格上涨，承包人主张赔偿损失的处理

【问题界定】

实务中，发承包双方往往在施工合同中约定合同价款所包含的风险范围，该范围内的价格波动无论是上涨还是下降均由承包人承担或享有，合同价款不作调整，价格波动超出该风险范围的方可调整合同价款。

对于发包人原因导致工期延误后"人材机"涨价的损失，是属于索赔还是适用价款调整，以及由此造成的"人材机"涨价，是否适用合同中关于结算让利或工程取费下浮的约定，仲裁实务中存在争议。

【裁决指引性意见】

一、承包人的索赔请求应否支持

1.因发包人原因导致开工迟延或工期延误，期间遇人工、建筑材料、机械设备等市场价格上涨，承包人要求发包人赔偿损失的，原则上应予支持。

2.如发包人以合同计价形式为固定价格，且双方并约定合同约定的价格

不因一切市场价格波动影响而调整为由，主张不予调整价格或给予补偿的，一般认为，该等约定属于双方对于合同正常履行情况下市场价格波动所产生的风险分担机制的约定，不适用于合同一方违约情形下的责任分担。因发包人原因导致开工迟延或工期延误，属于发包人的违约行为，由于发包人的违约行为给承包人造成的损失，发包人应予赔偿。

3. 承包人主张因发包人原因导致工期延误期间遭遇市场价格上涨，发包人主张工期延误是由于承包人原因或第三方原因造成，仲裁庭应当先就工期是否存在延误、延误的原因和责任分担进行审理，具体可参见《本指引》施工合同工期纠纷编第二章相关争议问题【裁决指引性意见】。

如仲裁庭经审理后认为，双方当事人对于工期延误均有过错的，应当结合各自的过错程度，对于承包人的价格上涨损失在双方当事人之间进行合理分担。如认定工期延误是由于第三方原因引起，可按合同约定的市场价格波动情形下合同价款的调整方式、风险幅度和风险范围调整合同价款。相应调整方式在合同中没有约定或约定不明确的，可裁决发承包双方根据实际情况和情势变更原则合理分担风险。

二、关于索赔程序

实务中，如发包人主张合同约定承包人未在约定期限内提出工期顺延及损失索赔视为工期不顺延以及没有费用损失，承包人提出其已经向发包人或监理人申请工期顺延和损失索赔抗辩的，仲裁庭应当审查合同中关于索赔程序、索赔时限等的约定以及承包人的抗辩理由是否成立。

三、因发包人原因导致工期延误后材料涨价损失应按索赔项进行处理

因发包人原因导致工期延误后材料涨价损失，属于承包人损失的一种，应按工程索赔程序进行处理。因发包人原因导致工期延误后"人材机"涨价的损失属于索赔而非价款调整，该索赔项不受合同中关于价格变化风险分担有关约定的约束，不适用合同中关于价格波动引起价款调整的一般约定。同样，费用索赔以补偿索赔方实际损失为原则，除非发承包双方在合同中作出特别约定，否则材料涨价损失不适用双方有关结算让利或工程取费下浮的约定。

承包人损失金额主要为人工、材料、机械台班费因市场价格上涨而增加的费用，对该项费用计算涉及：基准价格、市场价格的确定；价格变化幅度的计算；实际消耗量的确定；等等。

（一）基准价格的确定

基准价格应以投标报价或签约合同价的基准期对应月份的工程所在地工程造价信息价为计价依据；未发布工程造价信息的，应以双方共同确认的市场价格为依据确定。

（二）履行期间市场价格的确认

通常情况下，在施工合同履行过程中，双方应当按照合同约定对施工期间的人工、材料、工程设备、施工机械台班等市场价格进行认价。若双方未提交相应的认价材料，可按以下方式确认：

1.人工、施工机械台班价格。

可以参考工程所在地施工期的工程造价信息价。

2.材料、工程设备价格。

可以采用工程所在地施工期市场价或采购价。若采用采购价的，以经双方确认的采购材料、工程设备的数量和单价为依据。不同渠道（批次）采购的同一种材料或工程设备的采购价，可计算加权平均价作为依据。

（三）价格变化幅度的计算

在确定价格变化幅度时，须根据承包人在已标价工程量清单或预算书中载明的单价与基准价格进行比较的结果，选用两者中的较高者计算与履行期间的市场价格之间的差额作为价格变化幅度。若承包人在已标价工程量清单或预算书中载明单价低于基准价格的，合同履行期间价格涨幅以基准价格为基础确定；高于基准价格的，涨幅以承包人在已标价工程量清单或预算书中载明的单价为基础确定。承包人在已标价工程量清单或预算书中未载明单价的，合同履行期间价格涨幅以基准价格为基础确定。

（四）"人材机"实际用量的确认

承包人主张调整价款的人工、材料、工程设备、施工机械台班的消耗量应以经发包人或监理人签认的实际用量为准进行计算。双方当事人对实际用量有争议的，仲裁庭可按以下方法确定：

1.需要进行价款调整的工程量按相应期间承包人完成合同工程应予计量

的工程量确定。

2. 上述工程量对应的消耗量标准可采用已标价工程量清单或预算书中所附的综合单价分析表中的消耗量标准，也可按施工时工程所在地预算定额中适用子目的消耗量标准确定。

（五）计取税金

对于因市场价格上涨而调整后的价格差额部分，只计取税金，不计取企业管理费和利润。

根据上述方法确定价差和实际用量后即可确定因市场价格上涨给承包人实际增加的费用损失。

四、注意事项

1. 仲裁庭根据当事人提交的证据材料无法得出承包人主张的索赔金额时，可以委托造价鉴定机构对相应的"人材机"市场价格上涨的损失进行鉴定。

2. 仲裁中如承包方就其索赔主张不能充分举证的，仲裁庭可在查明损失实际发生的情况下，对承包方的索赔主张参照前述计算方法酌情支持。

【争议问题】

问题 20　认定停窝工损失需要考虑的因素

【问题界定】

承包人的停窝工损失，一般包括人员窝工费、机械设备闲置费、现场管理费损失、总部管理费损失、其他费用损失、税金，个别情况下还包括利润。实务中，承包人的停窝工损失既可能因工程完全停工或局部完全停工而产生，也可能在工程并未停工的情况下因施工降效而产生。本争议问题【裁决指引性意见】中所述的承包人停窝工损失是指工程停工情况下承包人的损失。关于施工降效情况下的承包人损失索赔处理可参见《本指引》施工合同工期纠纷编【争议问题 25】。

【裁决指引性意见】

认定停窝工损失通常需要考虑的因素包括停窝工的期间、损失的范围、计算标准、实际损失的确定、是否发包人原因所致以及与停窝工损失的因果关系、承包人的减损义务等方面。

一般认为，由于承包人原因导致工期延误以及承包人停窝工损失的，发包人不予工期顺延及损失补偿，对于非因承包人原因给承包人造成停窝工损失的，承包人可以请求发包人补偿承包人相应的停窝工损失。

一、确定停窝工的期间

在审理涉及停窝工损失的纠纷案件中，仲裁庭应先查明停工相关事实，确定停窝工的期间，此类争议涉及开始停工时间、复工准备时间、复工时间、撤场时间的确定等。

1. 确定停工的起始时间，一般应以发包人或监理工程师签发的停工通知或停工令为依据。没有上述文件的，有其他证据能够证明已实际停工的，以该证据上记载的停工起始时间为依据。

2. 停工后复工的，复工时间一般应以发包人或监理工程师签发的复工通知为依据。没有上述通知的，有其他证据能够证明已实际复工的，以实际复工时间作为停工的截止时间。

3. 如停工时间较长，通常应当给予承包人一定的复工准备时间，包括重新调配工人、材料、施工机械，清除停工前对已完工程采取的停工保护措施，恢复正常的施工界面等。双方对此有约定的，按约定计算；未约定的，可根据工程规模、停工时间的长短、停工前工程的状态等酌定一个合理的时间。

4. 如停工后未再复工，须确定承包人实际撤场时间。

5. 一般情况下，计算承包人停工损失的时间为实际停工时间。如由于双方对于停工原因、损失索赔等事项发生争议，导致承包人长时间未撤场，双方对可给予停工赔偿的时间有争议的，仲裁庭应结合停工原因、承包人滞留现场的实际时间、双方各自采取的减损措施等综合判断，确定一个合理的计算停工损失的期间。

二、对停窝工损失中的实际损失的认定

实务中，认定停窝工损失中的实际损失，要把握好"实际发生的损失"和"合理的损失"两个方面。

所谓"实际发生的损失"，是指承包人因停窝工影响所产生的实际支出，除双方当事人在合同中约定采用某种计算方式计算之外，实际发生的损失一般应以同期记录并签证的方式确定，不应是估算、推测出来的费用。

所谓"合理的损失"，是指承包人因停窝工影响所必要的费用支出。合理与否的检验标准通常是：在相同或相似的情况下，不同的承包人均无可避免地会发生相应的费用，且费用水平相当或在合理的范围内。此处所指的相同或相似的情况，是指工程规模、工程地点、停工时工程施工所处阶段、停工时期等相同或接近。

实际损失的合理性，还应当考虑承包人的减损义务。因承包人管理不当造成的不合理费用损失应当由其自行承担。

三、确定停窝工损失的内容、范围

承包人的停窝工损失，一般包括人员窝工费、机械设备窝工费、现场管理费、总部管理费、其他费用、税金等。不同工程项目中，承包人停窝工损失的项目和范围都是不一样的。因此，在具体的案件中，仲裁庭应以承包人主张的停窝工损失的内容和范围为基础，根据以下关于各项停窝工损失认定中涉及的各项因素进行分析认定：

（一）人员窝工费

停工期间的人员窝工费用的计算，参见《本指引》施工合同工期纠纷编【争议问题21】。

（二）机械设备停滞费

停工期间现场机械设备停滞费的计算，参见《本指引》施工合同工期纠纷编【争议问题21】。

（三）现场管理费

1.停工期间现场管理费中的员工工资：人员数量以经监理单位签认的现场管理人员数量或承包人的考勤表为依据；工资可以停工期间每个员工的实

发工资为依据。对实发工资金额有争议的，可按员工当月个人所得税证明推算其当月实际月工资。对工资标准有争议的，可参照市场工资标准确定。

2. 停工期间现场管理费中的现场其他费用：若合同价款组成明细中有相应的组价明细的或施工时当地预算定额中就现场经费中其他费用所占比例有明确规定的，可参照计算；没有相关数据可以参照的，若该项费用与人员数量和停工时间存在关联关系，可参照经验数据，按每人每月一定的标准计算。

3. 现场保管、维护费：双方无法协商的，由仲裁庭根据现场保管、维护的实际内容、工作量大小，确定一定的保管、维护人员数量；人工单价参照施工时工程所在地预算定额中的人工费标准计算。

4. 停工期间水电费、超期保险费等按实际发生的金额计算，其中水电费应扣除用于工程实体部分、已在工程价款中计入的水电费。

（四）总部管理费

对于总部管理费，双方若未能协商计算方法，可根据承包人可以提供的资料情况，确定相应的计算方法，例如项目部年产值、公司年产值、总部机关管理费金额等。也可参照施工时工程所在地预算定额按现场管理费的一定比例计算。

（五）其他费用

其他费用损失，例如分包单位若有滞留在现场的管理人员，可导致分包单位索赔费用。

需要注意的是，停工一般不会产生材料额外的消耗。但在某些情况下，也可能产生材料费的损失。材料费损失主要体现在：

（1）由于工程停工，承包人采购的材料推迟进货造成的损失；

（2）工程停工导致材料堆放时间过长产生的资金占用和材料损坏费用、材料重新检验试验的费用等。

（六）税金

按规定的税率计算。

（七）利润

在因发包人原因导致的停工中，承包人还可以索赔利润损失。利润损失的计算，可参照项目本身的预算利润、承包人近几年的实际利润率、当地同类企业的平均利润率、定额利润率等进行计算。

（八）其他损失

根据承包人提供的相关证据予以认定。

四、停工后的减损义务

停工后双方均有减损义务。计算停工损失的停工时间、停工期间的人员窝工数量、机械设备闲置的种类、数量等应当综合案件事实加以合理确定。

五、停窝工损失的证据审查与认定

承包人停窝工损失的计算基础是承包人实际发生停窝工的人员、机械台班、周转材料的数量。审理过程中，应注意以下几点：

1. 若承包人提交的签证资料没有相关人员签认且发包人对此予以否认的，应当结合签证的形式、内容、合同关于签证的约定、承包人签证的送达和签收情况、双方当事人或监理工程师是否以其他形式对签证内容表示过认可以及其他相关证据，对承包人提交的签证资料予以综合认定。

2. 仲裁庭应当对签证上记载的数量进行合理分析，如果签证上仅有关于停窝工的人员、机械设备、周转材料的数量，没有关于单价、责任认定、给付要求等的内容，通常应当理解为双方仅对现场实际发生的停窝工数量进行了确认，并非一种责任认定。仲裁庭仍可结合实际发生停窝工数量的合理性、承包人的减损义务等予以综合分析，并决定如何采信。

【争议问题】

问题 21　停窝工损失中人员窝工费和机械设备窝工费的认定

【问题界定】

人员窝工费和机械设备窝工费是承包人停窝工损失中最重要的两部分损失。

【裁决指引性意见】

一、人员窝工费

停工期间的人员窝工费用的计算涉及窝工人员的数量、窝工天数、窝工人工费的计算标准等。

（一）窝工数量的确定

总窝工数量的确定包括窝工人员数量和窝工天数。窝工人员数量一般以经监理工程师签字的人员窝工明细为准，窝工天数按《本指引》施工合同工期纠纷编相关规则确定。

若承包人为证明其停窝工损失而提交了经双方代表或现场监理工程师签认签证材料，在没有其他证据对上述签证予以否认的情形下，该签证材料可以作为认定承包人停窝工数量的证据材料。若发包人认可有停工的事实，但不认可承包人现场滞留的人员，可结合现场劳务人员实名制登记系统记录的人员数量等予以分析认定。

若发包人主张承包人在停工后应当及时撤离现场滞留工人，双方当事人对应给予赔偿的现场窝工人员的数量有争议，通常停工后的第一个月，可按停工前正常数量计算，之后应根据对复工是否可预期，预计停工时间的长短等，合理确定现场可给予赔偿的人工数量。

（二）窝工人工费计算标准的确定

窝工人工费的计算标准可由双方商定，协商不成的，可参照工程所在地的地方政府工资支付办法中关于企业停工、停产期间工资支付的相关规定执行，对于受新冠疫情及其防控措施影响而到场的人员窝工费，还可根据各地出台的相关政策执行。

若承包人主张的窝工人工费标准低于上述标准的，可按承包人主张的人员窝工费标准计算，但应不低于当地最低工资标准。

（三）停工期间的人员撤场费

承包人的人员窝工费损失中还涉及停工期间的人员撤场费。人员撤场费一般按撤场人员实际发生的撤场费用计算。实际发生的撤场费用难以确定时，也可根据工程所在地预算定额中的人员撤场费标准进行计算。

在认定该部分费用时，仲裁庭应当考虑到，合同价款中本身已经包含了正常的撤场费用，即在合同正常履行情况下的人员撤场费用应当被摊销在合同总价中，并随工程进展而逐步收回，当合同履行完毕，承包人收回全部的人员撤场费用。工程停工并撤场的，导致承包人实际发生的撤场费用无法通过已完工程全部收回，故产生撤场费损失。

因此，承包人主张的停工期间的人员撤场费应指承包人已实际发生的但未随工程进度款收回的那部分撤场费用。可采用未完工程部分的合同价款占合同总价中包含的撤场费用的比例计算；也可采用确定平均每人的合理撤场费用标准计算全部撤场费，再扣除已完工程中收回的部分撤场费。若停工后又复工的，因为后续工程完工后，仍需发生撤场费，因此对于停工导致的撤场费，应按实际发生的费用计算。

二、机械设备窝工费

机械设备窝工费一般包括周转材料的窝工费和机械设备的停滞费。机械设备窝工费计算还应根据设备属于施工企业自有设备还是租赁的设备而有所区别。

（一）周转材料

1. 停工期间现场周转材料租赁费，按现场实际留存的周转材料数量 × 日租单价 × 租期计算。如周转材料在停工期间有部分撤场，应按不同时段现场实际留存的周转材料数计算。

现场留存的周转材料数量，以监理签认的统计表为准。日租单价以租赁合同约定为准。双方当事人对于日租单价有争议的，也可参照工程所在地的市场租赁价格确定。

2. 购买类周转材料摊销费按此类款项的一次摊销率计算。无法确定相应的计算标准的，可参照租赁费标准计算相应的损失。

（二）机械设备

1. 自有机械设备停滞费。

根据住建部《建设工程施工机械台班费用编制规则》第 6.0.1 条规定，施工机械停滞费可按照折旧费 + 人工费 + 其他费计算。其中，人工费指机上司机（司炉）和其他操作人员的人工费；其他费指施工机械按照国家规定应缴纳的车船税、保险费及检测费等。

根据前述计算方法所得出的任何一种机械的停滞费均不得高于该施工机械停滞前的尚存净值。

2. 租赁的机械设备停滞费。

对于租赁设备，也可按租赁市场价格计算。双方当事人对租赁价格有争议的，可参照工程所在地发布的租赁信息价确定。

3. 机械设备窝工费计算范围，仅限于停工前后施工所需的不能移动的尚未拆除的机械。停工后，发承包双方应及时清点未拆除的数量，对可以拆除的机械应及时拆除。尽快编制有施工机械名称、规格、数量、新旧程度的停滞机械清单，经双方确认后作为计算依据。

【争议问题】

问题 22   工期索赔中发包人损失的界定与承担

【问题界定】

发包人损失的界定与承担涉及工期延误的原因与责任、损失的范围、实际损失金额的确定、共同延误的责任分担等。

【裁决指引性意见】

一、关于发包人损失的范围

发包人损失，是指就建设工程工期延误而导致的费用增加或收益减少，发包人所需承担的全部或部分损失。可归责于承包人的工期延误所造成的发包人损失，由承包人承担赔偿责任。

发包人损失是一种财产性损失，是因工期延长而导致费用支出增加或收益减少、可以量化为金钱进行索赔的损失。发包人损失有多种表现形式，包括但不限于延迟经营相关损失、租金损失、财务费用损失、延长监理期造成的监理工作酬金损失、管理费损失等，以及因工期延误而对他人违约而造成的损失等，具体包括：

（一）延迟经营相关损失

因工期延误导致发包人不能按时使用建筑物进行经营，导致发包人的经济损失。

（二）租金损失

因工期延误导致发包人延长期限租赁机械设备及其他器具所造成的损失，以及因发包人不能按时使用建筑物而租赁其他建筑物而产生的损失。

（三）财务费用损失

由于工程延误，导致工程逾期竣工，发包人多支出的融资利息等财务费用损失。

（四）延长监理期造成的监理工作酬金等损失

因工期延误而导致延长监理、造价咨询、法律等服务期的，发包人支出的延长期间的相关费用损失。

（五）管理费损失

因工期延误导致发包人延长项目管理的期限，而支出的延长期间的现场管理费损失。

（六）对他人违约而产生的损失

因工期延误导致发包人在履行与他人之间的施工相关合同过程中出现违约，因承担责任而产生的损失，包括逾期交房损失。

二、应查明工期是否存在延误以及延误的原因和责任

（一）查明工期是否存在延误

发包人主张承包人承担工期延误的违约责任，应当对其主张提出初步证据，证明存在工期延误。承包人如抗辩工期不存在延误，仲裁庭需查明合同约定工期、实际工期，以确定是否存在工期延误以及工期延误的实际天数。

（二）查明工期延误的原因，并就工期延误的后果及责任在当事人之间进行分配

1.仲裁庭应就工期延误的原因和责任进行举证分配，若认为应当通过工

期鉴定或专家证人的方式确定工期延误的原因进而由仲裁庭确定责任的，可就相关事项委托鉴定机构或专家证人进行处理。

2. 若经审理认为双方对工期延误均有责任，且根据现有证据无法准确划分各自责任大小，可酌情裁决由双方各自承担部分责任，并据此裁决相应的违约责任或损失比例分担。

三、发包人损失的承担

因承包人原因导致工期延误给发包人造成损失的，发包人可以根据合同约定请求承包人承担工期延误违约金，也可以请求承包人赔偿其因工期延误所造成的损失。

（一）发包人请求承包人承担工期延误违约金

1. 若双方当事人在合同中约定了工期延误违约金，仲裁庭可按照约定裁决承包人应当承担的工期逾期违约金。

2. 合同约定了承包人工期延误违约金的上限的，若发包人认为违约金的上限额度不足以弥补其损失，主张突破双方约定的违约金上限，请求承包人赔偿其损失的，对发包人的请求一般不予支持。若仲裁庭经审理后查明，双方约定的违约金上限明显不足以补偿发包人损失的，仲裁庭可根据发包人的请求酌情予以调整。

（三）发包人请求承包人赔偿其因工期延误所造成的损失

1. 发包人请求承包人赔偿损失的，须就其主张的损失，说明损失的具体内容、损失的金额及其计算的方法、依据，并提交相应的证据予以证明。

2. 发包人同时主张违约金和赔偿损失的，违约金和赔偿损失的总额应以发包人的实际损失为基础确定。发包人主张的逾期竣工违约金数额能涵盖工期延误给发包人造成的全部损失的，工期延误所增加的费用不得再从工程造价中单独扣除，应由发包人承担。

3. 损失金额或标准无法确定的，以房屋建筑工程为例，可以参照租金标准来确定工期延误等所造成的实际损失，即以工程延迟使用的期间作为计算租金的期间，以与工程同地段、类似房屋的租金标准为基础，计算出相应的租金数额，作为发包人延迟使用工程房屋或者额外支出租赁费用的损失。该等损失计算并不以房屋租赁实际发生为必要条件。

四、其他说明

如承包人针对发包人提起工程款相关争议案件，发包人以承包人原因导致工期延误为由，主张承包人承担违约责任或赔偿损失的，应当提起反请求。若发包人仅在答辩意见中提出上述主张，不予处理。

【争议问题】

问题 23　承包人主张赶工费的处理

【问题界定】

赶工，通常是指建设工程实施过程中，为加快工程进度、缩短工期而改变原进度计划的活动。赶工费用一般包括延长劳动时间的加班费用、增加的设备进出场费、管理费用、周转材料和工程器具的摊销费、临时设施费用、现场管理费、安全文明施工费用等。

仲裁实务中，关于赶工费的争议主要有：（1）合同工期明显低于合理工期，承包人能否另行主张赶工费；（2）非承包人原因导致的工期延误，发包人既不同意工期顺延也不要求承包人赶工，承包人自行赶工的，承包人能否主张赶工费。

【裁决指引性意见】

一、合同工期明显低于合理工期，承包人主张赶工费的

1.通常情况下，发包人和承包人应当依据相关工程的工期定额合理确定工期。签订合同时，双方约定的合同工期低于定额工期的一定比例，应当单独计取相应的赶工措施费，该项费用包含在合同价款中。

承包人按合同约定的工期完成合同工程的，发包人应当按照约定支付相应的赶工费。

2. 如发包人已在招标文件中明示赶工费用，但投标人投标时放弃了该部分赶工费用，应当视为承包人已放弃该部分费用或者已包含在其他费用之中，合同履行过程中承包人又主张赶工费的，对其赶工费的主张可不予支持。

3. 如发包人在招标时确定的工期明显低于定额工期，但未在招标文件中明示赶工费用，或者仅说明由承包人在投标报价中自行考虑赶工措施及相应费用，投标过程中，承包人应当在其投标报价中考虑赶工所需的费用。合同履行过程中，承包人以合同价款中未包括赶工费另行主张赶工费的，可不予支持。

4. 合同价款中已包含了赶工措施费，但承包人未按合同约定履行赶工义务致工期延误的，对其赶工措施费的主张可不予支持或从工程价款中扣除。如发包人主张承包人承担工期延误的违约责任的，按合同约定对发包人的主张进行审理。

5. 合同约定的工期明显低于定额工期，当事人在合同签订时合同价款没有包括赶工费用，但明确约定双方当事人另行签订赶工费补充协议，后双方没有签订赶工费补充协议的情形下承包人主张赶工费的，仲裁庭应当在查明约定工期是否明显低于定额工期、承包人是否实施了赶工措施、承包人主张的赶工费是否合理等的基础上，对承包人的主张予以酌情支持。

二、合同履行过程中，非承包人原因导致工期延误，发包人要求承包人赶工，承包人主张赶工费的

1. 在合同履行过程中，由于非承包人原因导致工期延误，或者发包人希望在合同工期的基础上提前竣工，发包人要求承包人赶工，承包人同意采取赶工措施的，发包人应当向承包人支付相应的赶工费。

2. 承包人按照约定进行了赶工，若双方对于赶工费有约定的，发包人应按照约定计算和支付赶工费。发包人仅要求赶工，但双方未对赶工费进行约定，承包人主张赶工费的，仲裁庭可根据承包人制订的赶工方案对承包人主张的赶工费予以支持。承包人未提交赶工方案的，仲裁庭可参照赶工奖对承包人主张的赶工费予以支持，具体可参见《本指引》施工合同工期纠纷编【争议问题24】。

三、发包人未要求赶工，承包人自行赶工并主张赶工费的

合同履行过程中，非承包人原因导致工期延误，承包人申请工期顺延，

发包人对承包人的工期顺延申请不回复或不批准，但也未要求承包人赶工，承包人考虑工期要求，若不采取赶工措施，总工期将被延误，自行决定赶工并请求发包人支付赶工费的，仲裁庭应在查明工期延误的原因、工期延误对总工期的影响、承包人赶工措施的合理性、合同关于发包人工期延误违约责任的约定等的基础上予以综合认定。

若因承包人采取的赶工措施实际上避免了工期延误，客观上使发包人享有了工期提前的利益或避免了工期延误的损失，对承包人赶工费的主张可予以酌情支持。

四、赶工费的鉴定

双方对于赶工费具体金额发生争议，可依据经批准的赶工方案委托鉴定机构或专家证人对赶工费金额进行处理。没有赶工方案，但承包人有证据证明其实施了赶工的，鉴定机构或专家证人可结合当事人提交的其他证据材料对赶工费金额进行确定。

五、未完工程的赶工费问题

1.合同中虽约定了赶工费，但工程未完工的情况下，对赶工费的主张一般不予支持。

2.若有证据证明承包人实际履行了赶工义务，对于赶工费也可以按承包人实际发生的赶工费用予以支持，实际发生的费用无法确定的，也可以考虑按已完工工程量占全部工程量的比例予以酌情支持。

若双方已通过签证对承包人的赶工费用予以确认的，可根据签证内容确定承包人实际发生的赶工费用。若双方未对赶工费的具体金额予以签认，但可以根据经双方认可的赶工方案、承包人实际履行了赶工义务的其他相关证据材料认定承包人实际已完成的赶工内容的，仲裁庭亦可以考虑委托鉴定机构或专家证人对承包人实际发生的赶工费用进行处理。

六、承包人原因导致工期延误，发包人要求赶工的

因承包人原因导致工期延误，发包人要求承包人赶工，双方当事人对于赶工费未达成一致，或发包人未要求承包人赶工，承包人自愿赶工的，仲裁

庭对于承包人主张的赶工费不予支持。

【争议问题】

问题 24　承包人主张赶工奖的处理

【问题界定】

赶工奖，是指承包人在合同约定的工期之前提前竣工或在非因承包人原因导致工期延误的情况下，承包人采取赶工措施，避免或减少了工期延误的天数，发包人给予承包人的一种奖励，主要是针对承包人提前竣工的奖励。作为一种奖励，赶工奖并不直接与承包人的赶工费支出挂钩，其计算的基础也并非仅仅是承包人因赶工而实际支出的费用，尚要考虑发包人因承包人赶工而获得的利益或节省的费用。赶工奖通常由双方当事人约定，在没有约定的情况下，对于承包人关于赶工奖的主张一般不宜予以支持。

【裁决指引性意见】

一、承包人提前竣工的，能否主张赶工奖

1. 合同约定"在合同工期的基础上，承包人提前竣工，发包人给予承包人赶工奖"的，对承包人关于赶工奖的主张可予以支持。

2. 合同未约定承包人提前竣工发包人支付赶工奖的，合同履行过程中，承包人提出关于提前竣工以及提前竣工奖励的建议并获得发包人批准后，承包人主张赶工奖的，对承包人主张的赶工奖应予以支持。双方未对赶工奖的发放标准或金额达成一致的，仲裁庭可在发包人因此而获益或因此而节省的费用限度内予以酌情支持。

3. 合同未约定承包人提前竣工发包人支付赶工奖，合同履行过程中发包人也未要求承包人提前竣工，承包人在合同约定的工期之前提前竣工，对承

包人关于赶工奖的主张可不予支持。

二、承包人能否既主张赶工奖又主张赶工费

1. 赶工费，又称赶工措施费，是指当发包方要求的工期少于合理工期或者工程项目由于自然、地质以及外部环境的影响导致工期延误，承包方为满足发包方的工期要求，通过采取相应的技术及组织措施所发生的，应由发包方负担的费用，参见《本指引》施工合同工期纠纷编【争议问题 23】。赶工奖是双方当事人对于承包人采取赶工措施使得工期提前而约定的对于承包人赶工费支出的弥补。但实践中，两者概念和范围也常有混同或交叉，应注意结合实际进行认定。

2. 一般而言，如合同未约定承包人可以同时主张赶工费和赶工奖的情况下，二者不应重复计算。如承包人既主张发包人支付赶工增加的费用，又要求发包人支付赶工奖的，可按合同约定的赶工奖的金额对承包人的主张予以支持。如承包人有证据证明合同约定的赶工费无法弥补其因采取赶工措施而实际支出的费用，可对二者之间的差额部分予以酌情支持。

3. 合同履行过程中，如因发包人风险导致工期延误，承包人采取了赶工措施，但未在合同约定的工期内竣工，承包人既主张发包人支付赶工增加的费用又要求发包人支付赶工奖的，可对承包人因赶工增加的费用予以支持，对承包人主张的赶工奖可不予支持。

【争议问题】

问题 25　承包人施工降效索赔的处理

【问题界定】

施工降效通常是指由于受干扰事件的影响，承包人施工效率、劳动生产率的降低。干扰事件是指对原来工程施工计划和施工进度产生影响的事件。这类事件是承包人在投标和签订合同时不可能预料到的，如工程变更、图纸

错误、不利现场环境、异常恶劣天气等，而在合同实际履行过程中遭遇条件的变化，妨碍了承包人按原计划履行合同。

干扰事件按照是否可以补偿，分为可补偿干扰事件和不可补偿干扰事件。不可补偿的干扰事件主要包括三大类：一是承包人可以预料和预防的事件；二是由于承包人自身行为所引起的事件；三是双方已在合同中明确约定的不可索赔的事件。

因非承包人原因导致承包人施工效率降低，承包人主张施工降效增加的费用损失的，仲裁庭可在查明承包人是否存在施工降效情形、是否存在不可归责于承包人原因的干扰事件、干扰事件对承包人施工效率降低产生影响的基础上，给予支持。

【裁决指引性意见】

一、承包人是否存在施工降效情形

在当事人就施工降效导致工期延期以及费用损失发生争议的情况下，仲裁庭应当查明承包人是否存在施工降效、干扰事件以及干扰事件与施工降效的因果关系。

施工合同履行过程中，若承包人主张其存在施工降效情形，应当提供现场实际用工量以及机械台班使用量的同期记录和签证，并据此计算出完成某项工程实际投入的人员总工日数和施工机械台班数。若承包人完成同样的施工任务，但实际投入的人员总工日数和施工机械台班数超过了施工组织设计的资源计划安排或超过了通常的消耗量标准的，可以认定承包人的施工效率受到影响，产生了降效损失。

二、导致承包人施工降效的原因及是否具有可归责的事由

承包人主张由发包人承担其施工降效损失，其应当举证证明导致施工降效的原因属于发包人原因或属于发包人的风险。

若发包人对承包人主张的导致承包人施工降效的原因不予认可，仲裁庭应当查明承包人主张的导致施工降效的干扰事件与承包人施工降效之间的因

果关系及原因力大小、干扰事件是否属于可归责于发包人的事件以及是否属于可补偿事件。

仲裁庭在认定发包人承担承包人施工降效损失时，还应当考虑当事人是否具有可免责的事由。例如，导致施工降效的干扰事件发生时，发包人是否尽到了及时通知义务，承包人是否采取必要措施防止损失扩大等。

三、合同对施工降效损失索赔是否有约定

仲裁庭还应当审查施工合同中对施工降效损失索赔是否有约定。若合同明确约定了对于某些干扰事件不给予费用补偿，则承包人就不能对此进行费用索赔。

若施工合同对于降效损失没有约定或约定不明的，仲裁庭尚需要根据导致降效损失产生的不同原因，结合当事人的主张，确定是否存在适用不可抗力或情势变更原则的可能或必要。例如，受新冠疫情及其防控措施的影响，许多工程项目中，承包人都产生了不同程度的施工降效损失，各地也都出台了相应的政策，鼓励双方当事人在合同未约定或约定不明的情况下，依据公平原则合理分担。

四、施工降效损失如何确定

干扰引起的施工降效损失一般包括人工降效损失和机械降效损失。施工降效损失计算的基础是由于降效导致增加的人工消耗量和机械台班消耗量损失。对于降效费的计算和估价通常需要结合企业定额、施工定额、工日消耗量、施工机械台班消耗量等进行分析比较。若合同就施工降效的损失计算方法没有约定的，可根据相关证据材料是否可以获得的情况，采用如下建议的方法进行计算：

（一）干扰所产生损失的补偿应遵循的原则

1.减少或防止损失扩大原则。干扰事件发生后，承包人应采取合理措施防止损失扩大或进一步减少损失。若承包人没有采取措施防止损失的扩大，对于扩大的损失部分，发包人可以不予补偿。

2.补偿以实际损失为原则。对于干扰所给予的补偿应当是使受损失一方恢复到没有遭受损失前的状态，因此补偿通常应以实际损失为原则。

（二）通常的降效损失估价方法

通常有 5 种工效损失的估价方法：

1. 实际发生的费用与投标费用比较法。这种方法是依据承包人劳务记录所得出的实际机械设备工效或人工工效与投标文件中计划的机械设备工效或人工工效的差额，在对变更和无效率行为调整后计算工效损失的一种方法。

2. 在受干扰的工程上增加百分比的评估方法。这种方法一般适用比较简单的合同，而且是在没有其他更为合适方法的情况下采用。

3. 受干扰时段与未受干扰时段或受较少干扰时段的产值或工效比较的方法。

4. 与以前或其他项目的产值或工效比较的方法。将本合同中受到干扰的时间段与承包人在其他合同中相同时间段的工作效率进行比较，并将比较结果作为评估降效损失的基础。

5. 采用与行业统计数据进行比较和评估的方法。以同行业普遍状态下无干扰情况下的生产率为评估降效损失的基础，例如可参照定额、平均劳动生产率等作为参考。

实务中，若没有其他相对精确的方法对施工降效损失进行确定，对于受降效事件影响增加的人工和机械台班消耗量损失，可采用按照施工时工程所在地的预算定额中的人工和机械台班消耗量标准的一定比例确定，价格按照合同约定的计价办法确定，并据此计算施工降效损失。具体比例可以参考各省市发布的政策文件中规定的比例确定。

五、需要考虑的其他事项

1. 仲裁庭无法根据双方当事人提交的证据材料确定施工降效损失的，可以将争议事项委托鉴定机构或专家证人协助进行处理。

2. 要注意区分施工降效增加的费用损失与"人材机"价格上涨增加的费用损失、增加防控措施本身相关费用增加的损失等之间的区别。若在实际处理中能够对此加以区分的，应对不同原因造成的承包人损失或费用增加进行区分并分别进行审理并作出裁决。若无法作出区分的，应注意以承包人实际增加的直接成本费用为限，避免重复计算。

3. 要注意区分赶工费与施工降效损失之间的区别。在承包人既主张施工降效费用又主张赶工费时，仲裁庭应要求承包人对此进行区分，并根据两类费用的性质及举证要求的不同分别进行审理并作出裁决，并应注意以承包人实际增加的直接成本费用为限，避免重复计算。

【争议问题】

问题 26　结算协议签订后，当事人索赔工期损失的处理

【裁决指引性意见】

一、关于结算协议效力认定的独立性

一般认为，发包人、承包人一旦就结算事宜签订协议，就应当受结算协议约束。该结算协议在效力认定上具有独立性，即便在施工合同无效的情形下，结算协议的效力也不受施工合同无效的影响。

实务中，当事人为了否定结算协议的效力，通常会以协议仅有签字未盖章、协议所盖章为项目部印章、协议签订人不具有相应的签字资格、协议是在被迫的情况下签订的等诸多情形为由，否认结算协议的效力。如一方当事人对结算协议的效力提出异议的，仲裁庭仍需依据法律行政法规关于合同效力的相关规定，认定结算协议的效力。

二、对结算协议是否具有终局性的认定，需结合协议的具体内容及其他情形，探究双方当事人的真实意思进行综合判断

结算协议有效时，如下情形将涉及结算协议对双方合同中债权债务的清理是否具有终局性的问题：发包人以因承包人原因导致逾期竣工为由，拒付、减付工程款或要求承包人赔偿损失；或承包人以因发包人原因导致工程延期为由，要求发包人赔偿停窝工等损失。

对结算协议是否具有终局性的认定，需结合协议的具体内容及其他情形，探究双方的真实意思来进行综合判断。

（一）结算协议是否明确约定其具有终局性

如仲裁庭经审查认为，结算协议已明确约定如下类似内容的，则视为当事人对合同范围内的所有债权债务进行了确认，此时仲裁庭可以认定结算协议具有终局性，对当事人要求在结算协议之外另外支付违约金、赔偿损失等主张可不予支持：该结算协议是对双方权利义务的一揽子约定，内容不仅涉及工程价款，还涉及工期逾期违约金、停窝工损失等内容；或者，结算协议明确约定"结算协议生效并履行完毕后双方再无债权债务纠纷"等类似内容。

（二）如结算协议未明确约定上述内容，需结合合同约定、协议的具体内容及其他情形，探究双方的真实意思，进行综合判断

1. 结算协议通常以不同的名称出现，例如，《最终结算协议》《退场协议》《结清协议》等，从协议的具体名称上也可判断出双方签订协议的真实意思。在没有其他证据否定的情况下，类似于《退场协议》《结清协议》这样的名称，通常可以认定为具有最终结算的意思表示。

2. 协议中的上下文、协议附件内容或其他相关文件亦可作为考量因素。例如，协议附件通常是结算协议上记载的结算金额的具体组成内容及项目，仲裁庭可结合附件的相关内容判断该结算金额中是否包含了所有的相关内容，还是仅包含工程价款部分，未包含赔偿损失相关部分。若从附件内容上可以看出双方仅对实体部分工程量及价款进行了结算，而未涉及逾期竣工违约金或工期延误损失的，在没有其他证据证明一方当事人放弃了相应权利的情况下，仲裁庭可以认定该结算协议不具有终局性，双方当事人对于结算协议之外的索赔事项均可以另行主张。

有时，双方当事人在签订结算协议的同时或先后，又签订了另外一份会议纪要或协议，对结算协议的签订背景和协议中未明确的相关事项进行约定或说明，此时应将结算协议与另行签订的其他文件结合起来综合分析当事人的真实意思。

3. 结合当事人提出异议的期限及协议履行过程中的磋商情况进行判断。例如，结算协议签订后，若承包人多次向发包人主张按照结算协议支付工程款，发包人均未以工期延误等予以抗辩，而仅在承包人提起仲裁时，才以该等理由予以抗辩的，一般对其主张可不予支持。

4. 结合当事人提出异议的内容、异议事项出现的时间和相应的证据进行

判断。若发包人主张由于承包人逾期竣工，导致发包人对案外人产生赔偿责任而导致的损失，该等损失在双方签订结算协议时尚未产生，而是在双方签订结算协议之后才产生，发包人以此为由提出主张，对其主张可予支持。

5. 对于承包人主张的停窝工损失，还要考量该部分损失是否已在价款结算中考虑过但未达到承包人的意愿而导致承包人重新主张，还是双方在结算中未涉及这部分内容。除双方当事人另有说明外，承包人在结算协议签订后另行主张的，通常不应再予以支持。

三、其他注意事项

（一）鉴定范围的确定

如经过审理认为，一方当事人的主张成立的，应当对未包含在结算协议范围内的争议内容进行审理。对于具体内容涉及鉴定事项的，可就争议部分委托鉴定机构进行鉴定。原则上，结算协议约定范围内的事项不应再重新鉴定。

（二）未完工程结算协议认定的特殊性

对于未完工中途退场情形下双方达成结算协议的，考虑到中途退场情形的特殊性，双方对该等情形下达成的结算协议的终局性应当有相应的预期。因此，除质量问题外，一般不宜再突破结算协议的约定而对双方当事人的损失索赔予以支持。

（三）结算协议不影响承包人承担保修责任

当事人签订结算协议不影响承包人依据约定或法律行政法规规定承担质量保修责任。

【争议问题】

问题 27 **发包人指示不当的工期责任承担**

【问题界定】

发包人指示不当，是指发包人未按合同约定或相关法律行政法规的规定向承包人发出指示，包括发包人未按约定发出指示、指示发出迟延、发包人指示错误、发包人指示违反法律行政法规的相关规定。对于因发包人指示不当导致工期延误的，原则上应由发包人承担对延误的工期和增加的费用的责任。同时，针对发包人指示不当的责任承担问题，仲裁庭宜综合考虑发包人指示是否构成不当、造成指示不当的原因、承包人工期延误及相关损失与发包人指示不当之间的因果关系、承包人是否有过错、工期实际延误的期间及承包人的实际损失等多种情形予以审理。

【裁决指引性意见】

一、仲裁庭需要关注的事实和证据

（一）发包人指示不当问题审理中涉及的发出时间、主体以及内容等问题的查明

发包人指示，通常包括发包人发出的指示和/或通过监理人发出的指示。承包人主张因发包人指示不当致使其按指示施工造成工期延误及相关损失的，仲裁庭应结合当事人的主张或抗辩，查明承包人主张的导致工期延误的事由是否属于发包人指示范围。

（二）发包人指示不当问题涉及承包人损失问题的查明

仲裁庭在确定了因发包人指示不当对工期延误的实际影响天数的情况下，尚需查明承包人的工期延误损失。关于承包人的工期延误损失参见《本指引》

施工合同工期纠纷编【争议问题 20】。

二、仲裁庭需要关注的法律问题

（一）查明发包人指示是否违反合同约定、法律行政法规或行业惯例

关于某项指示是否构成发包人指示不当，仲裁庭宜结合以下内容进行判断：

1. 合同对于发包人指示的范围、时限、程序等方面的约定；

2. 发包人是否按合同约定发出了指示；

3. 某项指示发出的时间、形式、发送对象，是否符合合同约定或符合双方通常的习惯，是否构成发包人指示迟延；

4. 发包人指示的内容是否存在错误；

5. 发包人指示是否违反了法律行政法规的相关规定，如《民法典》第 509 条、第 806 条。

6. 如合同缺乏明确约定，可参考国内和国际上常用的合同文本中关于发包人指示的相关约定。例如，《2017 年版施工合同示范文本》通用条款部分在第 1.7.1 条、第 4.3 条、第 7.5.1 条、第 7.8.1 条等多个条款中对发包人指示进行了明确约定。

（二）指示不当的判断标准、程度要件、危害后果、损失因果关系

1. 发包人指示不当与工期延误的因果关系。

若仲裁庭认定发包人指示不当，还需查明工期延误与发包人指示不当之间是否存在因果关系、发包人指示不当对承包人工期延误造成的具体影响，并确定因发包人指示不当对工期延误的实际影响天数以及可以给予工期顺延的天数，包括：

（1）工期是否存在延误以及延误的具体时间；

（2）发包人指示不当产生的延误导致关键线路延误的天数；

（3）如果存在多种影响工期延误的事件，或存在共同延误的情形，尚需将工期延误的责任在当事人之间进行分配。

2. 免责事由。

若仲裁庭认定发包人指示不当对工期延误造成了影响，在确定责任的承担时，还需查明承包人对于发包人的指示不当是否具有过错或发包人指示不

当是否由于客观原因引起的。若存在如下情形，应当裁决免除、减轻发包人的损失赔偿责任或裁决各自承担相应的责任：

（1）若发包人的某些指示需要在承包人上报相关报告的基础上作出，承包人是否按约定及时向发包人或监理人上报了相关报告，报告是否存在错误；

（2）在发包人指示迟延的情况下，承包人是否及时向发包人进行了催告；

（3）对于发包人指示的内容，承包人是否尽到了一个专业承包人的复核义务；

（4）对于发包人发出的明显违反法律行政法规相关规定的指示，承包人是否对该指示表示了拒绝接受，并予以回复；

（5）若发包人在约定的期限内发出了指示，是否由于客观原因导致承包人未能收到指示或收到指示迟延等。

【争议问题】

问题 28 ／ 施工合同无效，赔偿损失或顺延工期的处理

【问题界定】

在施工合同无效的情况下，当事人是否有权要求另一方根据无效合同的约定请求承担工期延误的损失或主张顺延工期，法律并未有明确规定，仲裁实务界存在争议。

【裁决指引性意见】

一、合同无效的工期延误责任承担，应当在综合考虑双方过错程度、过错与损失之间的因果关系等因素的基础上予以确定

施工合同无效，仲裁庭宜根据各方当事人违背诚信原则的程度来判定各自责任大小，参照合同约定的建设工期相关内容，结合造成工期延误的原因、

双方过错程度、过错与损失之间的因果关系等因素作出裁决，并确定各方的责任承担比例。仲裁庭还应注意查明以下事实：

1. 导致合同无效的原因及双方当事人对造成合同无效的过错程度；

2. 工期是否延误以及延误的具体天数；

3. 工期延误的原因是发包人或承包人过错导致，还是因不可归责于当事人的原因或共同延误导致，工期延误与合同无效是否有关；

4. 工期延误导致了哪些损失及损失的大小，包括金钱的损失、工期本身的损失或给当事人造成的其他损失；

5. 工期延误损失与当事人过错之间是否存在因果关系；

6. 约定工期是否构成不合理工期。

需要注意的是，虽然法律规定合同无效的情况下，合同中与工期有关的条款亦无效，但若合同无效不是由于工期的约定而造成的，则仍可将合同约定工期作为判断是否存在工期延误的基准工期。若双方对是否存在工期延误、导致延误的原因、延误天数、延误所导致的实际损失和损失大小等存在较大争议时，可通过工期鉴定或专家证人方式辅助确定，具体可参见《本指引》施工合同工期纠纷编【争议问题 29】至【争议问题 31】相关内容。

二、工期延误损失赔偿的范围

依据《民法典》第 157 条确定的无效合同下损失赔偿的基本原则，有过错的一方应当赔偿对方当事人的实际损失。仲裁庭需要考虑的因素包括：

1. 纳入无效合同过错责任赔偿的损失，应当是赔偿损失一方订立合同时或合同履行过程中已经知道或应当预见的损失，且该损失应当是当事人有证据证明已实际发生的损失。对于尚未发生的损失，不宜纳入无效合同过错责任赔偿范围。

2. 实务中工期延误造成的发包人损失主要包括延期向购房者交付房屋而承担的违约赔偿损失、房屋延期交付使用需要承租其他房屋而支付租金造成的损失、甲供材料价格的上涨而额外支付的费用损失、财务费用损失、延长监理咨询费损失、管理费损失等其他实际损失等。

3. 因发包人过错导致或不可归责于承包人的工期延误事件给承包人造成的损失主要包括工期延长或停窝工而增加的人工费、材料费、施工机具费、周转材料费、企业管理费、水电费、保函费、保险费、分包单位的索赔费用、规费和税金等。需要注意的是，因发包人过错导致工期延长，期间发生人工费、材料费、施工机具费等费用市场价格上涨的，也属于实际损失范围。

4. 鉴于工期延误导致的损失亦包括工期本身的损失，若发生了因发包人过错导致或不可归责于承包人的工期延误事件，承包人主张顺延相应工期的，可根据延误事件所导致的实际工期损失予以顺延。

三、发包人与第三方签订合同导致的违约责任损失能否纳入过错赔偿范围

若发包人主张将其与第三方签订合同导致的违约责任损失纳入施工合同无效的过错赔偿范围的，仲裁庭宜结合具体案情，根据当事人订立无效合同的过错、履行合同过程中违反诚信原则的程度、无效合同当事人的过错与损失之间的因果关系等角度综合分析。一般需要从三个方面进行审查：

1. 导致施工合同无效的过错；

2. 在履约中合同当事人诚信义务违反的程度；

3. 发包人所主张的赔偿款项能否列入无效合同过错赔偿范围。

第四章　工期鉴定及专家证人

【争议问题】

问题 29　工期鉴定程序的启动条件和必要性

【裁决指引性意见】

一、工期顺延是否存在无法鉴定的可能

工期问题往往涉及工期关键线路识别、工程专业技术规范等专业知识，是建设工程管理中相对比较复杂的专业问题，亦是施工合同纠纷仲裁实践中的难点。

不同于工程造价、质量鉴定，工期鉴定无法鉴定的可能性更高。一般来说，鉴定申请人应当提供较为完整的工程进度计划资料、实际进度记录和有关延误事件对工期影响的同期记录。若缺乏这些资料或有关资料过于粗略，则可能导致无法进行工期鉴定。

二、启动工期鉴定程序应满足的必要条件

双方当事人未能就工期延误责任达成一致时，或只有一方当事人提出鉴定申请时，不必然启动工期鉴定。对于是否需要启动工期鉴定程序以及如何启动工期鉴定，仲裁庭可从以下三方面予以考虑：

1. 当事人有主张工期延误（或工期顺延）的具体请求。通常而言，当事人申请工期鉴定系基于其在仲裁过程中提出了关于工期方面的索赔，该索赔包括时间上的顺延请求以及因工期顺延导致发生额外费用损失的请求，比如发生了逾期交房的违约金、租金或其他损失等。

2. 申请鉴定的一方当事人有初步证据证明存在工期延误的事实，该事实包括延误事件发生的事实和证明延误结果产生的事实。在启动工期鉴定程序之前，仲裁庭宜对工期是否存在延误进行初步认定，原则上只有在初步认定存在工期延误，但难以判定工期延误责任主体或者难以确定具体延误时间及延误导致的损失等情况下，才需启动工期鉴定程序。

3. 若双方当事人对延误事件是否影响进度计划和竣工时间、延误事件对竣工工期影响的法律后果、各自应承担多大的责任及承包人可主张多少天的工期顺延等问题未能达成一致，而仲裁庭仅通过分析工期争议相关的事实证据材料，无法给出科学、合理、准确的认定时，适宜启动工期鉴定，通过委托鉴定机构来解决这些专门性问题。

需要注意的是，仲裁庭应在争议焦点确定、举证责任明确分配以后再启动工期鉴定程序，尽量避免在待证事实还未确定的情况下启动鉴定。

三、特定情况下仲裁庭可不必启动工期鉴定程序

在如下特定情况下，依据当事人提供的证据，通过仲裁庭调查可以查明有关事实的，则不必启动工期鉴定程序：

1. 工期延误原因简单，其对工期的影响通过已有证据反映的事实，凭借仲裁员的一般常识和经验即可判断。

2. 通过举证责任分配即可解决争议。例如，工期发生延误，但现有证据不能证明该延误是发包人原因或其他不可归责于承包人的原因所致，一般情况下即可认定工期延误的责任由承包人承担。

3. 双方已通过会议纪要、备忘录、补充协议、工程联系单等文件明确了工期延误的原因和责任承担等问题。此情况下，双方已不存在明显的争议焦点，仲裁庭只需对可顺延工期或赔偿损失金额进行简单计算即可。

4. 双方就影响事件对工期延误的事实问题没有争议，而是对依据合同约定该影响事件造成的责任应当由哪一方承担责任等法律问题存在争议的，仲

裁庭应依据案件事实、合同约定及法律行政法规规定作出裁决。

此外，若当事人之间存在争议的待证事项虽需要通过工期鉴定查明，但该待证事项所涉及的争议标的较小，而启动工期鉴定可能需要花费的时间和费用成本较大，与争议标的相比存在较为明显的不经济性，仲裁庭在向当事人释明后亦可不必启动工期鉴定程序。

【争议问题】

问题 30 工期鉴定范围的确定

【裁决指引性意见】

一、确定工期鉴定事项应遵循的一般原则

仲裁庭在确定工期鉴定事项时，应遵循以下原则：

1. 关联性原则。委托鉴定的事项应当与当事人所争议的待证事实具有关联性，能够达到证明待证事实的目的。若具有关联性，一般应尊重当事人申请鉴定的权利；若不具有关联性，或者与待证事实及争议问题无关，仲裁庭宜及时释明理由，并给予当事人充分发表意见的机会。

2. 可行性原则。鉴定事项应当属于能够通过鉴定得出结论的事项，并且不存在鉴定程序难以实施的客观障碍。工期鉴定对证据材料有比较高的要求，如果缺乏必要的资料，可能会导致工期鉴定无法进行，仲裁庭可在委托环节与鉴定机构进行必要的沟通，由鉴定机构对鉴定可行性进行初步研判。若经各方充分沟通，双方当事人无法进一步补充鉴定材料，鉴定机构确实无法就待证事实作出鉴定意见的，仲裁庭可结合案件现有证据材料和实际情况，酌情作出裁决。

3. 鉴定范围最小化原则。仲裁庭在委托鉴定前应尽量排除无争议项，只对有争议项进行鉴定。若待证事实能不通过鉴定就可以确定的，则不进行鉴定；能够进行部分鉴定的，则不进行全部鉴定。比如，涉案工程存在多个工

期延误事件，但双方当事人仅就其中一个或部分延误事件原因及延误天数存在争议的，则无必要就全部延误事件进行鉴定；仲裁庭如果对延误原因可以直接判断的，可以仅就延误天数（或可顺延天数）进行鉴定。

二、合理确定工期鉴定事项范围

仲裁庭确定鉴定范围主要根据当事人的申请，但如果当事人的申请与待证事项无关联或者对证明待证事实无意义的，仲裁庭应不予准许。《新建设工程司法解释（一）》第 31 条规定："当事人对部分案件事实有争议的，仅对有争议的事实进行鉴定，但争议事实范围不能确定，或者双方当事人请求对全部事实鉴定的除外。"为了降低仲裁成本、缩短审理时间、充分保护当事人权益，仲裁庭应当合理确定案件争议和鉴定范围，注意区分专业技术问题与法律问题。工期鉴定的对象主要是涉及工期的专业技术性问题，以实现定性、定量、定损：（1）定性：是否存在工期延误及导致工期延误的原因，即施工过程中发生了哪些影响事件导致工期延误；（2）定量：工期延误天数或可顺延天数；（3）定损：因工期延误产生的损失。

三、工期鉴定委托范围（事项）如何正确表述

仲裁庭确定鉴定范围后，应在鉴定委托书中列明。鉴定机构应根据鉴定委托书中列明的鉴定范围进行鉴定，不可擅自扩大或缩小鉴定范围。目前司法实践中，部分工期鉴定委托书中仅笼统地要求鉴定机构"对工期延误的原因和责任出具鉴定意见"，导致鉴定机构无所适从，既难以出具有针对性的鉴定意见，也容易出现"以鉴代审"的情况。故仲裁庭在鉴定委托书中应有针对性地列明需要鉴定的具体待证事项，比如是否存在工期延误、导致工期延误的原因是什么、各延误事件对工期的影响天数分别是多少等。鉴定机构对鉴定范围有疑问的，应及时与仲裁庭联系，由仲裁庭根据案件实际情况确定是否调整委托鉴定范围。

四、仲裁庭应发挥审理裁决职能，防止"以鉴代审"

在需要进行工期鉴定的案件中，仲裁庭应避免过于依赖鉴定意见，对于工期延误责任主体、工期延误法律后果的认定等属于仲裁庭的职责，仲裁庭

应在鉴定过程中充分发挥自己的审理裁决职能，以防止"以鉴代审"情况的发生。

1. 工期延误责任主体，即针对鉴定意见中各项影响工期的事件，仲裁庭应依据合同约定和法律行政法规规定，在查明基本法律事实的基础上，认定某个具体延误事件应当由哪一方当事人来承担责任。例如，《2017 年版施工合同示范文本》通用条款第 7.5.1 款规定的 7 种因发包人原因导致工期延误的情形，仲裁庭在认定责任主体时需要根据鉴定意见中对有关事实的鉴定意见来作出，并且应结合导致工期延误的因素或事实、影响工期延误具体时间的事实、双方当事人是否采取了必要的措施以尽量减少延误因素的影响并将工期延误降到最低等情形，从而综合判断工期延误的责任主体和责任大小。

2. 工期延误的法律后果，即在明确了工期延误责任主体后，仲裁庭依据合同约定和法律规定，在查明基本法律事实的基础上，确定一方当事人应当承担何种违约责任。例如，《2017 年版施工合同示范文本》通用条款第 7.5.2 款规定"因承包人原因造成工期延误的，可以在专用合同条款中约定逾期竣工违约金的计算方法和逾期竣工违约金的上限"。

【争议问题】

问题 31　当事人委托工期专家证人意见的批准与专家证人意见的采纳

【裁决指引性意见】

一、当事人委托工期专家证人的批准

仲裁庭可根据下列规则决定是否批准当事人委托专家证人提供工期专家意见：

1. 当事人可就工期问题提交专家证人意见以支持己方主张。

2. 工期专家证人可以是中国或外国的机构或自然人。

3. 仲裁庭可以决定工期专家证人意见举证期限，当事人应当在该期限内

提交工期专家证人意见。逾期提交的，仲裁庭有权拒绝接受。

4. 当事人安排工期专家证人作证的，应事先向仲裁庭确定证人身份及其证明事项。未经仲裁庭同意，当事人不得传唤专家证人。

二、当事人工期专家证人意见的衡量因素

仲裁庭可根据下列因素对当事人工期专家证人意见进行衡量：

1. 工期专家证人意见说理逻辑的严谨性和可靠性。例如，工期专家意见能否说清楚自己所依据的延误事件事实基础、工期延误分析的专业知识基础，解释如何根据自己以往的工期延误分析知识和经验，将工期延误分析的专业知识基础应用到案件的工期延误事实上，从而能否严谨且可靠地完整解释整个工期专家意见。

2. 工期专家证人意见事实基础的准确性和全面性。例如，工期延误事件的开始时间和结束时间是否准确识别，工序活动之间的逻辑关系是否正确，所依据的工期进度计划是单方编制的还是双方当事人均同意，是否全面考虑各方当事人而不只是一方当事人的所有重要的事实等。

3. 工期专家证人意见专业基础的理论可靠性。例如，所使用的工期延误分析方法是否属于国家、行业、地方、团体标准中所述的方法；如果没有相应技术标准，那么相应的专业行业学术团体教材是否有介绍等。

4. 工期专家证人意见不应超出其专业。例如，工期专家证人在不具有工程造价专业背景的情况下是否对于超出自己专长范围的永久性工程计量提出意见，或者在不具有法律专业背景的情况下超出自己专长范围提供工期延误的法律意见。

5. 工期专家证人的资历与名声。例如，工期专家证人的教育背景、职业资格、社会兼职、作为工期延误专家的项目经验等。

6. 工期专家证人意见的客观性与中立性。例如，工期专家证人是否清楚出具工期专家意见的首要任务是为了协助仲裁庭就工期事项作出决定；是否做到独立、中立、客观并且无偏见地作出工期专家意见；工期专家证人意见是否仅依据一方当事人证据作出；工期专家证人意见与其以往的学术言论是否一致；等等。

7. 工期专家证人改变意见的合理性。例如，通过修改工期延误分析方法、

修改工序之间的逻辑关系、修改延误事件的持续时间等改变以前的工期专家意见是否是因为工期专家证人原先意见不够严谨导致等。

8.工期专家证人在开庭审理中的行为举止。例如，工期专家证人在庭审询问时是否表现出独立、无偏见、客观、专业等。

三、当事人工期专家证人意见的采纳

1.仲裁庭可根据上述当事人工期专家意见的衡量因素来决定全部采纳、部分采纳或不采纳当事人工期专家意见，并给出采纳或不采纳的理由。例如，各方当事人专家采用不同的工期延误分析方法，得出不一致的工期专家意见，仲裁庭可根据前述八项衡量因素进行综合判断，采纳某一方当事人工期专家意见，或者否定各方当事人工期专家意见。

2.即使各方当事人工期专家达成一致意见，仲裁庭仍然有裁量权决定不接受该一致意见，但需要给出十分明确的理由。例如，各方当事人工期专家达成一致意见与法律规定不一致。

四、其他需要注意的事项

关于当事人委托工期专家证人意见的批准，仲裁庭应注意专家证人不是《民事诉讼法》第82条和《民事诉讼法解释》第122条规定中的有专门知识的人（也称专家辅助人）。因此，关于工期专家证人应按照证人的仲裁程序进行。

关于工期专家证人意见举证期限可根据案件项目的规模、复杂程度等来决定，建议通常不应少于60天。

当事人工期专家证人意见的衡量因素可划分为两类：可采性和权重性。可采性指可以决定是否完全否定当事人工期专家证人意见的衡量因素，例如，工期专家证人意见完全缺乏中立性、所适用的专业理论缺乏可靠性；权重性是指可以在多大程度上采纳当事人工期专家证人意见的衡量因素，例如，工期专家证人意见事实基础的准确性、工期专家改变意见的合理性、工期专家证人的资历与名声、工期专家证人意见不应超出其专业等。

施工合同质量
纠纷编

【争议问题】

| 问题1 | 工程质量责任主体涉及案外人时的处理 |

【问题界定】

工程质量责任主体涉及案外人，是指在发包人主张施工人承担工程质量责任的案件中，施工人提出案涉工程质量缺陷部分或者全部并非其责任导致，而是因案外人（如案涉工程设计人、勘察人、监理人、其他施工人）原因所致，并申请将该等案外人追加为本案当事人，以查明事实并准确分配责任的情形。

【裁决指引性意见】

一、审查案外人加入本案仲裁程序的可行性

在对工程质量责任主体涉及案外人进行处理时，仲裁庭应根据《仲裁规则》先行审查案外人加入本案仲裁程序的可行性。

本争议问题下述【裁决指引性意见】的适用，以案外人能加入本案仲裁程序为前提。

二、审查案外人加入本案仲裁程序的必要性

仲裁庭如认为案外人具备加入本案仲裁程序的可行性的，宜根据《仲裁规则》第 23 条第 2 项的规定，在听取各方当事人意见并考虑案件的具体情况后，就是否接受当事人追加案外人加入本案仲裁程序的申请作出决定时，对案外人加入本案仲裁程序的必要性进行下列审查：

（一）审查案外人与案涉工程质量缺陷是否存在可能的因果关系以及当事人的相关举证

当事人主张案外人需对工程质量缺陷承担责任的，可在案件审理中自行举证证明，不追加案外人亦不影响当事人抗辩及举证的权利。

（二）审查案外人与本案当事人是否存在约定或法律规定的连带责任

仲裁庭依据有关合同约定或法律行政法规的规定，审查案外人与本案当事人对工程质量缺陷是否存在约定或法律规定的连带责任，认为对工程质量缺陷可能承担连带责任的，则依据本争议问题下述【裁决指引性意见】进行审查。

（三）审查案外人可能承担的工程质量责任是否确需在本案中裁决认定

仲裁庭可审查案外人是否属于案涉争议合同的主体，或是否属于《民法典》第523条或者第593条规定的案涉争议合同的第三人。如案外人并非案涉争议合同的主体，或仅仅属于《民法典》第523条或者第593条规定的第三人，仲裁庭宜考虑根据合同相对性原则，考量适用上述法律条文的规定判断追加案外人的必要性，进而审查案外人可能承担的工程质量责任是否确需在本案中裁决认定。

（四）分析混合过错情形下判断本案当事人个别责任的可能性

如根据在案证据，仲裁庭认为存在工程质量问题系本案当事人与案外人混合过错导致的可能性，仲裁庭亦可审查在不追加案外人的情形下，是否仍可通过在案证据确定本案当事人的个别责任，并据此判断追加案外人的必要性。例如，施工人主张监理人未严格履行监理职责，对案涉工程质量缺陷的产生亦有责任，要求追加监理人加入本案仲裁程序。鉴于监理人的工作具有辅助性、监督性的特征，即使监理人与施工人构成混合过错，亦可仅在施工人责任比例中酌情考虑，不影响仲裁庭对不追加案外人情况下施工人是否需承担质量责任的审查和判断。

三、仲裁庭宜考量的其他事项

1. 如仲裁庭未准许将案外人追加为本案当事人，在本案审理和裁决中应注意避免对案外人的责任作出认定。仲裁庭在裁决书中可以根据相关证据对涉及案外人的事实予以描述，但应避免对案外人的义务、应否承担责任、责任比例等事项作出认定，以避免裁决书对未参加仲裁程序的案外人利益造成影响。

2. 如仲裁庭查明工程质量缺陷与设计人、监理人、其他工程分包人等案外人之间存在因果关系的，宜根据因果关系的强弱及其对责任后果的影响程度，认定免除或减轻本案当事人的相应责任。

【争议问题】

问题 2　发包人提供的设计或者工程物资存在缺陷时的工程质量责任承担

【问题界定】

发包人提供的设计或者工程物资存在缺陷，是指发包人提供的设计或者指定购买的工程物资不符合法律行政法规强制性标准、约定标准或者工程使用目的，导致工程质量缺陷的情形。

工程物资是指用于永久工程的建筑材料、建筑构配件和设备。

【裁决指引性意见】

一、仲裁庭需要关注的事实和证据

（一）承包人主张设计文件存在缺陷导致工程质量缺陷时，仲裁庭需关注的事实

1. 设计文件是否符合合同约定与设计规范要求的全面性和完整性（包含设计深度问题）；

2. 设计文件是否存在缺漏、矛盾之处；

3. 设计文件是否存在违反设计规范之处；

4. 设计文件的缺陷与双方争议的工程质量缺陷是否存在因果关系；

5. 设计文件是否由发包人提供，是否存在承包人进行深化设计的情形；

6. 设计文件缺陷是否属于承包人深化设计范围；

7. 设计文件是否经过发包人组织的设计人对施工承包人的技术交底；

8. 设计文件缺陷是否属于一个有经验的承包人在熟悉设计文件或者接受技术交底、施工准备过程中可以或者应当事先发现的缺陷；

9. 承包人对设计文件缺陷有无通知、提示发包人；如果已经通知或者提示了发包人，发包人是如何回应的。

（二）承包人主张工程物资存在缺陷时，仲裁庭需查明或者关注的事实

1. 查明双方争议的工程质量缺陷与工程物资缺陷是否存在因果关系；

2. 查明工程物资是否存在不符合强制性标准的情形；

3. 查明工程物资是否存在虽符合强制性标准但不符合合同约定或使用目的情形；

4. 查明工程物资是由发包人购买后移交承包人，还是承包人按发包人指定购买；

5. 工程物质如系承包人按发包人指定购买，发包人是否明确指定了工程物资的品牌、规格、型号、供应商、购买价格、质量指标或参数；

6. 工程物资的缺陷是否因发包人指定的生产商、供应商过错导致；

7. 当事人是否约定承包人有权利或者义务在工程安装或施工前对工程物资的质量情况进行检测、检验；

8. 承包人是否在工程安装或施工前对工程物资的质量情况进行了检测、检验，检测检验的结果如何；

9. 承包人对工程物资缺陷有无通知、提示发包人；

10. 工程物资的缺陷是否因承包人保管、运输、安装或施工使用不当导致。

（三）举证及鉴定

如上述事实问题涉及相关专业技术，仲裁庭难以通过审查证据自行判断时，仲裁庭可考量负有举证责任的一方提出鉴定申请或申请专家出庭辅助查明的必要性。

二、仲裁庭需要关注的法律问题

（一）设计或工程物资缺陷的严重程度与工程质量缺陷的因果关系

仲裁庭若查明确实存在设计或工程物资缺陷，同时也存在工程质量缺陷时，还需关注设计或工程物资缺陷的严重程度，以及该等缺陷是否足以导致工程质量缺陷，是否存在"多因一果"的情形，并根据案件具体情形判定发包人应否承担责任及应承担的责任大小和比例。

（二）"指定购买"时，发包人"指定"范围

实践中，发包人"指定购买"工程物资存在多种情形：

1. 发包人仅指定品牌、规格、型号，并不指定供应商或购买价格；

2. 发包人指定品牌、规格、型号及购买价格，但不指定具体供应商；

3. 发包人同时指定品牌、规格、型号、具体供应商及购买价格。

仲裁庭可考量不同情形下，发包人指定行为是否存在过错、过错程度、过错与质量缺陷之间的因果关系，根据具体案情和当事人举证确定发包人是否需承担过错责任。

（三）承包人保障工程质量的法定义务及约定义务

仲裁庭如认定发包人存在过错，还应同时考量承包人是否存在违反保障工程质量法定义务及约定义务的情形。

《建设工程质量管理条例》第28条第2款规定："施工单位在施工过程中发现设计文件和图纸有差错的，应当及时提出意见和建议。"第31条规定："施工人员对涉及结构安全的试块、试件以及有关材料，应当在建设单位或者工程监理单位监督下现场取样，并送具有相应资质等级的质量检测单位进行检测。"仲裁实务中，相关施工合同也有类似内容的约定。

据此，即使发包人提供的设计文件或工程物资存在缺陷，承包人仍负有法律行政法规规定或合同约定的相应注意义务和通知义务，而不能放任该等缺陷最终导致工程质量缺陷。例如，对于设计文件中明显的矛盾、错漏之处，承包人并未理会而予以忽略；又如，承包人在接收发包人提供的材料设备时，对于外观明显可见的瑕疵缺陷未提出异议，或依据法律行政法规规定应送质量检测单位进行第三方检测的材料设备未送检，均系违反了承包人保障工程质量的法定义务或合同义务，仲裁庭可考虑承包人是否需承担相应的过错

责任。

仲裁庭还需特别注意，鉴于承包人并非专业的设计单位或质量检测单位，承包人的该等注意义务和通知义务需限定在合理范围内。仲裁庭可谨慎判断案涉设计文件或工程物资缺陷是否系有经验的承包商依据通常的谨慎、勤勉标准可发现的缺陷，并据此认定承包人的责任。

【争议问题】

问题3　指定分包工程的质量责任承担

【问题界定】

依据《民法典》第791条第2款的规定，总承包人通常应就其分包工程质量与分包人向发包人承担连带责任。

本争议问题所称"指定分包工程"，是指该分包工程系发包人指定分包。在此情形下，发包人是否应就指定分包工程的质量缺陷承担相应责任，承包人是否就指定分包工程的质量缺陷减轻相应的责任，仲裁实务界存在争议。

【裁决指引性意见】

一、仲裁庭需查明或者关注的事实

（一）查明案涉分包工程是否属于发包人指定分包工程

1.审查总承包合同，查明有无发包人指定分包的相关约定；

2.审查选定分包人的相关文件，如招投标文件（询报价文件）等，查明分包人是否系发包人单独选定；

3.审查有无发包人指定通知，查明发包人是否就该分包工程的分包人、分包范围、分包内容等事项向总承包人发出明确指示；

4.审查分包合同，查明发包人是否为合同主体及分包合同中有无指定分包的相关约定；

5.审查发包人审核、支付进度款和结算款的相关文件，查明发包人是否单独支付或在支付款项中明确区分该分包工程的进度款、结算款。

（二）仲裁庭应查明发包人的指定范围

若确系发包人指定分包工程，仲裁庭可通过审查总承包合同、分包合同、来往函件、工程款审核支付文件等，查明发包人的指定范围是否包含以下各项：

1.分包人及分包工程范围、内容；

2.分包工程的价款结算原则；

3.分包工程的工程款支付程序及付款方式；

4.分包工程的工期、质量标准；

5.分包人的违约责任。

（三）仲裁庭应查明指定分包工程质量责任承担的合同约定

仲裁庭应审查总承包合同、分包合同等相关文件，查明发包人与总承包人、总承包人与分包人、发包人与分包人之间有无就指定分包工程质量责任承担作出特别约定。

（四）仲裁庭应查明指定分包工程的质量缺陷成因

仲裁庭应审查施工记录、验收记录等相关文件，查明指定分包工程的质量缺陷成因。仲裁庭亦应考量负有举证责任的一方提交鉴定申请、通过鉴定方式查明缺陷的技术成因的必要性。

二、仲裁庭应关注的法律问题

（一）指定分包的合法性

一般而言，不宜仅因存在"指定分包"即认定发包人存在过错。

（二）发包人过错责任的认定

依据《民法典》第791条第2款"第三人就其完成的工作成果与总承包人或者勘察、设计、施工承包人向发包人承担连带责任"之规定，并参照《新建设工程司法解释（一）》第13条的规定，发包人直接指定分包人分包专业工程造成建设工程质量缺陷需承担过错责任的，仲裁庭裁决时应考量发包人的指定分包行为与建设工程质量缺陷之间是否存在因果关系，并据此综合考量认定发包人过错的法律要件是否成就。

一般而言，仲裁庭可从以下几方面考量发包人是否存在过错：

1. 发包人选定的分包人是否具有承建指定分包工程的施工资质；

2. 发包人选定的分包人是否具备承建指定分包工程所必要的技术能力、管理能力、财务能力等履行能力；

3. 发包人是否妨碍总承包人行使工程质量管理权利，特别是总承包人对该分包工程付款是否有根据分包工程质量的实际情况自行决定和实际控制的权利；

4. 根据仲裁庭确认的工程质量缺陷的技术成因，仲裁庭宜分析认定是否全部或部分归责于指定分包人。

（三）总承包人过错责任的认定

发包人指定分包时，承包人有过错的，也应当承担相应的过错责任。仲裁庭可从以下几方面，考虑总承包人是否存在过错：

1. 在发包人选定分包人的过程中，总承包人是否就分包人的资质、履行能力等进行审查并提出异议；

2. 施工过程中，总承包人有无及时发现指定分包工程存在施工错误、质量缺陷并通知发包人、监理人、分包人；

3. 发包人妨碍总承包人行使工程质量管理权利时，总承包人有无及时提出异议，要求发包人纠正；

4. 工程质量缺陷的技术成因是否可全部或部分归责于总承包人。

（四）指定分包工程质量责任的承担主体及承担方式

仲裁庭认定指定分包工程质量责任的承担主体及承担方式时，可根据双方合同就指定分包工程质量责任承担的特别约定及其合法有效性，并依据《民法典》第791条第2款关于总承包人和分包人就质量责任承担连带责任的规定，结合具体案情和当事人举证作出裁决。仲裁庭查明发包人确有过错的，可根据发包人的过错程度及其对分包工程质量缺陷结果的影响大小裁决相应减轻总承包人、分包人的分包工程质量责任。

【争议问题】

问题 4　　**因工程质量缺陷，当事人有关工程价款减价主张的处理**

【问题界定】

"因工程质量缺陷当事人有关工程价款减价请求的处理"，是指依据《民法典》第 582 条和第 781 条的规定，因承包人原因致使工程质量不符合约定，当事人提出承包人以减少价款方式承担违约责任的请求或抗辩的处理。

【裁决指引性意见】

一、发包人是否有权主张减少工程价款

若工程质量不符合约定或者法定要求的，依据《民法典》第 582 条、第 781 条和第 801 条的规定，发包人可在修理、重作、减少价款、赔偿损失，或者无偿修复或返工、改建等违约责任中"合理选择"违约责任承担方式。

仲裁庭可从以下几方面考量发包人主张减少工程价款是否系"合理选择"：

（一）工程质量是否符合国家强制性标准以及经评估修复后的工程质量能否符合国家强制性标准

1.质量瑕疵工程经评估不能通过修复达到国家强制性标准的，承包人无权请求发包人支付工程价款。

2.基于特别规定优先于一般规定的法律适用规则，仲裁庭应优先适用《民法典》第三编第十八章"建设工程合同"第 801 条的规定，判别承包人承担工程质量违约责任方式的合理顺序。

3.一般认为，只有承包人拒绝纠正或者不能纠正工程质量缺陷（包括修复、返工、改建等），发包人才可选择请求减少工程价款。

4.质量瑕疵工程经评估能够通过修复达到国家强制性标准的，仍可能通过减少价款的方式承担违约责任，恢复工程价款与工程质量之间的等价关系。

（二）承包人是否拒绝纠正或者不能纠正工程质量缺陷

关于承包人拒绝纠正或者不能纠正工程质量缺陷的判断，仲裁庭可查明是否存在如下情形后综合考量：

1.承包人经修复仍未消除工程质量缺陷；

2.承包人对于发包人的修复要求不合理地迟延响应；

3.承包人不具有相应的工程施工资质或者丧失完成质量缺陷修复施工的履行能力。

（三）修复方案是否经济合理

1.即使承包人同意无偿修复或返工、改建，但是如果修复方案在经济上明显不合理，使得修复施工在客观上没有必要，此类情形下，发包人不要求承包人修复而径行主张减少工程价款的，宜视为"合理选择"。

2.前述情况下，承包人据此主张减少工程价款的，除非发包人同意，仲裁庭应审慎分析承包人主张的减少工程价款金额与发包人因接收质量瑕疵工程所受损失金额之间是否基本相当。

（四）发包人是否同意接收工程

减价制度的核心本质在于因发包人接收的工程质量与缔约时的约定不符，通过减少价款以恢复工程价款与工程质量之间的等价关系。发包人同意接收工程，即形成瑕疵给付，是行使减价权的前提。如发包人不同意接收工程，则发包人仍可依据《民法典》第801条规定要求承包人进行修复、返工、改建，或因工程已无接收必要而要求承包人赔偿损失。

二、发包人请求减少的工程价款金额是否合理

（一）当事人就减少金额或减价金额计算方式是否存在有效约定

在认定发包人请求减少的工程价款金额是否合理时，仲裁庭首先应查明当事人就减少金额或减价金额计算方式是否存在有效约定。

（二）仲裁庭认定减价金额的方法

在当事人就减少金额或减价金额计算方式不存在有效约定，且双方无法协商确定减价金额时，仲裁庭可参考适用如下方法：

1. 比例法：减价金额 =（瑕疵工程市场价值 / 无瑕疵工程市场价值 × 结算金额）。

2. 差额法：减价金额 = 无瑕疵工程市场价值 – 瑕疵工程市场价值。

3. 修复费用法：减价金额 = 合理修复费用。

在上述三种方法中，比例法将施工合同价款考虑在内，更偏重于双方的权利义务平衡；差额法关注因工程质量不符合约定给发包人造成的预期利益损失，更偏重于对发包人利益的保护；修复费用法简单直观，更易被各方接受，但在修复方案经济上不合理的情形下易导致当事人权利义务失衡。仲裁庭可根据案件的具体情况决定减价金额的计算方法。

三、仲裁庭宜考量的其他事项

（一）必要时委托鉴定

在处理工程价款减价请求时，工程质量是否符合约定、是否符合国家强制性质量标准、是否可以修复、合理修复方案及其所对应的合理修复费用等事项的查明通常涉及运用专门性知识、经验和方法，仲裁庭若难以自行判断的，宜考量通过负有举证责任一方提出价值评估鉴定申请、委托鉴定机构出具鉴定意见等方式，协助仲裁庭查明相关事实。

（二）注意审查仲裁请求是否存在冲突或重叠

发包人若同时提出要求承包人承担修复费用、损失赔偿、支付违约金等请求，仲裁庭应注意甄别各请求事项之间是否存在性质上的冲突或重叠。对于存在冲突或重叠的请求，仲裁庭在审理及裁决时宜重点考量合理处理方式。

（三）防止超裁或漏裁

通常，发包人主张减少工程价款，是对承包人主张支付工程价款的抗辩（导致超付要求返还的除外）。

就发包人主张减少工程价款的抗辩，仲裁庭裁决时应在确认工程价款时阐明理由并予以认定，而不在裁决主文中直接体现。

特别是在采用差额法或修复费用法确定减价金额时，在发包人未提出反请求的情况下，仲裁庭应注意避免在裁决主文中要求承包人支付修复费用或赔偿损失，以避免超裁。同时，对于发包人减少工程价款的抗辩请求，应注意合同是否有相应的费用扣减约定或法定抵销情形，抑或应当作独立请求处理。

【争议问题】

问题 5 ／ **发包人"擅自使用"的认定及处理**

【问题界定】

发包人"擅自使用",是指案件审理中当事人主张或抗辩中涉及的《新建设工程司法解释(一)》第14条中的发包人"擅自使用"情形:"建设工程未经竣工验收,发包人擅自使用后,又以使用部分质量不符合约定为由主张权利的,人民法院不予支持;但是承包人应当在建设工程的合理使用寿命内对地基基础工程和主体结构质量承担民事责任。"

【裁决指引性意见】

一、关于发包人是否构成"擅自使用"的认定

(一)仲裁庭应查明建设工程是否组织竣工验收及其结论

依据《建设工程质量管理条例》第16条的规定,竣工验收应由建设单位组织设计、施工、工程监理等有关单位进行,且应具备相应前提条件。建设工程未经验收合格,或者虽经竣工验收,但验收结论为不合格或需要再行验收的,仍应视为"未经验收合格"(注:需要整改,但是验收文件签字的,也不宜一概认为未经竣工验收)。仲裁庭宜查明以下事实,综合判断涉案建设工程是否属于"未经验收合格":

1. 建设工程是否已施工完毕,实体上是否具备验收条件;

2. 承包人是否已提交建设工程竣工报告申请;

3. 发包人是否已组织验收;

4. 承包人是否配合竣工验收,是否提交竣工资料等验收必需文件;

5. 最终未完成验收的具体原因,如发包人拖延验收、承包人原因导致验

收未完成等。

（二）仲裁庭应查明发包人"使用"的具体情形

经查明案涉工程未经验收合格的，仲裁庭可根据案情查明下列事实后，综合判断是否构成发包人"使用"案涉工程的情形：

1. 发包人是否已实际占有并控制工程，导致承包人不具备正常地继续施工或整改工程质量的现场条件；

2. 发包人占有控制未验收合格工程的背景原因，是其主动占有工程，还是其在承包人退场后被动占有控制工程；

3. 发包人占有工程后，是否已按照设计用途或功能加以利用，例如厂房已经安装生产设备开工、住宅已实际入住等；

4. 发包人是否长期性、持续性地占有使用，或仅仅是短时间临时使用；

5. 发包人的占有使用是否属于仅为便利后续施工之目的而使用的情形，例如将主体结构已验收合格的建筑物单体的部分区域作为项目施工管理人员临时办公场所等；

6. 发包人占有后是否进行了后续施工、整改或修复之后才使用或加以利用；

7. 发包人占有使用的范围是案涉工程的全部还是局部。

（三）仲裁庭判断是否属于"擅自使用"可关注的因素

若认定发包人已构成对案涉工程的全部或者部分"使用"，仲裁庭可关注以下事实，以判断发包人是否属于"擅自使用"：

1. 双方是否就允许发包人提前使用存在合意；

2. 是否存在承包人故意不配合、拖延导致无法办理竣工验收的情形，例如承包人扣留相关竣工资料，或者其他不当阻碍案涉工程竣工验收条件的成就等情形；

3. 是否存在发包人不当阻碍案涉工程竣工验收条件的成就等情形；

4. 是否存在发包人系基于公共利益的紧急需求而提前使用的情形，例如在疫情期间将尚未竣工验收工程用于隔离点等；

5. 是否存在相关行政主管部门同意使用的情形，例如为满足"保交楼"目标而指令发包人向购房人交付等；

6. 是否存在提前使用属于竣工验收前提或流程等特殊情形，例如依照

《公路工程竣（交）工验收办法实施细则》第 16 条规定竣工验收应在通车试运营 2 年后举行，部分含安装工程内容的施工合同特别约定试车、试运行作为竣工验收流程等；

7. 是否转移占有；

8. 是否存在发包人为避免难以弥补的重大损失而提前使用的合理减损情形，例如发包人订购的生产设备已按原定计划到货，若不及时安装将导致设备露天堆放导致损坏等。就此类情形，仲裁庭宜注意，发包人负有举证责任以证明其被迫采取提前使用案涉工程的合理性（如不提前使用案涉工程，将产生的可合理预见的损失是否达到重大且难以弥补的程度）。

二、关于质量缺陷部位是否属于"使用部分"的认定

仲裁庭的认定宜综合考虑案涉工程的以下因素：

1. 质量缺陷部位与"使用部分"在物理上可否显著区分；

2. 质量缺陷部位与"使用部分"在功能上可否显著区分；

3. 质量缺陷部位与"使用部分"的使用是否明显不具有因果关系。

三、关于"擅自使用"的处理

发包人擅自使用后，又以使用部分质量不符合约定为由主张有关权利的，仲裁庭若参照《新建设工程司法解释（一）》第 14 条的规定裁决不予支持的，宜综合考虑下列因素，审慎裁决。

（一）承包人是否就"擅自使用"的质量后果作出承诺

承包人明知或应知发包人将提前使用或者已经擅自使用案涉工程后，是否仍承诺工程质量不会因提前使用而不符合约定；或者就提前使用后发现的工程质量缺陷仍承担保修、返修责任。

（二）关注工程质量缺陷的成因

工程质量缺陷的成因可能有以下几种情形：

1. 工程质量缺陷是因发包人擅自使用且使用不当而导致；

2. 工程质量缺陷是因相关工序尚未完成而发包人提前使用导致；

3. 工程质量缺陷是因承包人施工中偷工减料、以次充好等故意行为导致；

4. 工程质量缺陷是因承包人未严格遵循施工规范等过失行为导致；

5. 工程质量缺陷是因与发包人、承包人无关的案外人原因导致，如设计错误导致等。

仲裁庭可根据工程质量缺陷与发包人擅自使用工程具体情况的因果关系，综合考量、判断发承包双方的过错程度和大小、比例，最终确定双方应承担的责任，以平衡双方利益，而不宜仅因发包人擅自提前使用未经验收合格的全部或者部分案涉工程而概括地、当然地认定承包人对全部工程质量缺陷免责。

（三）关注质量缺陷的严重程度

一般而言，质量缺陷依照其严重程度，可依次区分为不符合强制性质量标准、不符合非强制性质量标准、不符合双方合同特别约定等三种情形。鉴于建设工程质量，特别是强制性质量标准涉及公共利益和公众安全，仲裁庭宜根据不同的质量缺陷严重程度，作出不同的处理。如果工程质量不符合强制性质量标准，且该质量缺陷与发包人的提前使用明显不具有因果关系的情形，不宜一概免除承包人的工程质量责任。

（四）关注发包人主张权利的性质

发包人在擅自使用后，又以使用部分质量不符合约定为由主张权利的，仲裁庭在作出相应裁决时宜区分发包人主张的权利性质。

1. 发包人以部分或全部工程尚未竣工验收合格为由主张相应的付款条件不成就的，仲裁庭若认定发包人已构成"擅自使用"，可认定相应的工程付款条件视为已成就。

2. 发包人主张由承包人承担保修责任。工程保修责任是承包人依据《建筑法》和《建设工程质量管理条例》承担的法定责任，在法无明文规定的情况下，不宜仅因发包人提前使用而免除承包人的法定保修责任。若有证据证明相应质量缺陷是因发包人提前使用所致，仲裁庭可认定发包人自行承担相应的保修费用，或者相应减免承包人的保修责任。

3. 发包人主张由承包人承担保修期之后的修复责任。仲裁庭宜从保障建设工程质量安全和维护社会公共利益的角度出发，根据工程质量缺陷的严重程度、发包人擅自使用对有关工程质量缺陷的影响程度和双方对于工程质量缺陷的过错程度，区分情况认定承包人应否承担修复责任。若认定承包人须承担修复责任的，亦宜根据具体情况裁决承包人承担修复责任的方式及范围

（或者修复费用的金额）。

4. 发包人主张减少工程价款。仲裁庭可综合考量质量缺陷成因、双方过错程度，确定是否支持。例如，对于部分工程内容尚未施工，发包人即提前使用的，可视为发包人以行为变更发承包范围，取消承包人部分工作内容，仲裁庭可根据双方合同约定认定是否减少工程价款。工程存在承包人以低价或低等级的工程材料、构配件、设备等工程物资用于施工导致的工程质量缺陷，仲裁庭宜根据实际施工所用工程物资的相应价格和合同有关约定认定是否减少工程价款。

5. 发包人主张承包人赔偿因工程质量缺陷导致的损失。仲裁庭可视工程质量缺陷的严重程度、成因和责任方，以及所造成损失的严重程度和金额大小，综合考量确定是否支持及支持比例。若工程质量缺陷与发包人擅自使用行为无明显因果关系的，不宜仅因发包人擅自使用而全部免除承包人的赔偿责任。

【争议问题】

问题6　施工合同无效，承包人对已完工程如何承担质量责任

【问题界定】

依据《民法典》第793条的规定，发包人应就验收合格的工程参照合同关于工程价款的约定折价补偿承包人。通常承包人应承担因实际交付工程质量达不到合格工程或者工程保修期尚未届满时的工程质量责任（包括保修责任）。但是基于无效合同的自始无效，承包人不能通过继续履行原合同约定承担工程质量责任。

本争议问题是指，无效施工合同承包人就其获得的折价补偿款对应的实际施工工程如何承担工程质量责任。

【裁决指引性意见】

一、案涉施工合同无效，不应影响承包人对工程质量法定责任的承担

施工合同无效的后果，仅及于合同当事人约定的权利和义务不再具有约束力。建设工程施工承包人对于工程质量的法定义务和责任主要适用《建筑法》《建设工程质量管理条例》的有关规定（《建筑法》第58条、第62条、第74条、第75条以及《建设工程质量管理条例》第41条）。

二、根据等价有偿原则，无效施工合同承包人就其可获得折价补偿款的已施工工程应承担相应的质量责任

依据《民法典》第793条的规定，无效合同项下承包人就已经施工的工程应得的折价补偿标准通常参照合同关于工程价款的约定，系针对验收合格（合格标准包括法定工程质量标准和合同载明的高于法定标准的当事人约定质量标准）工程以及承包人适当履行了工程保修义务后的对价。若已经认定承包人实际施工的工程存在不符合法定标准或者约定标准的质量瑕疵，仲裁庭在参照合同价款约定计算折价补偿款时，发包人提出扣减工程价款进行折价补偿的主张或抗辩的，可裁决在折价补偿款中扣减消除质量瑕疵及完成工程保修所需的合理费用，参见《本指引》施工合同质量纠纷编【争议问题4】。

三、特殊情形下无效合同承包人承担工程质量责任的方式

（一）案涉工程未取得建设工程规划许可证等规划审批手续

案涉工程因未依法取得建设工程规划许可证等规划审批手续，导致施工合同被认定无效的，案涉工程属于违法建筑，按照《城乡规划法》之规定须责令停止建设，限期拆除。发包人主张或者承包人自认愿意承担修理、返工、改建、保修等义务的，鉴于承包人实施上述行为存在法律上的障碍，仲裁庭不宜支持，除非案涉工程的规划违法状态在案件裁决前已经消除。

但若该等工程中存在质量瑕疵，发包人要求减少工程价款的，仲裁庭仍可经审查作出相应裁决，具体可参见《本指引》施工合同质量纠纷编【争议问题4】。

（二）承包人不具有承担案涉工程质量缺陷整改、保修责任的能力

承包人存在下列情形的，仲裁庭可认定其不具有对质量瑕疵工程实施整改、保修的履行能力：

1. 承包人未取得施工案涉工程所需的建筑业企业资质。

2. 有证据表明承包人缺乏相应的工程质量缺陷整改、保修的技术能力、生产经营能力或者整改、保修意愿。

施工行为不适合强制履行，仲裁庭不宜裁决承包人以实施整改、保修行为的方式承担工程质量责任。发包人主张承包人以支付修复费用的方式替代履行的，仲裁庭可予以支持。

（三）案涉工程质量缺陷已无法修复

发包人请求裁决承包人以实施修理、返工、改建或保修等行为或者承担维修费用的方式承担工程质量责任的，仲裁庭应首先查明案涉工程存在的质量问题是否为无法修复的，若已确认案涉工程质量问题无法或难以修复的，且在双方当事人就工程质量问题及修复可能性充分发表意见后，当事人仍坚持原仲裁请求不变的，仲裁庭可不予支持。

对于质量缺陷无法修复的工程，承包人依法无权要求参照合同关于工程价款的约定得到折价补偿，相关损失可依照《民法典》第157条、第792条之规定，依照各自的过错责任自行承担或赔偿对方。

（四）发包人要求承包人参照合同约定承担工程质量责任

合同无效后，合同内质量责任相关约定均不再对双方具有拘束力。但若仲裁庭因此一概免除承包人合同约定的工程质量责任，可能会造成当事人权利义务明显失衡。仲裁庭可根据查明的合同无效原因及责任方，以及合同无效原因与工程质量缺陷之间是否存在因果关系，并根据不同的原因、责任方和前述因果关系的程度，就超出承包人法定工程质量责任范围的合同约定的工程质量责任作出认定处理。

若合同因归责于承包人的原因无效，对于合同中约定的工程质量缺陷违约金、长于法定期限的约定保修期，仲裁庭均可在确定承包人应赔偿发包人的损失计算方式、计算金额时，作为相应的参考因素。

四、合同约定质保金的处理

理论上，施工合同无效后，合同关于质保金的约定亦归于无效。但是，承包人对于无效合同项下已实际完工并获得相应折价补偿的案涉工程仍应承担法定的质量保证责任和瑕疵担保责任。质保金作为对工程质量的金钱担保，并非可基于合同无效一概豁免承包人的此项担保责任。特别是，承包人系合同无效责任人的，豁免其预留保修金的担保责任可能导致承包人因自身不法行为而获利。仲裁庭宜查明并考虑以下情况，根据具体案情区别处理：

1. 合同无效的原因及责任方。如合同无效可归责于承包人的，合同无效后扣留质保金的比例和期限可参照合同约定；如合同无效不可归责于承包人的，可视情形决定适当减少质保金扣留比例和扣留期限。

2. 合同约定的质保金扣留比例、扣留期限（即缺陷责任期）是否符合建设行政主管部门的文件规定。按照《建设工程质量保证金管理办法》第 2 条第 3 款规定，缺陷责任期一般为 1 年，最长不超过 2 年。第 7 条规定，保证金总预留比例不得高于工程价款结算总额的 3%。仲裁庭决定调整扣留质保金的比例和期限的，根据具体案情和当事人举证，判断是否参考《建设工程质量保证金管理办法》作为裁决依据。

3. 承包人已完工程的验收情况、验收结果及可能存在的质量缺陷的严重程度。对于已有证据证明已完工程存在严重质量隐患的，若工程系经过多次修复方验收合格，工程在验收合格的同时遗留大量需整改项目等，仲裁庭宜根据实际情况酌定扣留质保金的比例和期限。

【争议问题】

| 问题 7 | 竣工验收前施工合同已解除，当事人主张以施工过程验收合格文件确认已完工程质量合格的，如何处理 |

【问题界定】

依据《民法典》第 806 条的规定，施工合同解除后，承包人要求结算并支付工程款应以已完工程质量合格为前提。双方当事人常因如下事项发生争议：施工过程中形成的过程验收合格文件是否足以证明已完工程质量合格；发包人就已完工程质量申请鉴定，应否准许。

本争议问题【裁决指引性意见】对仲裁庭如何处理施工过程验收结果与已完工程整体质量的关系作出指引。

本争议问题【裁决指引性意见】亦可参照适用于以下情形：对于竣工验收前合同被认定无效后，当事人主张以施工过程验收合格文件确认已完工程质量合格的处理。

【裁决指引性意见】

一、仲裁庭需要关注的事实和证据

1. 案涉工程的类型以及相应的施工质量验收标准、规范。对于普通房屋建筑工程、市政工程，一般均可适用《建筑工程施工质量验收统一标准》（GB 50300—2013）和《建筑与市政工程施工质量控制通用规范》（GB 55032—2022）。

2. 案涉合同就施工过程验收程序有无特别约定。

3. 施工过程中是否曾进行过分部、分项验收等过程验收。

4. 当事人提交的过程验收文件是否真实、有效，是否代表参与各方当事人的真实意思表示。

5. 当事人提交的过程验收文件的制作时间是否符合相应技术标准和规范（例如，对于隐蔽工程的过程验收不得在隐蔽工程被覆盖后补充制作）。

6. 过程验收文件中列明的整改事项的整改情况及整改结果。

7. 在提起仲裁前，当事人有无就工程施工质量提出异议或主张权利；提出过异议的，异议的处理情况如何。

8. 当事人主张的已完工程质量缺陷的性质及严重程度。

9. 当事人有无就已完工程质量不合格提供初步证据，初步证据是否足以证明已完工程存在质量不合格的可能性。

二、仲裁庭需要关注的法律问题

（一）关注举证责任的承担及举证责任的转移

1.原则上，承包人应就已完工程质量合格承担举证责任。对于承包人提交的过程验收合格文件，仲裁庭可重点关注是否存在导致过程验收文件效力瑕疵的情况。

（1）施工过程质量验收文件的形式、签署人员等是否符合施工质量验收标准、规范。例如，就建筑工程而言，按照《质量验收统一标准》规定，在工程竣工验收之前，施工过程中应依序进行检验批、分项工程、分部工程、单位工程质量验收。检验批、分项工程、分部工程应由专业监理工程师或总监理工程师组织，由施工单位不同层级人员参加，重要的分部工程需有勘察、设计单位项目负责人参加，单位工程验收则应由建设单位组织并参加。若过程验收中应参加人员未参加、未签署，则该等过程验收文件不具有相应的证明力。

（2）过程验收文件是否完整齐全，是否可以对应全部已完工程范围，是否已按照施工质量验收标准、规范完成全部应完成的过程质量验收。

（3）过程验收文件是否随着施工进度同步形成，是否存在隐蔽工程在隐蔽前未验收，事后补签验收记录等不符合规范等情况。

（4）过程验收文件是否符合双方合同对过程验收程序的特别约定，例如发包人代表必须参与隐蔽工程验收等。

2.承包人提交完整、有效的过程验收文件后，发包人仍有异议的，举证责任应相应转移，由发包人就已完工程质量不合格承担举证责任。

（1）发包人主张过程验收文件不是参与主体的真实意思表示，存在冒充签名、伪造公章等情形的，应由发包人就此举证或就签名、印章的真实性进行鉴定。

（2）发包人主张虽有过程验收文件，但已完工程实体质量不合格，申请进行鉴定的处理，参见《本指引》施工合同质量纠纷编【争议问题14】。

（二）关注不同仲裁请求下过程验收文件的证明力差异

承包人请求结算、支付已完工程价款，发包人未就工程质量缺陷提出反请求，仅主张工程未经验收因而结算支付条件未成就的，仲裁庭在审理及裁决中无须涉及已完工程实体是否存在质量缺陷的判断，完整有效的过程验收文件一般可以作为认定已完工程质量合格、具备结算支付条件的依据。过程验收文件不完整的，仲裁庭一般不宜认定已完工程质量合格。

发包人就已完工程质量提出反请求，要求承包人承担返修、减价、支付违约金等主张的，仲裁庭需查明已完工程实体是否存在质量缺陷、缺陷成因及责任方等事项，承包人仅提供过程验收合格文件的，一般尚不足以证明已完工程实体不存在质量缺陷。

（三）关注合同解除的原因及责任方

一般而言，除因不可抗力而解除合同外，合同解除均因一方存在违约行为而导致。即使系双方协商一致解除合同，亦宜关注合同解除的原因及责任方。

【争议问题】

问题 8 竣工验收前施工合同已解除，已完工程质量保修期及缺陷责任期起算日的认定

【问题界定】

竣工验收前施工合同已解除的，一般情况下承包人仍应按照《建筑法》《建设工程质量管理条例》之规定，在合同解除后继续承担对已完工程质量的法定保修义务，故仍应计算相应的质量保修期及缺陷责任期。

工程质量保修期及缺陷责任期起算日的认定，关乎承包人工程保修责任的届满时间及工程质量保证金的返还时间的认定。

【裁决指引性意见】

一、关注双方当事人有无关于承包人工程质量保修责任、保修期、缺陷责任期的相关约定以及约定的有效性

若双方当事人约定的承包人承担的工程质量保修责任轻于承包人法定工程质量保修责任的，该约定在民商事合同项下不宜被认定为当然无效。

二、关注已完工程质量被确认合格或者视为发包人接受工程质量现状的时间

在不存在相反证据的情形下，发包人确认已完工程质量合格的时间点，或者已完工程经技术标准、规范规定和当事人约定的各过程检验、验收（主要指检验批检验、分部工程验收、分项工程验收）合格的日期，通常可以作为已完工程质量保修期及缺陷责任期的起算日。合同解除前，如不存在发包人擅自提前使用的情形，已完工程已经移交发包人，且发包人未在约定的或者合理的验收时限内依照验收标准提出已完工程质量达不到验收合格标准异议的，工程移交发包人的日期通常可视为自该日起发包人接受工程质量现状，该日可认定为已完工程质量保修期及缺陷责任期的起算日。发包人擅自提前使用工程的，除非当事人另有约定，发包人擅自使用日期通常可视为已完工程被擅自使用的部分的质量保修期及缺陷责任期的起算日。

上述已完工程质量被发包人确认或者视为发包人接受工程质量现状的日期过分晚于合同解除日期的，仲裁庭宜查明相应原因及责任方，并在裁决认定已完工程质量保修期及缺陷责任期起算日时，考虑由上述责任方承担相应的不利后果。

三、关注后续工程施工工期对认定事项的影响

仲裁庭如认定质量保修期及缺陷责任期应待后续工程施工完毕后、自工程整体竣工验收后起算的，可适当关注合同解除后剩余工程量的合理工期，该等合理工期可由仲裁庭根据原合同的工期约定及合同解除后的剩余工程量斟酌确定。若后续实际施工工期超出合理工期，则可适当调整合同解除前已完工程质量保修期及缺陷责任期的起算日。

四、关注合同的解除原因及责任方对认定事项的影响

仲裁庭认定已完工程质量保修期及缺陷责任期的起算日时，宜关注合同的解除原因及责任方，避免让合同解除的主要过错责任方在合同解除后获得比合同解除前更大的利益。承包人为合同解除主要责任人的，仲裁庭认定的已完工程的质量保修期及缺陷责任期起算日，通常不宜早于根据案涉合同约定的总工期（考虑合同解除前的工期合理顺延天数）计算的工程整体竣工验收合格之日。仲裁庭参照案涉工程经后续承包人接续施工而竣工验收合格之日，并据此酌定本案当事人已完工程的质量保修期及缺陷责任期起算日时，可适当考虑发包人完成替换承包人程序的合理时限以及后续承包人继续施工的合理工期。发包人为合同解除主要责任人的，仲裁庭认定的已完工程的质量保修期及缺陷责任期起算日，通常不宜晚于根据案涉合同约定的总工期（考虑合同解除前的工期合理顺延天数）计算的工程整体竣工验收合格之日。

五、关注是否存在无须认定工程质保期和缺陷责任期起算日期的特殊情况

此类特殊情形主要包括：

1. 当事人已就承包人在合同解除后的工程保修、保修金结算事宜达成有效合意。

2. 案涉工程因故（例如案涉工程范围内的征收拆迁、规划变更等原因）永久性不再继续施工或者案涉已完工程需要被拆除。

案涉争议仅涉及案涉已完工程部分内容的，仲裁庭就不属于上述特殊情形的其余已完工程仍应认定质量保修期及缺陷责任期的起算日。

【争议问题】

问题 9　建设工程质量达到法定标准但不符合约定标准，发包人请求承包人予以修复的，如何处理

【问题界定】

　　本争议问题中的"法定标准"，是指根据适用于案涉工程质量检验、验收和评价的国家标准（包括强制性标准和推荐性标准），或虽国家标准尚未规定但为提供满足保障人身健康和生命财产安全、生态环境安全以及其他社会公共利益需要的技术要求而颁行的行业标准、地方标准。

　　本争议问题中的"约定标准"，是指合同约定的比法定标准中的质量指标更严格的相应质量指标或法定标准中未规定的质量指标，或合同中虽未明确具体指标但为实现案涉合同明示的或者承包人在订立合同时已经知悉或者应当知悉的案涉工程特殊功能、用途或目的所必须符合的质量要求。

【裁决指引性意见】

一、仲裁庭应查明的事实

　　（一）承包人对不符合约定标准的工程质量缺陷的修复在法律上或者事实上是否具备可行性

　　1. 承包人是否具备实施修复工程所必需的专项资质；

　　2. 承包人是否具备实施修复工程所必需的专业技术能力；

　　3. 按照正常施工程序可以达到，但是以现有行业成熟稳定的技术水平通过修复能否达到约定质量标准；

　　4. 承包人是否拒绝修复。

（二）承包人履行修复义务的费用是否过高

仲裁庭宜综合考虑下列情形：

1. 达到合同约定的工程质量要求所必需的修复费用金额；

2. 接受并使用未修复的质量瑕疵工程导致的发包人利益损失金额。

（三）发包人是否在约定的或者合理的期限内提出质量异议并要求承包人修复

仲裁庭宜查明或认定下列事实或者事项：

1. 发包人知晓或者应当知晓质量缺陷的时间；

2. 发包人向承包人提出质量异议并要求其修复的时间；

3. 当事人约定的发包人质量异议期限，或者仲裁庭认定的发包人提出质量异议的合理期限。

二、仲裁庭应关注的法律问题

1. 对于建设工程达到法定标准但不符合约定标准的质量缺陷，发包人请求承包人予以修复的，不属于后文例外情形的，通常应适用《民法典》第801条的规定，裁决支持发包人的上述请求。

2. 具有下列例外情形的，仲裁庭可适用《民法典》第580条的规定，对于发包人的修复请求不予支持：

（1）法律上或事实上不能履行。

（2）债务的标的不适于强制履行或强制履行费用过高。

（3）债权人在合理期限内未请求履行。

（三）仲裁庭宜考量的其他事项

如存在不可请求承包人强制履行修复义务的例外情形，发包人仍可就此要求承包人承担赔偿损失、减少工程价款、支付修复费用、支付违约金等违约责任。根据具体案情和当事人举证，为减少双方讼累，仲裁庭宜根据发包人是否变更相关仲裁请求的不同情形作出相应裁决。

【争议问题】

| 问题 10 | 承包人已通过工程价款减价方式承担工程质量责任后，发包人主张承包人继续承担保修责任的处理 |

【裁决指引性意见】

一、仲裁庭应关注双方就承包人保修责任的承担达成的合意

双方已就承包人是否仍应履行保修责任、履行保修责任的范围和期限、是否豁免特定部位或特定质量问题的保修责任等达成合意的，仲裁庭一般宜尊重双方的意思自治，除非仲裁庭认定相关合意存在依法应认定无效的情形。

二、双方未就承包人后续保修责任的承担作出明确约定的，就承包人是否仍应承担保修责任的认定，仲裁庭可关注和审查的事项

（一）减价方案的形成过程

1.减价金额的形成原因和依据。

仲裁庭可关注减价金额的计取标准、计取范围以及所针对的质量瑕疵，以判断约定的减价金额是否包含了或者是否隐含了免除承包人就工程质量的全部或者某一具体问题承担保修责任的意思表示。例如，承包人擅自替换防水涂料的品牌，在确认该防水涂料为合格产品的前提下，双方同意按两种品牌材料之间的差价作为减价金额，则承包人仅就防水涂料不符合指定品牌这一质量缺陷以减价方式承担了责任，若在保修期内发生涉及该防水涂料的渗漏水问题，承包人仍应承担保修责任。但若双方同意扣除特定部位防水涂料所涉及的材料、人工、机械、税费等全部价款，则双方系按该部位未施工防水涂料进行结算，承包人可不再就该部位因防水涂料导致的渗漏水问题承担保修责任。

2.减价方案的形成时间。

仲裁庭可关注减价方案形成于竣工验收合格之前或之后。通常情况下，若减价方案形成于竣工验收合格之前，则可视为双方对工程质量标准和工程

结算原则约定的变更，在双方无特别约定的情况下，不影响发包人要求承包人依据合同约定承担保修责任；若减价方案形成于竣工验收合格之后，系发包人在保修期内发现质量缺陷并提出减价要求，则可能涉及承包人保修责任的免除。

3. 减价方案涉及的其他因素。

仲裁庭可关注双方在减价方案中有无涉及质量缺陷的修复方案、修复费用等因素。若减价金额中已考虑了修复费用的，应判断该方案是否实质上已约定发包人另行委托维修从而免除承包人的保修责任。

（二）仲裁庭宜考量的其他事项

在民事法律关系范畴内，发包人可以放弃要求承包人承担保修责任的权利，或者豁免承包人的义务，承包人因此可以不再承担保修责任。

仲裁庭宜综合案涉证据，审查是否存在发包人以明示或默示的方式放弃权利或豁免承包人义务的情形，并可进一步审查是否存在足够理由可推定发包人已放弃权利或豁免承包人义务的情形，据此就承包人是否应继续承担保修义务作出判断。在无法律行政法规明文规定或当事人特别约定的情况下，仲裁庭应慎重推定当事人放弃权利或豁免相对方义务。

【争议问题】

问题 11 发包人自行或委托他人替代承包人履行工程维修义务后，承包人就替代维修范围内工程是否继续承担保修责任

【问题界定】

在仲裁案件当事人约定工程保修期内和承包人依法依约应当承担保修责任的范围内，承包人因故未履行保修义务，而由发包人自行或委托他人替代承包人完成相应工程维修工作后，就该替代维修范围内工程在当事人原约定的工程保修期内发生的质量问题，承包人是否仍应继续承担保修责任，仲裁实务中存在争议。

【裁决指引性意见】

一、仲裁庭应查明的事实和认定的事项

（一）发包人自行或委托他人替代承包人履行工程保修义务的背景和原因

1. 发包人发现并通知工程质量问题的时间，以及案涉工程是否已经竣工验收，以判别工程质量问题是属于承包人施工过程中的质量整改，还是可能属于承包人保修义务。

2. 工程质量维修可能属于承包人保修义务的，当事人约定的案涉工程保修期及其起算日期确定规则。

3. 案涉工程竣工验收合格或者当事人约定的案涉工程保修期起算日期确定条件成就日期，并据此认定涉案工程保修期的起算日期和届满日期。

4. 涉案工程发生质量问题的部位及时间。

5. 发包人是否已通知承包人就质量问题履行维修义务。

6. 发包人是否告知承包人其自行委托他人进行工程保修并告知产生的费用。

7. 承包人是否在约定或者合理期限内履行维修义务完毕。已经维修完毕的，维修质量是否经过发包人确认，或者发包人是否及时提出过对维修质量的异议。

8. 承包人未在约定或者合理期限内完成维修工作的，承包人是否提出过不属于其维修义务内容的抗辩，以及承包人提出抗辩的时间。

9. 发包人与承包人是否就替代维修事项达成过任何合意。

（二）实施替代维修的具体事实

仲裁庭可通过审查维修合同、维修方案、维修工程施工记录、维修工程验收记录、维修费用支付凭证等，查明以下事实：

1. 涉案工程替代维修的施工方。

2. 替代维修的施工方案，以及是否属于紧急情形下的临时性应急维修。

3. 替代维修的施工过程及验收情况。

4.发包人与替代维修施工方有无约定由替代维修施工方承担维修范围内的后续保修义务。

5.替代维修费用的金额及支付情况。

（三）替代维修后产生质量问题的具体事实

仲裁庭可通过审查双方证据或委托鉴定，查明以下事实：

1.涉案工程在替代维修后再次出现质量问题的部位及时间。

2.再次出现质量问题的技术成因及责任方。

二、仲裁庭应关注的法律问题

（一）判定发生替代维修的合理性的法律适用

依据《民法典》第801条及第781条的规定，无论是在施工过程中还是在竣工验收后的保修期限内，承包人均应就工程所发生的质量问题承担维修义务。若承包人怠于履行维修义务，则发包人可依据《民法典》第581条的规定，自行或委托第三人替代履行。但是，依据《民法典》第582条和第781条的规定，发包人应在修理、重作、减少报酬、赔偿损失等违约责任中合理选择，《民法典》第801条作为建设工程合同施工人质量责任的特别规定，应优先适用。故在无其他合理理由的前提下，发包人应优先通知承包人履行维修责任。承包人未按发包人通知及时开展维修施工或在合理期限内未维修完毕或维修后的工程质量仍不符合约定或法定要求的，发包人应有权选择自行或委托他人替代承包人履行维修义务。

反之，若发包人没有合理理由，未通知承包人即自行或委托他人开展维修，可能无法被认定为"合理选择"，仲裁庭可进一步审查替代维修方案、维修过程、维修结果等是否存在过度维修、超范围维修，维修方案及金额是否合理等情形，判断承包人是否因此被加重保修责任，决定是否需要对承包人保修责任的承担范围、承担方式、承担期限进行调整。若发包人有合理理由选择替代维修方式解决质量问题，则原则上不应就此加重发包人的责任。例如，发承包双方已就发包人采取替代维修措施达成一致意见、工程质量问题的性质及发生部位使得发包人必须立即采取临时性或紧急维修措施以减少损失、承包人就同一部位多次维修仍发生质量问题等，均可构成发包人采取替代维修措施的合理理由。

（二）关注替代维修施工费用的包含范围以及承担方

发包人委托他人进行替代维修的，仲裁庭可关注双方为此签署的维修合同中是否就维修范围内工程的后续保修责任作出约定。若维修合同约定由维修施工方承担维修工程的后续保修责任，则该合同项下的维修施工费中应视为已包含相应的后续保修费用。承包人已经实际承担或发包人要求承包人另行承担该维修费用的，承包人已通过承担维修费用的方式替代履行了剩余保修期内的保修义务。

（三）关注替代维修后的工程质量问题的技术成因及与替代维修的关系

依据《民法典》第 801 条的规定，承包人仅对因其原因导致的工程质量问题承担维修责任。工程替代维修后在维修范围内继续发生工程质量问题，既可能是替代维修未完全解决承包人遗留的施工质量问题，也可能是因替代维修方案不妥或施工不当，引发的新的工程质量问题。原则上，仲裁庭应查明涉案的工程质量问题是否全部或部分由承包人原因导致，并据此判断承包人应否继续承担保修责任。仲裁庭宜特别关注替代维修施工的具体方案，是针对施工缺陷的一般性修补，还是针对特定部位的返工（拆除重作）或者改建（改变原设计方案）。一般而言，一般性的修补工作并不能保障工程质量问题不再发生，在维修范围内再次发生工程质量问题仍可能与承包人过错有关；若已委托第三方进行返工或者改建，则在维修范围内再次发生质量问题一般与承包人无关。

（四）关注双方有无就替代维修后关于保修责任的特别约定

若双方当事人就发包人采取替代维修措施后维修部位的保修责任有特别约定的，则仲裁庭通常应尊重当事人之间的约定。

三、仲裁庭宜考量的其他事项

1. 质量问题的技术成因及责任方判定，涉及工程技术的专门性问题，仲裁庭可以引导当事人提出鉴定申请，委托鉴定机构予以查明。若有必要，仲裁庭也可以要求双方各自聘请相关技术专家出庭，各自阐述观点、理由甚至进行对质，尽可能查明质量问题的技术成因及责任方。

2. 一般而言，承包人交付符合约定质量标准的工程是承包人在施工合同项下的主要义务，依照通说观点采用严格责任的归责原则。若发包人已举证证明工程存在质量问题，应由承包人对该质量问题非由承包人原因导致承担举证责任。若最终无法查明质量问题的技术成因及责任方，仲裁庭可根据举证责任分配决定责任承担方。

【争议问题】

问题12　质量保修期届满后，承包人是否仍应继续承担工程质量责任

【问题界定】

本争议问题中"质量保修期届满"，是指案涉工程中除地基基础和主体结构以外的部位工程质量相应保修期届满。

【裁决指引性意见】

一、仲裁庭应关注的事实和证据

仲裁庭应审查工程竣工验收文件、施工合同、设计文件等证据，查明以下事实：

1. 工程的法定质量保修期限和约定质量保修期限；

2. 工程相应部位质量保修期的起止日期；

3. 涉案工程质量问题所属部位及相对应的质量保修期；

4. 涉案工程及质量问题所属部位在设计文件中标注的设计工作年限；

5. 发包人发现或者应当发现工程质量问题的时间；

6. 发包人首次要求承包人承担工程质量责任的时间；

7. 工程质量问题的技术成因及责任方；

8. 工程质量问题是否危及公共安全或公共利益。

二、仲裁庭应关注的法律问题

（一）关注质量保修期限的认定标准

《建设工程质量管理条例》第40条规定了建设工程各部位的最低保修期限。双方合同另有约定的，仲裁庭应关注约定保修期限是否低于法定最低保修期限。约定保修期限低于《建设工程质量管理条例》规定期限的，仲裁庭通常宜认定以《建设工程质量管理条例》规定的最低保修期限为准。发包人签订合同时明知或者依照发包人对建设工程行业的一般认知应知法定保修期限，仍约定低于法定最低保修期限的保修期限的，亦可视为发包人自主减免承包人部分期限内的保修责任。

（二）为判别发包人主张质量保修期届满后承包人应承担工程质量责任的合理性，仲裁庭可查明的事实或关注的事项

1. 发包人是否已在质量保修期内就涉案的工程质量问题通知承包人，要求承包人予以维修解决。

2. 就涉案的工程质量问题，依照常理发包人是否应当在质量保修期内可以发现。

3. 案涉工程质量问题是否危及工程使用者的人身安全、公共安全、重大财产安全。

4. 案涉工程质量问题是否属于承包人在竣工验收之前知道或者应当知道的不符合约定的质量问题。若查明案涉工程质量问题是因承包人偷工减料、以次充好、不按设计图纸施工等故意行为所致，仲裁庭应认定为承包人在竣工验收之前知道或者应当知道其交付的工程不符合约定的质量标准。承包人以欺诈、胁迫、贿赂等不正当手段获得工程质量竣工验收合格文件的，仲裁庭可推定承包人在竣工验收之前知道或者应当知道其交付的工程不符合约定的质量标准。

（三）关注是否可适用《民法典》第802条规定

依据《民法典》第802条规定，因承包人的原因致使建设工程在合理使用期限内造成人身损害和财产损失的，承包人应当承担赔偿责任。

仲裁庭在考量案件是否适用该规定时，可关注以下问题：

1. 工程质量问题是否系因承包人的原因导致，是否存在使用不当等不可

归责于承包人的原因。

2. 工程质量问题是否发生在建设工程的合理使用期限内。合理使用期限并不等同于质量保修期限，前者一般指建设工程的设计使用年限，具体应根据各类建设工程的不同情况，例如建筑物结构、使用功能、所处的自然环境等因素，参照建设行政主管部门制定的标准进行认定。必要时，仲裁庭可以咨询相关建设行政主管部门或技术部门意见并作为裁决参考。

3. 工程质量问题是否导致了人身损害和财产损失。受损害方不仅包括发包人，也包括建设工程的最终用户以及其他人。损害损失范围应包括因工程质量问题所导致的全部人身损害和财产损失，包括为解决工程质量问题所必需的维修费用。

（四）关注是否存在适用《民法典》第 621 条第 3 款的情形

在《民法典》买卖合同章中，第 621 条为买受人的检验异议通知义务，其中第 1 款和第 2 款分别规定了合同约定检验期限和合同未约定检验期限情形下，买受人提出异议的通知期限；第 3 款规定，出卖人知道或者应当知道提供的标的物不符合约定的，买受人不受前两款规定的通知时间的限制。《民法典》第 646 条又规定，对于法律没有规定的事项，其他有偿合同参照适用买卖合同的相关规定；而《民法典》建设工程合同章及《建筑法》未对发包人提出质量异议的期限及逾期提出异议的法律后果作出特别规定，故一般情况下该条规定亦可在建设工程合同纠纷中参照适用。

若认定承包人在竣工验收之前知道或者应当知道其交付的工程不符合约定的质量标准，仲裁庭可适用《民法典》第 621 条第 3 款规定，裁决保修期届满后承包人仍应就其事先知道或者应当知道的不符合约定质量标准的工程部位承担相应的工程质量责任。

（五）关注是否存在如下可减轻或免除承包人工程质量责任的情形

1. 工程质量问题全部或部分是由于不可归责于承包人的设计错误、勘察错误等原因导致。

2. 工程质量问题全部或部分是由于发包人过错责任导致。

3. 工程质量问题全部或部分是由于建设工程使用者的使用不当原因导致。

4. 发包人在保修期内已发现或应当发现工程质量问题，但未在保修期内通知承包人。

5.虽然整体建设工程尚在合理使用期限内，但工程特定部位已超过该部位的合理使用期限，工程使用者未尽合理维护责任。

【争议问题】

问题 13 保修期内承包人的保修责任承担方式争议的处理

【问题界定】

本争议问题中"承包人的保修责任承担方式争议"是指，对于保修期限内案涉工程发生的属于承包人保修责任范围的工程质量问题，发包人主张承包人应赔偿修复费用，然而承包人抗辩其自行维修，由此导致的承包人保修责任承担方式的相关争议。

【裁决指引性意见】

一、仲裁庭应查明下列事实

1.发包人是否在约定或规定的保修期限内，就案涉争议工程质量问题的存在通知了承包人。

关于保修期、承包人保修责任范围的查明以及保修期届满后工程保修争议的处理，可参见《本指引》施工合同质量纠纷编【争议问题 12】。

2.当事人对于承包人保修责任承担方式及承包人保修违约责任有无特别约定。

二、仲裁庭应关注的法律适用问题

1.《民法典》第 621 条第 1 款和第 2 款的适用。

《民法典》第 621 条第 1 款和第 2 款规定了买受人的异议通知义务。依据《民法典》第 646 条的规定，在建设工程合同法律没有特别规定时，《民法典》

第621条第1款和第2款可参照适用于建设工程合同。

建设工程合同项下的保修期，属于《民法典》第621条第2款规定的"检验期限"和"标的物的质量保证期"。

依据《民法典》第621条第1款和第2款的规定，发包人应当在保修期内将存在建设工程出现质量问题的情况通知承包人，若发包人怠于通知，可视为工程质量符合约定，承包人无须承担保修责任。

2. 当事人对于承包人保修责任承担方式及承包人保修违约责任有特别约定时，应适用《民法典》有关合同效力的规定，判别此类特别约定的法律效力。除非存在法定无效情形，通常应按当事人约定处理案涉争议。

3. 当事人对于承包人保修责任承担方式及承包人保修违约责任无特别约定时，宜首先适用《民法典》第510条和第511条的规定，进行合同漏洞填补。双方不能达成补充协议的，仲裁庭可关注是否可按照合同相关条款或交易习惯确定保修责任承担方式。若仍不能确定的，可依照《民法典》第511条第5项之规定，由仲裁庭按照有利于实现合同目的之原则确定保修责任承担方式。通过以上法律适用仍不能认定承包人保修责任承担方式的，仲裁庭可适用《民法典》第582条和第781条的规定，对发包人选择请求承包人赔偿维修费用作为后者保修责任的承担方式的合理性进行分析。实务中，存在下列情形的可视为发包人的主张具有合理性：

（1）承包人明示拒绝维修；

（2）承包人未在合理期限内开始或完成维修施工；

（3）承包人多次维修仍未解决质量问题；

（4）承包人不具有修复工程所必需的施工资质或施工技术能力，由承包人实施维修施工存在法律上或事实上的障碍；

（5）案涉工程质量问题的严重性以及承包人在案涉合同的违约程度及纠正相应违约的情况已足以使得发包人对承包人自行履行维修义务失去信任；

（6）工程质量问题的性质及发生部位使得发包人必须立即采取临时性或紧急维修措施以减少损失，而发包人有合理理由认为承包人自行维修不能满足应急减损需要；

（7）由于建设工程性质为保密工程或者其他合理理由，承包人已不具备进入现场维修的资格或条件。

【争议问题】

| 问题 14 | 发包人就已出具竣工验收合格文件的建设工程申请工程质量鉴定的处理 |

【问题界定】

本争议问题是针对如下情形的处理：发包人否认已有的竣工验收合格文件的有效性，且对案涉工程质量提出异议，并在仲裁程序中提出工程质量鉴定申请。

本争议问题中"竣工验收合格文件"，包括建设单位、监理单位、施工单位、设计单位、勘察单位等五方共同签署的、记载建设工程综合验收结论为合格的《单位工程质量竣工验收记录表》、案涉工程所在地建设行政主管部门或者依法具有社会管理职能的其他机构出具的《建设工程竣工验收备案证明》《建设工程综合竣工验收合格通知书》等竣工验收合格文件。

【裁决指引性意见】

一、关于竣工验收合格文件的证明力

依据《建设工程质量管理条例》第 16 条的规定，工程竣工验收由建设单位组织勘察、设计、施工、监理等有关单位进行。实践中，竣工验收合格文件一般表现为建设单位、监理单位、施工单位、设计单位、勘察单位等各方共同签署《单位工程质量竣工验收记录表》，记载建设工程综合验收结论为合格。该等竣工验收文件出具后，即代表包括发包人在内的参建各方均已认可建设工程竣工验收合格，是建设行政主管部门据以办理工程竣工备案手续的核心材料。

而相关行政主管部门或者依法具有相应社会管理职能的其他机构出具的《建设工程竣工验收备案证明》《建设工程综合竣工验收合格通知书》等竣工验

收合格文件，系国家机关或者其他依法具有相应社会管理职能的组织，在其职权范围内制作的文书，参照《民事诉讼法解释》第114条的规定，可推定文书中所记载的事项为真实，具有高于一般书证的实质证明力。

当事人已提交上述竣工验收合格文件且经查明文件真实有效的，除非存在特别例外的事实和充分合理的理由，仲裁庭通常应据此认定建设工程已竣工验收合格，不宜仅因发包人对工程质量提出异议和举证案涉工程存在一定的质量瑕疵即否定其效力或证明力。

二、发包人否认竣工验收合格文件效力的处理

对于发包人否认既有竣工验收合格文件效力的举证，仲裁庭应审慎判别下列事项：

1.若发包人否认其在竣工验收合格文件上签名、盖章的真实性，可引导其就此提出鉴定申请，查明该等签名、盖章的真实性。

2.既有证据能否足以证明《单位工程质量竣工验收记录表》上建设单位、监理单位、设计单位、勘察单位的签名或签章系伪造；或者签字人是否明显不具有代表相关主体进行签字授权的权限，且无可归责于发包人的过错或过失。仲裁庭可参考《本指引》施工合同价款纠纷编【争议问题3】"如何认定签证的效力"进行处理。

3.如发包人以承包人欺诈、胁迫等不法方式致使发包人违背真实意愿签署竣工验收合格文件为由，否认其在竣工验收合格文件上签字效力的，仲裁庭应从严审查既有证据，判别其是否足以证明存在承包人实施上述不法行为的事实。

4.既有证据能否足以证明竣工验收合格文件中由建设行政主管部门或者依法具有相应社会管理职能的其他机构出具的《建设工程竣工验收备案证明》《建设工程综合竣工验收合格通知书》等公文书证系伪造、变造的，或者能否足以证明工程的实际质量状况是否与公文书证记载内容明显不符；不足以证明的，仲裁庭仍宜推定公文书证记载的事项为真实。

若经审理查明，《单位工程质量竣工验收记录表》不具有法律效力，或者工程的实际质量状况与公文书证记载内容明显不符的，仲裁庭亦不应在裁决文书中据此径行作出否定上述公文书证法律效力的表述。法理上，上述公文

书证法律效力的否定应通过当事人向有权机关（行政机关、公文出具机关、人民法院等非仲裁机构）提出撤销公文申请或者出具该公文的机关自行撤销该公文等非仲裁方式处理，仲裁庭无权对公文的法律效力作出评价。

3. 若发包人主张签名、盖章虽为真实，但未经单位授权或审批，对发包人不具有约束力的，仲裁庭可要求发包人进一步说明该等签名、盖章的形成过程并提交相应证据。若发包人的举证不足以证明签名、盖章过程中存在严重违法违规行为且可归责于承包人的，一般应由发包人自行承担管理不善的后果，仲裁庭不宜轻易认定该等文件无效。

三、严格审查发包人就工程质量异议提交的初步证据

承包人提交工程竣工验收合格文件且查证其真实性后，仲裁庭可认定承包人已就工程质量合格完成举证责任；发包人主张工程质量不符合约定的，举证责任应转移至发包人承担。发包人申请工程质量鉴定固然是举证方式之一，但为防止发包人违背诚信原则，随意否定在先言词，恶意拖延仲裁程序损害承包人利益，仲裁庭应严格审查发包人就工程质量异议提交的初步证据。若初步证据不能让仲裁庭形成"工程确有可能存在严重质量问题"的心证，仲裁庭宜不予准许发包人的工程质量鉴定申请。

四、关注发包人质量鉴定申请与仲裁请求的关联性以及鉴定的必要性

仲裁庭在考虑是否准许发包人的质量鉴定申请时，宜关注发包人申请的鉴定事项、鉴定范围等是否与仲裁请求及相关待证事实具有关联性，以及不进行鉴定的情况下根据现有证据是否足以认定工程质量的缺陷程度及其责任人为承包人。仲裁庭认为根据竣工验收合格文件等在案证据，可认定案涉工程虽然存在一定的质量问题，但亦具备结算付款条件，且发包人未就质量异议提出反请求或减价抗辩的，一般可认定工程质量鉴定申请与仲裁请求没有关联性。

五、仲裁庭宜考量的其他事项

关注发包人在仲裁前是否已就质量问题向承包人提出工程质量异议或主张相应权利，或者通过司法途径或者已向行政机关提出过撤销竣工验收合格文件

申请及其处理结果。前述事项可作为判断发包人是否滥用民事权利的参考。

【争议问题】

问题15 工程质量鉴定的启动及鉴定机构的选择程序

【指引性意见】

一、先行确定鉴定事项、鉴定范围

1. 当事人提出鉴定申请时，囿于其自身的法律、技术知识，往往无法一次性准确、完整地表述鉴定事项和鉴定范围，仲裁庭可通过庭审调查、发出问题清单、审查相关证据、咨询鉴定专家等方式，针对与仲裁请求事项或者被申请人抗辩事由相关的、双方争议的质量缺陷及其技术成因的事实，确定鉴定事项、鉴定范围。

2. 工程质量纠纷中所涉及的主要鉴定事项包括：

（1）材料、构配件、设备、性能指标、工程实体质量检验，适用于需评定相关材料、设备、工程质量是否符合法定和约定质量要求；

（2）勘察设计成果质量鉴定，适用于需评定勘察设计成果的质量是否符合技术标准或约定的质量要求；

（3）建设工程可靠性鉴定，适用于需评定建筑物是否安全、是否影响使用功能；

（4）建设工程质量问题成因鉴定，适用于需分析工程质量问题的形成原因及责任方；

（5）修复方案鉴定，适用于需确定工程质量缺陷的修复方案，或判断当事人自行制作的修复方案是否合理；

（6）修复造价鉴定，适用于需确定工程质量缺陷的修复费用金额。

仲裁庭可在以上鉴定事项类别中，根据案件具体情况确定鉴定事项，并明确鉴定范围。必要时，还可在听取鉴定专家意见后，先行初步确定鉴定应遵循的相应标准、规范或依据。

二、鼓励双方当事人协商确定鉴定机构

由双方当事人协商确定具备资格的鉴定机构，有利于当事人接受鉴定意见并促成案件调解，仲裁庭应优先推动双方协商确定鉴定机构。

若双方无法达成一致的，也可采取由仲裁庭提供具备相应鉴定资格和能力的备选鉴定机构名录，由双方在备选名录中通过协商选定、分别排除、轮流排除等方式确定鉴定机构，以最大程度提升双方当事人的程序参与度，提升对鉴定机构的信任度。

当事人协商确定鉴定机构的，仲裁庭仍应对该机构的资质进行审查，以免因资质问题导致最终出具的鉴定意见存在效力瑕疵。

三、审查鉴定机构资质

仲裁庭在审查鉴定机构资质时，应注意以下事项：

（一）无须取得司法鉴定资质

依据《全国人民代表大会常务委员会关于司法鉴定管理问题的决定》《最高人民法院、司法部关于建立司法鉴定管理与使用衔接机制的意见》《司法部办公厅关于颁布和废止部分司法鉴定技术规范的通知》《司法部关于严格依法做好司法鉴定人和司法鉴定机构登记工作的通知》等文件，只有从事"法医类、物证类、声像资料、环境损害"四类司法鉴定业务的鉴定人和鉴定机构需实行登记准入制度。与工程质量问题相关的各项鉴定均已取消司法鉴定资质要求。

（二）建设工程质量检测机构资质

凡鉴定活动涉及对建设工程结构安全、主要使用功能进行检测，或对建筑材料、建筑构配件、设备以及工程实体质量等进行检测，依据《建设工程质量检测管理办法》规定，鉴定机构均应取得省、自治区、直辖市人民政府住房和城乡建设主管部门颁发的建设工程质量检测机构资质。若鉴定机构取得的为专项资质，还需审查该专项资质与具体委托的鉴定事项是否适配。

（三）检验检测机构资质

依据《计量法》《计量法实施细则》《标准化法》《检验检测机构资质认定

管理办法》及《检验检测机构资质认定评审准则》等法律行政法规，工程质量鉴定机构在鉴定过程中开展检验检测活动，应取得由市场监督管理部门颁发的相应《检验检测机构资质认定证书》（China Inspection Body and Laboratory Mandatory Approval，以下简称 CMA 证书）。但依据 2021 年 6 月 1 日起施行的修改后的《检验检测机构资质认定管理办法》第 5 条规定，法律行政法规规定应当取得资质认定的事项清单，由市场监管总局制定并公布，并依据法律行政法规的调整实行动态管理。建设工程质量鉴定是否必须取得 CMA 资质认定，市场监管总局尚未发布相关文件，为提高鉴定机构选择的可靠性，仲裁庭在非特殊情况（特殊情况主要指鉴定事项特别，鉴定机构的可选择性较少）下，宜在取得 CMA 资质认定的鉴定机构中选择。

（四）工程设计资质

工程质量问题的修复方案相当于修复施工的设计文件，鉴定过程类似于工程设计活动，故依据《建设工程勘察设计资质管理规定》，从事修复方案鉴定的鉴定机构应具有相应的工程设计资质。鉴定机构仅取得工程设计行业资质、工程设计专业资质和工程设计专项资质的，还应审查其资质与具体委托的鉴定事项是否适配。在满足鉴定机构中立和无利益冲突的独立性、资质要求和工程质量问题与设计文件质量明显无关的前提下，对于工程质量缺陷修复可能涉及原工程地基基础修复、结构主体修复、重要特殊创新设计的工程部位修复、非常规复杂工程部位修复等特殊情形的修复方案鉴定，可优先选择案涉工程的原设计单位。工程质量问题可能与设计文件质量有关的，案涉工程的原设计单位可能与鉴定事项存在利害关系，则应避免选择原设计单位作为鉴定机构。

（五）无须取得工程造价咨询企业资质

虽然《工程造价咨询企业管理办法》规定了工程造价咨询企业的资质制度，但住建部办公厅 2021 年 6 月已发布《关于取消工程造价咨询企业资质审批加强事中事后监管的通知》，取消该项资质审批。自此后，不再要求从事修复造价鉴定的机构取得工程造价咨询企业资质。

四、审查鉴定机构业绩及经验

仲裁庭可审查备选鉴定机构的同类工程鉴定业绩、鉴定成果、鉴定负责人及其他技术人员的资质、业绩等，以判断鉴定机构是否具备案件委托鉴定事项所必需的技术能力和经验。必要时，仲裁庭可通过仲裁机构发出委托鉴定意向征询文件，要求鉴定机构主动申报相关业绩证明文件和资质证明文件。

五、审查鉴定机构是否存在利益冲突

仲裁庭可审查备选鉴定机构与案件当事人及相关方是否存在利害关系，应特别关注鉴定机构与并非案件当事人但与案件裁判结果有利害关系的相关方是否存在利害关系，例如非案件当事人的工程参建方、仲裁前受一方委托已出具报告的检测检验机构等。该等相关方虽然并非案件当事人，但亦应尽量避免选择与该等相关方有利害关系的鉴定机构。

在审查是否存在利益冲突或利害关系时，仲裁庭可通过国家企业信用公示系统等平台，审核鉴定机构的股东、控股企业、高管，与当事人或相关方的股东、控股企业、高管，是否存在关联关系，必要时可要求备选鉴定机构予以说明和澄清，出具独立性声明。

六、工程质量问题成因鉴定需谨慎选择鉴定机构

在工程质量问题成因鉴定中，鉴定机构需综合考虑勘察、设计、施工、监理等各方面因素，且可能需要在一定范围内进行主观性判断，故必须具备较高的能力与经验。尽管法律法规未对此类鉴定作出资质管理规定，但为准确、全面地分析质量问题技术成因，仲裁庭宜尽量选择拥有多种资质、具有丰富同类案件鉴定实务经验的综合性机构，以保障鉴定结果的权威性与准确性。

七、可依序、分别委托鉴定

工程质量争议中，往往需先行确定是否存在工程质量问题，再确定修复方案，然后根据修复方案确定修复造价。鉴于三项鉴定存在逻辑上的先后关系，仲裁庭可依序委托鉴定，在前一项鉴定意见出具后，根据鉴定意见决定是否委托后续鉴定。

由于不同鉴定事项对鉴定机构的资质、能力、经验均有不同要求，仲裁庭可将案件中的不同鉴定事项分别委托不同的鉴定机构，同时应避免接受委

托的不同鉴定机构之间存在利益冲突或利害关系。

【争议问题】

问题 16 当事人单方委托有关机构出具的工程质量检验报告证明力的认定

【裁决指引性意见】

一、审查报告出具机构是否具备相应资质

参见《本指引》施工合同质量纠纷编【争议问题 15】中关于审查鉴定机构资质的裁决指引性意见。

二、审查报告出具机构与案件当事人、相关方是否有利害关系

参见《本指引》施工合同质量纠纷编【争议问题 15】中关于审查鉴定机构是否存在利益冲突的指引性意见。

三、审查报告出具机构的技术能力、经验和公信力

仲裁庭可审查报告出具机构是否具备与涉案工程质量检测检验事项相匹配的技术能力和经验，审查报告出具机构是否曾因违法开展检测检验活动或出具错误结论被行政主管部门、行业协会处罚。

四、审查报告出具机构的选择程序

仲裁庭可审查报告出具机构的选择程序。若某检测检验机构虽系一方当事人委托，但该机构为双方当事人事先约定共同认可的检测检验机构，则仲裁庭对前述三项审查标准可适当放宽。

五、审查报告的形成过程、形式、内容及结论

仲裁庭可审查具体从事检测检验活动的人员以及报告的签字人是否具有

相应的资质资格，检测检验程序是否符合相关标准、规范，检测检验过程中是否给予另一方参与现场勘验、取样的机会，是否给予另一方发表意见的机会，是否对另一方的意见给予合理回应，引用的相关合同、设计图纸、施工记录是否真实、准确，据以作出结论的相关标准、规范是否正确适用，论证过程及检测结论是否符合逻辑、是否科学。

六、鼓励报告签字人出庭

报告的出具人或签字人出庭作证，并接受双方当事人及仲裁庭的询问，有利于查明报告内容的合理性。

仲裁庭可在报告签字人出庭作证过程中，询问其报告形成过程、形式、内容、结论的相关问题，并关注其是否具备相应的专业性、中立性、合理性。

七、审查另一方当事人对报告的异议及相应证据

仲裁庭应审查另一方当事人对报告的异议是否具体、明确、合理，是否有相应的证据。必要时，当事人有权聘请专家作为证人出庭，辅助其向报告签字人发问，并从技术角度就报告是否具有科学性、合理性发表质证意见。

八、证明力审查标准

仲裁庭可参照《证据规定》第41条的规定，对于一方当事人就专门性问题自行委托有关机构或者人员出具的意见，另一方当事人有证据或者理由足以反驳并申请鉴定的，仲裁庭宜予准许，即另一方的质疑或举证不需要达到"足以推翻"的程度，达到"足以反驳"的程度即可。另一方当事人通过举证或说理，使得当事人自行委托所形成的工程质量检验报告的内容和结论"真伪不明"的，仲裁庭可认定提交报告一方未完成相应的举证责任。

【争议问题】

问题 17　工程质量缺陷合理修复费用的认定

【问题界定】

本争议问题适用的情形为：仲裁庭已经认定案涉工程质量存在缺陷、已经认定承包人应就工程质量缺陷的消除承担由案外人进行修复的费用，工程缺陷修复方案已经出具或者计划委托鉴定机构出具修复费用鉴定报告，涉案当事人对修复方案的经济合理性以及据此计算的修复费用的合理性存在争议。

【裁决指引性意见】

一、关注双方合同约定

仲裁庭可审查双方合同，关注有无关于建设工程质量不符合约定时承包人赔偿修复费用计取的相关约定。若合同有明确约定，且不存在当事人对约定效力的异议，或者仲裁庭认为效力异议不成立的，原则上应按约执行。

二、关注修复方案与原设计方案的差异

修复费用一般根据修复方案确定。仲裁庭可关注据以计算修复费用的修复方案与原设计方案相比，在设计参数、设计标准上是否存在差异，以及该等差异是否具有合理性。

若修复方案在原设计方案的基础上提高了相应的设计标准，且发包人和修复方案出具机构不能说明合理理由的，仲裁庭应慎重考虑由此导致的修复费用增加部分是否应由承包人承担。

三、关注修复方案的形成过程及其可行性、科学性、经济性

一般而言，修复方案应兼顾可行性、科学性、经济性。在恢复建设工程安全性、使用性、美观性的前提下，尽量选择修复成本低、影响时间短的修复方案。仲裁庭可关注发包人在确定修复方案过程中，是否给予承包人审查修复方案并发表意见的机会，是否对承包人的异议或建议给予合理回应，拒绝承包人的异议或建议是否有合理、正当理由，并在此基础上审查修复方案是否兼顾可行性、科学性、经济性，决定是否完全依据修复方案计取修复费用。

承包人出具修复费用更低的其他修复方案，且仲裁庭不能判断其不合理性的，仲裁庭应给予发包人对承包人修复方案发表意见的机会。

四、关注修复方案实施的效率及安排

对于发包人主张承包人赔偿实际支出修复费用的，仲裁庭可关注修复方案实施过程中，修复施工的相关工艺安排、施工效率、工期是否符合一般常规；关注是否存在不正常的施工安排或施工拖延；关注是否因此导致修复费用增加，并慎重考虑该部分增加的费用是否应由承包人承担。必要时，仲裁庭可咨询相关技术专家，并给予双方对修复方案实施的效率及安排问题发表意见的机会。

五、关注维修施工费用一般高于正常施工费用的市场特点

维修工程与新建工程在施工范围、施工工艺、施工方法、施工规模及效率、施工单位的市场选择面上存在很大区别，维修工程施工费用往往高于新建工程。

仲裁庭在审查确定维修费用时，应充分关注这一特点，不宜完全以原施工合同约定的结算原则作为判断维修费用是否合理的标准。

六、关注发包人自行或委托他人维修的合理性

仲裁庭应关注发包人自行或委托他人实施维修工程前，是否已在合理期限内通知承包人存在质量问题，发包人是否已给予承包人自行维修的机会，

发包人自行或委托他人维修是否具有合理性，具体可参见《本指引》施工合同质量纠纷编【争议问题 13】。若仲裁庭认为发包人自行或委托他人维修欠缺合理性的，可在确定维修费用时予以考虑，尽量平衡双方利益。

七、关注发包人就修复方案、修复费用是否已尽合理通知及提示义务并考虑承包人合理异议

仲裁庭认定发包人自行或委托他人维修具有合理性的，还应关注：（1）发包人委托他人维修前，是否就维修施工人的选择进行了合理的市场遴选，是否在订立维修施工合同之前就遴选程序方法和标准、拟定实施的修复方案、与案外人约定的修复费用金额等，适时通知了承包人，并给予承包人在合理期限内作出回应的机会；（2）承包人的回应是否合理；（3）发包人对承包人的回应是否予以合理考虑。

若发包人已适时通知了承包人，并给予承包人在合理期限内作出回应的机会，而承包人未作出实质性回应，则可以认定承包人在明知案外人维修将发生较高修复费用的情况下放弃了自行修复的权利，仲裁庭可裁决支持发包人能够举证证明的、实际发生的合理修复费用的主张。发包人未适时或未完全履行对承包人的上述合理通知等义务的，仲裁庭可根据发包人履行义务的瑕疵情况，裁决对发包人能够举证证明的且实际发生的修复费用金额酌情予以调整。

工程总承包合同纠纷编

【争议问题】

問題 1　由联合体部分成员 / 牵头人对外签订的合同，联合体其他成员是否需承担责任

【问题界定】

《工程总承包管理办法》第 10 条规定，联合体各方应当共同与建设单位签订工程总承包合同，就工程总承包项目承担连带责任。

就联合体共同承揽工程总承包项目的情形下，工程总承包联合体之债属可分之债还是不可分之债、各联合体成员是否具有单独的请求权，仲裁实务界存在争议。

另外，在多家企业组成联合体参与工程总承包项目，由联合体部分成员 / 牵头人对外签订的合同或协议的情形下，其法律约束力仅限于合同 / 协议签订方还是对联合体其他成员均具有约束力、联合体其他成员是否需要向发包方承担责任，仲裁实务界亦存在争议。

【裁决指引性意见】

一、仲裁庭需关注的程序问题

联合体部分成员 / 联合体牵头人对外签订合同或协议，会导致联合体其他成员并非案涉合同签署主体。对联合体部分成员能否单独向发包人 / 合同相对方主张权利、发包人 / 合同相对方能否要求联合体其他成员承担义务进行审查时，仲裁庭首先需要在程序上解决对未签署案涉合同的联合体成员的仲裁管辖问题。

本争议问题裁决指引性意见的适用，应以未签署案涉合同的联合体成员能进入仲裁程序并可列为案件当事人（被申请人）为前提。

二、仲裁庭需查明或关注的事实

（一）认定联合体之债系可分之债还是不可分之债，仲裁庭需关注并审查的事项

判断联合体成员是否可以单独主张权利或承担义务，首先需要认定联合体之债系可分之债还是不可分之债。认定工程总承包联合体之债可分与否，应结合具体的承包方式确定，仲裁庭应注意审查：

1. 各联合体成员的工作内容是否可区分；

2. 各联合体成员所承担的工作是否有相对独立的价款约定或单独计价方式。

（二）在认定联合体部分成员／牵头人与发包人签订的合同的效力是否及于联合体其他成员时，仲裁庭需关注并审查的事项

1. 联合体成员之间是否存在共同投标协议或类似联合体协议；

2. 与发包人／合同相对方签订合同的联合体部分成员／牵头人是否有明确的授权；

3. 联合体部分成员／牵头人对外签订合同是否以联合体名义进行；

4. 与发包人／合同相对方签订的合同在内容上是否与共同投标协议或联合体协议的约定一致。

三、仲裁庭需要关注的法律问题

（一）联合体部分成员单独向发包人／合同相对方主张权利、发包人／合同相对方要求联合体部分成员单独承担义务的处理

承前所述，本争议问题裁决指引性意见的适用，应以未签署案涉合同的联合体成员能进入仲裁程序并可列为案件当事人（被申请人）为前提。另外，就本争议问题的处理，仲裁庭还需特别关注如下事项：

1. 若联合体各方所承担的工作内容可区分且价款可以分别计算，此种情形下，联合体成员与发包人之间系可分之债，联合体部分成员可以单独主张权利或承担义务。

2. 若联合体各方所承担的工作不可分，或价款无法拆分，此种情形下，联合体部分成员与发包人之间系不可分之债，联合体部分成员不能单独主张

权利或承担义务。

3.若各联合体成员的权利义务不可分，属于不可分之债。联合体成员中任何一方对外代表联合体处理事务，在未经其他成员授权的情况下，对其他联合体成员不发生效力。在此情况下，需考虑在程序上联合体部分成员提起仲裁应如何处理，如不能追加其他联合体成员，则不宜支持其单独主张权利。

4.基于联合体成员应当向发包人承担连带责任，无论各联合体的成员权利义务是否可分，发包人当然可以主张个别联合体成员承担联合体的整体责任及义务。

（二）联合体部分成员/牵头人对外签订合同的法律效果判断

联合体部分成员/牵头人对外签订的合同，其效力是否及于联合体其他成员、联合体其他成员对外是否承担责任的认定，需根据对外签订的合同中，是否存在代理之意思表示并产生代理的法律效果而作判断，仲裁庭可参考《本指引》施工合同价款纠纷编【争议问题3】"如何认定签证的效力"相关认定原则进行判断。另外，就本争议问题的处理，仲裁庭还需特别关注如下事项：

1.联合体成员依据联合体协议存在的内部约定，不会直接发生对外的法律效果，不能当然推导出在对外签订的合同中存在代理行为。

2.在联合体协议有明确授权的前提下，联合体部分成员对外签订协议宜认定为有权代理。实践中，联合体协议通常约定联合体牵头人有权以联合体的名义与发包人缔结承包合同，因此，联合体牵头人与发包人的缔约行为一般可认定为对联合体所有成员均发生法律效力。

3.联合体牵头人一般不宜认为必然代表联合体。牵头人根据联合体协议的授权，可以代表其他联合体成员与发包人签订合同；但超出联合体协议授权范围的，则不宜认为对其他联合体成员产生法律效力。

4.联合体部分成员以自己名义对外签订合同的，原则上仅对其具有约束力，其他联合体成员不受其约束。

5.联合体协议对联合体成员无授权的情况，包括个别联合体成员无授权、或其行为超出了授权范围等情形。例如，联合体牵头人虽有与发包人缔约的授权，但一般没有代表联合体其他成员去签订采购、租赁合同甚至是借款合同的权利。若发生上述情况，可作为无权代理处理。

6.在无权代理情形下，若联合体其他成员以其行为使得相对人足以相信缔约的联合体成员具有代理权，构成表见代理，该联合体成员宜受到该无权代理行为的约束。

【争议问题】

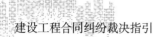

问题2　**工程总承包联合体成员变更的效力及责任承担**

【问题界定】

依据《招标投标法实施条例》第 37 条第 2 款的规定，招标人接受联合体投标并进行资格预审的，联合体应当在提交资格预审申请文件前组成。资格预审后联合体增减、更换成员的，其投标无效。现有法律仅规定招标投标阶段联合体成员变更的，投标无效，但未对中标后联合体变更的法律后果作出规定。

另外，对于未采取招标投标的工程总承包项目中联合体成员的变更，其效力和责任承担应如何处理，仲裁实务界亦存在争议。

【裁决指引性意见】

一、采取招标投标方式的工程总承包项目，联合体成员变更的处理

1.在中标之前，若联合体成员变更（如联合体部分成员退出，不再参与工程总承包后续工作的），发包人可因联合体违约而没收投标保证金，要求联合体各成员就赔偿因招标失败导致的损失承担连带责任。

2.在中标之后，若联合体成员变更的，已签署合同仍然有效，但发包人可以根据招标投标文件或合同书的约定追究联合体成员的连带违约责任。若联合体成员变更导致合同目的无法实现的，发包人可根据根本违约主张解除合同。

联合体成员变更导致招标投标无效，或合同有效但发包人主张解除合同的，联合体成员均需按照招标投标文件或合同书的约定承担连带责任。

二、未采取招标投标方式的工程总承包项目，联合体成员变更的处理

1. 未采取招标投标方式的工程总承包项目，联合体成员变更的，仲裁庭首先应审查联合体成员的变更是否符合合同约定或是否已取得发包人的认可。

（1）若联合体成员变更不符合合同约定或未取得发包人同意的，联合体成员的变更对发包人不发生效力。联合体成员擅自变更的，发包人可依约主张联合体成员的违约责任。

（2）若联合体成员变更符合合同约定或已取得发包人的同意、联合体成员的变更不违反法律强制性规定且当事人对联合体成员变更后的责任承担有明确约定的，从其约定。

2. 若联合体成员变更符合合同约定或已取得发包人的同意、联合体成员的变更不违反法律强制性规定，但当事人对变更后的法律责任承担无约定或约定不明的，仲裁庭宜从如下角度进行考量：

（1）在已取得发包人同意的情况下，新联合体成员的加入，实际上意味着增加一个履行合同义务或承担连带责任的主体，可参照债务加入的相关规定确定当事人之间的权利义务承担。

（2）加入的联合体成员如果与原联合体成员承担同一专业工作且资质等级低于原联合体成员的，应当按照新的较低的联合体成员的资质确定联合体的资质等级。

（3）新的联合体成员加入后，对于其加入之前所发生的债务，除联合体与发包人之间有明确约定的情形外，新的联合体成员不承担责任。

（4）如果发包人同意联合体成员退出，退出联合体的成员是否要承担责任，则需根据发包人与联合体的约定处理。

①如果发包人同意部分联合体成员退出联合体且不再承担责任，应当从其约定；

②如果发包人仅同意部分联合体成员退出联合体不再参与后续合同的履行的，不应视为发包人认可该退出的联合体成员无须承担其退出之前应当承担的责任。此时，发包人仍可要求该退出的联合体成员就其退出前应承担的

债务承担连带责任；但由于发包人已经同意其退出，该联合体成员对其退出之后形成的债务不承担连带责任。

3. 如果联合体成员内部约定某一联合体成员退出联合体且不承担责任的，该约定对发包人不发生效力，该联合体成员应当继续对联合体债务承担连带责任。如该联合体成员未按工程总承包合同及所附共同投标协议履行其义务的，发包人可以要求包括该联合体成员在内的所有联合体成员承担违约责任。

三、仲裁庭认定联合体成员变更的效力及责任时应注意的其他事项

联合体成员的变更，不应违反法律的强制性规定。例如，涉及具体工程项目实施主体时，变更后的主体应当具备法律行政法规规定的相应资质。

【争议问题】

问题 3　规划审批手续对于工程总承包合同效力的影响

【问题界定】

在施工总承包合同中，未办理建设用地规划许可证、建设工程规划许可证的建设单位与施工承包方签订的建设工程施工合同，应认定为无效。当事人以工程总承包项目发包时未办理规划许可为由，请求参照《新建设工程司法解释（一）》第3条确认工程总承包合同无效，如何处理？

工程总承包模式和施工总承包模式，在工程实施模式、发包阶段等方面均存在差异，建议不宜直接参照适用施工总承包中关于规划审批手续的相关规定对工程总承包合同的效力进行认定。

在未取得建设规划许可情形下，工程总承包合同的效力应结合工程发包时是否客观上已具备办理工程规划许可的条件、是否存在拖延办理等工程本身的特点综合考虑进行个案判断。

【裁决指引性意见】

一、仲裁庭需关注的事实和证据

（一）双方的争议焦点

规划审批手续包括建设用地规划许可和建设工程规划许可，仲裁庭需查明案涉争议是建设用地规划许可还是建设工程规划许可。

（二）导致未完成规划审批手续的原因

1.发包人是否在仲裁申请前及时办理相关规划许可，以弥补合同效力瑕疵；

2.发包人是否存在过错、是否存在恶意阻止规划审批手续条件成就的情形。

（三）工程发包时客观上是否具备办理工程规划许可的条件

1.查明项目在发包阶段是否已完成了可行性研究、方案设计和初步设计文件；

2.查明项目所在地主管部门关于办理工程规划许可所需的条件及具体要求；

3.审查争议项目的合同范围。

二、仲裁庭需要关注的法律问题

（一）关于建设工程规划许可

依据《城乡规划法》第40条的规定，申请办理建设工程规划许可证，应当提交使用土地的有关证明文件、建设工程设计方案等材料。然而，本争议问题中的"建设工程设计方案"是指完成方案设计文件、初步设计文件、施工图设计文件中的哪一项，法律未规定，各地执行标准亦不一。

区别于施工总承包合同，依据《工程总承包管理办法》第7条的规定，项目采取工程总承包模式发包的，原则上在完成核准或备案，或者初步设计审批后即可进行工程总承包的发包。因此，项目在发包阶段可能还不具备办理建设工程规划许可的条件。

仲裁庭应查明工程所在地办理建设工程规划许可所需的条件后，与案涉工程总承包合同约定的工作内容及范围进行比对，以判断项目在发包阶段是否已经具备了办理建设工程规划许可的条件。

（二）工程发包时客观上不具备办理工程规划许可条件的情形

在项目发包阶段，发包人若仅完成可行性研究、未完成方案设计或初步设计；或者虽然完成了项目初步设计文件，但根据项目所在地建设主管部门办理工程规划许可证的要求，项目客观上仍然不具备办理建设工程规划许可证的条件。此时，不宜直接因未取得建设工程规划许可证而认定合同无效。

若提起仲裁时，还未完成建设工程设计方案，导致未取得建设工程规划许可，不宜认定工程总承包合同无效。

若提起仲裁时，工程已完工、设计方案已完成、建设工程规划许可已取得的，仲裁庭宜参照适用《新建设工程司法解释（一）》第3条第1款关于"但发包人在起诉前取得建设工程规划许可证等规划审批手续的除外"的规定，认定案涉合同不因签订合同时未取得建设工程规划许可而无效。

（三）关于建设用地规划许可

依据《城乡规划法》第37条、第38条、第40条的规定，建设用地规划许可是办理建设工程规划许可的前提条件。

如果至提起仲裁时，因未办理建设用地规划许可，导致无法办理建设工程规划许可，仲裁庭宜参照适用《新建设工程司法解释（一）》第3条支持当事人关于确认合同无效的主张。

【争议问题】

问题 4　承包人资质对于工程总承包合同效力的影响

【问题界定】

《工程总承包管理办法》第10条中规定："工程总承包单位应当同时具有与工程规模相适应的工程设计资质和施工资质，或者由具有相应资质的设计单位和施工单位组成联合体。"该规定被认为是我国工程总承包"双资质"的标志，也引发了关于"单资质"模式下工程总承包合同的效力问题的争议。

【裁决指引性意见】

一、《工程总承包管理办法》"双资质"规定的性质

（一）《工程总承包管理办法》属于部门规范性文件

自2020年3月1日起施行的《工程总承包管理办法》属于部门规范性文件，不属于法律、行政法规。《工程总承包管理办法》第10条中关于"双资质"的规定涉及行业资质事项的，属于行政许可的范围，并非与合同效力相关的法律行政法规强制性规定。

（二）《工程总承包管理办法》与上位法的关系

依据《建筑法》第29条的规定，建筑工程总承包单位可以将承包工程中的部分工程发包给具有相应资质条件的分包单位，《建筑法》关于建筑市场主体资质的规定并未禁止总承包模式下工程总承包单位将设计或施工分包给有相应资质的单位。依据部门规章《建设工程勘察设计资质管理规定》第19条的规定，具有勘察、设计资质的企业可以从事工程总承包业务；而《工程总承包管理办法》作为部门规章，其关于"双资质"的规定仅限于房屋建筑和市政基础设施领域，且与前述部门规章的规定存在冲突。据此，关于"单资质"模式下工程总承包合同效力的判断，仲裁庭宜参考本争议问题【裁决指引性意见】第二条审慎进行认定。

二、当事人就工程总承包单位资质进行抗辩时，仲裁庭对工程总承包合同的效力进行认定时应考量的因素

（一）工程总承包模式下，工程总承包单位资质与工程总承包合同的效力判断原则

在判断或认定工程总承包合同效力时，仲裁庭应以合同是否违反了法律、行政法规的强制性规定或者公序良俗等合同无效法定事由为标准，以《民法典》《建筑法》及《建设工程质量管理条例》关于合同效力的规定为依据。

《民法典》《建筑法》《建设工程质量管理条例》关于主体结构不能分包的规定，仅针对施工总承包工程。我国法律行政法规并未对"单资质"模式下，仅具有设计资质或者仅具有施工资质的工程总承包企业将施工业务或设计业务依法分包给具有相应资质的企业的情形，作出禁止性规定。

（二）工程总承包模式下，工程总承包单位资质与工程总承包合同的效力判断的特殊情形

虽然《工程总承包管理办法》仅作为部门规章，但若案涉工程为采用工程总承包模式的房屋建筑和市政基础设施项目，总承包人仅具备设计或施工资质之一的，仲裁庭在对合同效力进行认定时宜根据个案的具体情况，考量案涉工程是否存在因违反《工程总承包管理办法》导致案涉合同违背公序良俗等法律强制性规定而无效的情形。

仲裁庭不宜直接依据《工程总承包管理办法》的"双资质"要求而认定工程总承包合同无效。

（三）《工程总承包管理办法》的适用范围

仲裁庭还需特别注意，《工程总承包管理办法》关于"双资质"的规定，仅限于房屋建筑和市政基础设施项目。房屋建筑和市政基础设施项目以外的其他建设工程项目采用工程总承包模式的，总承包人的资质要求应根据相关法律行政法规确定，而不宜因违反《工程总承包管理办法》而认定工程总承包合同无效。

【争议问题】

问题 5　"发包人要求"错误及发包人提供的其他基础资料错误的责任承担

【问题界定】

工程总承包项目有别于施工总承包项目，合同范围可以包括设计、采购、施工各环节，因此对承包人的专业性要求更高。发包人通过"发包人要求"明确建设目的、标准和需求。"发包人要求"作为合同的重要组成部分，是承

包人参与项目建设的重要基础资料及依据，也是发包人最终验收的重要依据。"发包人要求"密切关系到整个项目的成本、质量、进度，其完整性、合理性直接关系到项目可能产生的合同纠纷。

另外，需要特别注意，发包人提供资料错误，可能导致承包人在投标阶段报价错误，或者导致在合同履行阶段设计、施工、返工成本增加。

据此，"发包人要求"错误的责任承担，仲裁实务中争议较大。

【裁决指引性意见】

一、"发包人要求"及发包人提供的其他基础资料

原则上，仲裁庭应首先就"发包人要求"及发包人提供的其他基础资料有无合同明确约定，并结合项目的不同阶段、合同的不同计价模式，查明各方主体就"发包人要求"及发包人提供的其他基础资料应承担的责任。

（一）注意区分不同发包阶段、不同合同计价模式下的"发包人要求"

根据工程总承包发包阶段的不同，可分为以下三种情况：

1. 项目审批、核准或者备案程序后发包的，承包人往往需要承担"方案设计＋初步设计＋施工图设计＋施工"；

2. 方案或方案深化完成后发包的，承包人主要承担"初步设计＋施工图设计＋施工"；

3. 初步设计及初设概算批复后发包的，承包人一般只需承担"施工图设计＋施工"。

在不同的阶段发包，"发包人要求"的内容并不同。同样，采用不同的计价方式，对"发包人要求"的深度也并不同。

（二）"发包人要求"的常见情形

1. "发包人要求"中引用的原始数据和资料；

2. 对工程或其任何部分的功能要求；

3. 对工程的工艺安排或要求；

4. 试验和检验标准；

5. 除合同另有约定外，承包人无法核实的数据和资料。

对于上述常见情形中出现的错误，仲裁庭应根据不同的情形进行审查。

二、"发包人要求"错误的责任承担

（一）原则上责任认定应根据争议合同约定作出

发包人应当承担因提供工程基础资料错误引发的工期责任、价款责任，除非合同另有约定。

（二）争议合同未约定或约定不明时的处理

争议合同未约定、约定不明时，仲裁庭可参照国内规范性文件、合同范本，结合争议项目具体情况，认定双方责任。

（三）关于"发包人要求"错误责任认定的主要考量

1.原则上，除非合同有明确约定，发包人对"发包人要求"中的错误负责。因"发包人要求"错误导致承包人增加费用和（或）工期延误的，发包人应承担由此增加的费用和（或）工期延误责任，承包人亦可主张发包人支付合理利润。

2.对于"发包人要求"确实存在错误，但发包人坚持不作修改的，发包人应承担由此导致承包人增加的费用和（或）工期延误责任。

3.承包人的复核义务。

发包人应对其提供的资料承担准确性责任，承包人也应尽到一个有经验的承包人的合理复核义务。

（1）承包人具有一定的复核义务。

《标准设计施工招标文件》合同条款第9.3条规定，发包人对其提供的测量基准点、基准线和水准点及其书面资料的真实性、准确性和完整性负责。同时规定，承包人应在设计或施工中对上述资料的准确性进行核实，发现存在明显错误或疏忽的，应及时通知监理人。

《工程总承包合同示范文本》第1.12条规定，承包人对《发包人要求》以及其提供的基础资料有复核责任，发现错误的要及时书面通知发包人补正。第2.3条规定，发包人对其提供的基础资料的错误承担责任。

承包人未能尽到审慎的核实义务，未发现"发包人要求"中存在错误的，一般应由承包人自行承担由此导致的费用增加和（或）工期延误责任。在设计或施工中，作为有经验的承包人，亦应对发包人提供资料的准确性尽到合理复核义务，发现存在明显错误或疏忽的，应及时通知发包人。

（2）如何核实承包人是否尽到合理复核义务。

仲裁庭可从以下方面认定承包人合理复核义务的范围：

①核实承包人承担的合同义务范围与发包人资料的关系。例如，承包人承担勘察义务时，对于发包人提供的水文地质资料的复核义务应该更重。如果承包人未认真及时复核，应对未复核导致的损失承担一定责任。

②错误资料对项目的具体影响情况。

③实际损失情况。

④错误资料与损失之间的因果关系。

⑤双方的过错程度。

⑥对于承包人复核的时间没有具体约定，仲裁庭根据具体争议项目情况认定。

（四）注意区分"发包人要求"和发包人提供的其他资料

发包人提供的其他资料范围，通常指发包人在招标阶段提供的资料，仲裁庭应依据争议项目具体情况依据合同约定确定。例如，《工程总承包管理办法》第9条规定，建设单位编制工程总承包项目招标文件时提供的资料和条件包括发包前完成的水文地质、工程地质、地形等勘察资料，以及可行性研究报告、方案设计文件或者初步设计文件等；《公路工程设计施工总承包管理办法》第8条规定，总承包招标应当向投标人提供初步设计文件和相应的勘察资料，以及项目有关批复文件和前期咨询意见。

承前所述，发包人在合同约定的资料范围内承担准确性责任。"发包人要求"中的资料出现错误的，发包人对其准确性承担责任，不因承包人是否复核发现错误而减免发包人的责任；发包人提供的其他基础资料，承包人承担一定复核义务，未复核的，承包人可能需要承担一定责任。

三、一方主张合同约定明显不公平时的处理

1.FIDIC（土木工程施工合同条件）银皮书规定，发包人对提供资料的准确性不承担责任，完全由承包人承担责任。如果双方当事人选择使用FIDIC合同文本，应尊重当事人真实意思表示。

2.如果双方当事人未选择FIDIC银皮书，但在合同中约定一方当事人承

担全部资料准确性责任且一方当事人主张显失公平时，仲裁庭应依据《民法典》关于显失公平的规定，结合双方权利义务的对等程度、风险分担的合理性进行认定。

【争议问题】

问题6 初步设计错漏导致工程量变化的处理

【问题界定】

依据《工程总承包管理办法》规定，采用工程总承包方式的政府投资项目，原则上应当在初步设计审批完成后进行工程总承包项目发包。

然而，由于前期方案论证深度不够、设计周期短、地质、水文等基础资料不完整等原因，初步设计错漏是一个常见的问题。初步设计错漏往往需要通过设计变更来消除其缺陷，而设计变更一般情况下会导致工程量发生变化，进而影响工程价款的结算。初步设计错漏导致工程量变化的责任承担，仲裁实务中争议较大。

【裁决指引性意见】

一、仲裁庭审查时应考虑的因素

承包人以初步设计文件出现错漏为由主张实际施工过程中工程量发生变化，要求发包人承担工期顺延、费用增加责任的，仲裁庭审查时应注意以下事项：

1. 合同中有无关于初步设计文件准确性责任承担的约定；

2. 工程总承包项目发包时是否已完成可行性报告批准、方案设计或初步设计；

3. 初步设计文件是否属于"发包人要求"范围；

4. 初步设计文件的错漏是否与承包人有关联；

5. 初步设计文件是否属于承包人义务范围。

二、合同对初步设计文件准确性责任承担有约定的处理

若当事人在合同中对设计错漏责任划分有明确约定，且该约定未违反相关法律行政法规的强制性规定，则该约定应为合法有效，仲裁庭应根据合同约定作出认定。

三、合同未约定或约定不明时的处理

案涉合同对设计错漏责任划分未约定或约定不明时，仲裁庭应在查明案件相关事实及"发包人要求"的前提下，按照责任与损失对等原则在合理范围内确定初步设计文件准确性责任的承担。

关于"发包人要求"错误及发包人提供的其他基础资料错误的责任承担，仲裁庭可参考《本指引》工程总承包合同纠纷编【争议问题 5】进行处理。

【争议问题】

> **问题 7** **工程总承包模式下，认定是否构成工程变更应考量的因素**

【问题界定】

"工程变更"是工程计价的概念，《建设项目工程总承包计价规范》将其定义为："工程总承包合同实施中，由发包人提出或由承包人提出，经发包人批准对发包人要求所做的变更；以及方案设计后发包的，发包人对方案设计所做的改变；初步设计后发包的，发包人对初步设计所做的改变。"

发包人要求变更或方案设计、初步设计文件的变更，通常会导致承包人设计图纸修改并造成成本、工期增加、施工方案改变。在工程总承包合同纠纷的审理中，如何认定是否构成工程变更，仲裁实务中争议较大。

【裁决指引性意见】

工程总承包合同的变更，与施工总承包合同的变更存在较大区别。在认定工程总承包合同中是否构成工程变更时，要把握工程变更的定义和构成要素。工程总承包合同即便约定固定总价计价，也并非完全固定、不可调整，其调整的核心基础是依据"发包人要求"的变化。

仲裁庭在认定工程总承包合同中是否构成工程变更时，应着重关注该项变更是否构成对"发包人要求"的改变。

在工程总承包合同纠纷的审理中，如何认定是否构成工程变更，仲裁庭可参考《本指引》国际工程合同纠纷编第三章【争议问题4】【争议问题5】【争议问题6】的裁决指引性意见进行处理。

【争议问题】

问题8　设计图纸经发包人认可后的风险与责任承担

【问题界定】

工程总承包项目中，往往约定发包人组织图纸审查的流程，并约定在特定期间内完成设计工作并提交发包人确认。在发包人确认设计文件和图纸后，若设计文件或图纸出现错误，其风险和责任如何分担，仲裁实务中存在争议。

【裁决指引性意见】

一、承包人对设计文件责任的认定依据

就承包人对设计文件所应承担的责任，合同有效的，应根据合同约定认定。

合同没有约定或约定不明的，鉴于设计工作是承包人的义务之一，仲裁庭应当按照设计工作应达到的标准来认定承包人对设计文件的责任。

通常情况下，承包人应按照法律规定，以及国家、行业和地方的规范和标准完成设计工作，并符合发包人要求。

二、承包人对设计文件的责任并不因发包人的认可而当然减免

1. 总承包人提交的施工图纸与"发包人要求"不一致，发包人未明确提出异议，工程施工后发包人提出异议的，发包人主张由承包人承担施工图纸错误的责任时，应予以支持。但总承包人有证据证明其提交的施工图纸与"发包人要求"一致的除外。

2. 若发包人在工程竣工验收完成之后提出异议，发包人主张由承包人承担施工图纸错误的责任时，应予以支持。但总承包人有证据证明其提交的施工图纸与"发包人要求"一致的除外。

3. 若总承包人提交的施工图纸与"发包人要求"不一致，发包人未明确提出异议，最终导致交付的工程不符合"发包人要求"的，承包人以发包人未就施工图纸提出异议为由进行抗辩的，不应得到支持。即便施工图纸经过了发包人认可，亦不能当然免除承包人就设计工作所应承担的风险与责任。

4. 总承包人未按经发包人确认的施工图纸施工，但最终工程符合"发包人要求"及设计、验收规范，发包人要求减价的，不予支持，但合同另有约定的除外。

問題 9　**工程总承包项目质量不满足约定的标准，但达到了行业公认的最低性能标准，发包人能否主张解除合同**

对于因施工人的原因致使建设工程质量不符合约定的，《民法典》第801条等相关规定明确赋予了发包人请求施工人在合理期限内无偿修理、返工或改建，并主张违约救济的权利，参见《本指引》施工合同质量纠纷编【问题9】"建设工程质量达到法定标准但不符合约定标准，发包人请求承包人予以修复的，如何处理"。但是，对于发包人是否可以主张解除合同，并未明确规

定。业内对工程总承包项目质量不满足约定的标准，但达到了行业公认的最低性能标准，发包人能否主张解除合同，存在较大争议。

【裁决指引性意见】

一、仲裁庭应首先审查工程质量是否满足合同约定的质量标准要求

首先，工程总承包项目质量应当满足法律法规及有关政策规定的标准要求。其次，基于工程使用的特殊化、个性化要求，发包人在"发包人要求"及合同文件中明确约定的质量标准高于或严于现行国家、行业或地方标准的技术标准、功能要求的，承包人应遵循合同约定履行。

据此，仲裁庭应结合合同约定，对照"发包人要求"，确认质量（如产能/性能指标）是否符合合同要求，并对造成项目质量问题的原因和责任主体作出认定。

二、对可归责于承包人原因导致工程质量达不到约定标准的情形，合同对解除合同约定不明的，应区分情况处理

1.符合公认最低标准但不符合约定标准时，发包人是否有权解除合同，最终取决于合同目的能否实现。若导致工程使用效能降低，则可能导致合同目的无法实现（例如产量不达标），此时，依据《民法典》的规定，发包人应有权解除合同。

（1）工程项目符合国家有关建筑工程安全标准时，虽可以达到竣工验收标准，但未能达到合同约定的性能标准，导致工程质量或设备操作、使用功能降低的，在能够基本满足项目需求，或可通过修复或更换达到约定质量标准的情况下，一般不宜解除合同。发包人主张由承包人修复或承担修复费用，并由承包人承担由此增加的费用及工期延误赔偿责任，或请求合理降低工程价款的，仲裁庭应予以支持。

（2）就承包人违反工程质量责任，发包人主张法定解除权的，仲裁庭在查明事实的基础上，若不符合合同约定质量标准的工程确实对发包人的使用造成了巨大影响且难以通过修复解决，而且直接影响合同目的实现的，发包

人可依照《民法典》的规定行使法定解除权。

（3）发包人依合同约定行使合同解除权的，仲裁庭应查明合同约定的解除合同条件是否满足。若承包人无正当理由长时间拖延或在合理期限内不纠正，致使合同目的无法实现或导致工程任何部分和（或）整个工程丧失了主要使用功能或生产功能的，则发包人可以行使约定解除权。

因工程总承包项目质量不满足约定的标准，致使合同目的无法实现（例如产量不达标）或整个工程丧失了主要使用功能、生产功能的，纵使工程总承包项目质量已满足法律法规及有关政策规定的标准要求，发包人亦有权解除合同。

2. 在前述情况下解除合同的，并不排除承包人可以要求折价补偿的权利，发包人亦可以主张减少工程价款。折价补偿或减少价款与合同解除并不矛盾，不宜未区分个案具体情形而断然否定发包人解除合同的权利。

【争议问题】

问题 10　工程总承包合同在未履行完毕时解除的，如何进行结算

【问题界定】

固定总价的工程总承包合同通常约定，根据进度计划，按照勘察设计、材料设备、技术服务、其他工程款等分类汇总形成月度应付款，即承包人完成某项进度（或称为某类工作的某项里程碑工作），发包人支付一定比例的合同价款。

由于工程总承包项目的特殊性，仲裁庭不宜直接适用施工合同的结算原则，即工程总承包合同在未履行完毕时解除的，仲裁庭不宜参照《本指引》施工合同价款纠纷编【争议问题 10】"固定总价合同，承包人主张调价的处理"、《本指引》施工合同质量纠纷编【争议问题 4】"因工程质量缺陷当事人有关工程价款减价主张的处理"的裁决指引性意见进行工程总承包合同价款的结算。

【裁决指引性意见】

一、工程总承包合同在未履行完毕时解除的，仲裁庭应关注并审查的事项

1.注意查清导致合同解除的具体事由，以确定是否需要承担违约责任。尤其是当暂时无法查明已完工程是否满足"发包人要求"时，应通过举证责任的分配，要求违约方承担更重的举证责任，以实现对已完工程质量情况的判断。

2.注意查明已完工工作是否符合"发包人要求"或已完工的部分工程质量是否合格。仲裁庭可结合双方提供的证据、第三方鉴定机构的意见以及建设工程领域基本常识、常理，进行综合判断。在施工图已经完成且得到发包人确认的情况下，仲裁庭可以结合中间验收情况，并通过对比实际施工内容与图纸内容是否一致来推定工程质量是否符合合同约定。若当事人暂时无法提供证据或所提供的证据暂无法达到相应的证明目的时，仲裁庭可以根据具体案情及当事人举证责任的承担情况，进行综合认定。

二、工程总承包合同在未履行完毕解除时的工程价款结算，仲裁庭宜根据工程不同阶段的合同解除进行不同考量

1.工程总承包合同采用总价合同模式，合同因发包人原因解除，设计费、采购费和施工价款分别列明，且已完成的设计、采购、工程质量符合"发包人要求"的，结算价款按各部分实际完成的比例分别折算后累加。合同因发包人原因解除，设计费、采购费和施工价款未单独列明，已完成的设计、采购、工程质量符合发包人要求的，由发包人和承包人协商结算价款；协商不成的，可参考以下方法分别结算：

（1）施工图设计已经完成的，参照设计相关收费标准、设备市场价格、预算定额计算出设计费、采购费和施工价款，以合同总价除以前述价款之和得出下浮率，用该下浮率分别乘以各部分的价款得出合同总价中的设计费、采购费和施工价款，再按各部分实际完成的比例分别折算后累加得出合同结算价款。

（2）初步设计已经完成、施工图设计未完成的，参照设计相关收费标准、设备市场价格、概算定额计算出设计费、采购费和施工价款，以合同总价除以前述价款之和得出下浮率，用该下浮率分别乘以各部分的价款得出合同总价中的设计费、采购费和施工价款，再按各部分实际完成的比例分别折算后累加得出合同结算价款。

（3）初步设计未完成的，参照设计相关收费标准、设备市场价格、工程定额并参考市场下浮率分别计算出设计费、采购费和施工价款后累加得出合同结算价款。工程总承包合同对下浮率有约定的，适用合同约定的下浮率。

2. 合同因承包人原因解除，承包人已完成的工作符合"发包人要求"的，按上述方法结算合同价款。但发包人能够证明承包人已完成的工作对发包人后续工作没有价值的，发包人有权拒绝支付合同价款。

国际工程合同
纠纷编

第一章 法律适用及基本原则

【争议问题】

问题1 仲裁庭确定国际工程合同法律适用的基本原则

【裁决指引性意见】

1. 当事人合同中约定适用法律的，仲裁庭应尊重当事人的合同约定，以当事人约定适用的实体法处理当事人的实体争议。除非当事人明确约定了仲裁适用的程序法，仲裁庭应适用仲裁地所在司法管辖地的程序法处理仲裁程序事项。

2. 当事人合同中没有约定适用法律且仲裁地在中华人民共和国境内的，除非当事人在仲裁过程中另外合意适用的法律，仲裁庭应依据《涉外民事关系法律适用法》的规定，确定以最密切联系的法律作为实体法处理当事人的实体争议。

3. 当事人合同中没有约定适用法律且仲裁地在中华人民共和国境外的，除非当事人在仲裁过程中另行合意适用的法律，仲裁庭应依据仲裁地所在司法管辖地的法律冲突规范，确定处理当事人的实体争议应适用的法律。

4. 当事人合同中同时约定适用中华人民共和国境外工程所在地法律和中华人民共和国有关法律规定的，仲裁庭应在开庭前要求当事人明确合同适用法律。当事人未予明确的或存在争议的，仲裁庭应依据仲裁地所在司法管辖地的法律冲突规范，确定最密切联系的法律作为实体法处理当事人的实体争议。

5. 当事人合同中约定以中华人民共和国境外工程所在地法律为准，并参照中华人民共和国有关法律规定的，仲裁庭应在开庭前要求当事人明确合同适用法律。当事人未予明确的或存在争议的，仲裁庭应依据仲裁地所在司法管辖地的法律冲突规范，确定最密切联系的法律作为实体法处理当事人的实体争议。

6. 当事人合同中约定适用中华人民共和国法律，但又约定技术标准和规范适用中华人民共和国境外工程所在地的技术标准和规范，或适用某司法管辖地的技术标准和规范的，仲裁庭应按照当事人合同约定处理当事人的实体争议。除非当事人另外同意适用中华人民共和国的相关技术标准和规范，否则仲裁庭不应适用中华人民共和国技术标准和规范处理当事人之间因技术标准和规范发生的实体争议。

第二章　合同和合同条款效力

【争议问题】

问题 2　国际工程合同效力认定的基本规则

国际工程合同效力认定的基本规则是什么，仲裁庭应如何处理？在适用中国法律时，一方当事人以转包、不具备资质等为由主张国际工程转包或分包合同无效的，仲裁庭如何认定转包或分包合同的法律效力？

【裁决指引性意见】

1. 当事人对合同效力提起仲裁请求的，仲裁庭应依据适用法律的规定审查合同效力并作出认定。

2. 在合同双方均为中国境外当事人或者一方当事人为中国境外当事人时，如当事人对合同效力未提起仲裁请求的，仲裁庭应按照"不提不理"的原则，不应在仲裁过程中主动对合同效力进行审查。在双方均为中国境内当事人时，如当事人对合同效力未提起仲裁请求的，仲裁庭可视情况决定是否在裁决书中对合同效力作出认定。

3. 仲裁庭在根据要约和承诺的一般法律原则判断国际工程合同是否成立以及合同是否有效时，应遵循以下原则进行判断：

（1）承包商根据业主发出的招标文件递交投标文件，视为要约。业主发出的中标通知书，视为承诺。如中标通知书没有约定以双方签署合同或合同协议书作为合同成立条件的，在业主发出中标通知书时合同成立。

（2）在业主发出的招标文件或中标通知书中约定双方以签订合同或者合同协议书为准的，在双方签署合同或合同协议书时合同成立。

（3）业主发出的中标通知书、合同或合同协议书约定合同生效条件的，以条件成就之日作为合同生效之日。

（4）在准合同的情况下，例如以意向书、会议纪要等为基础实施工程合同的，仲裁庭不应仅以上述文件的标题判断是否构成合同以及合同是否成立，而应以文件载明的当事人的权利和义务为准作出判断。

4.一方当事人以违反中国法律规定的国有资金招投标、违法分包和转包主张国际工程合同或者国际工程分包合同无效的，仲裁庭应按下述原则处理合同效力争议：

（1）一方当事人以业主资金为中国境外工程所在国的国有资金为由，主张工程合同未通过招投标程序选定中标人，所签国际工程合同无效的，不应予以支持；

（2）一方当事人以业主资金为中国境外工程所在国的国有资金为由，主张分包合同未通过招投标程序选定分包商，当事人所签国际工程分包合同无效的，不应予以支持；

（3）一方当事人以分包商未得到境外业主或工程师同意为由，主张国际工程分包合同无效的，不应予以支持；

（4）一方当事人以分包合同构成中国法律规定的违法分包、转包为由，主张分包合同无效的，鉴于中国《建筑法》第2条适用范围为中国境内建设工程，其主张不应予以支持；

（5）一方当事人以另一方当事人或者联合体中的其中一方当事人没有符合中国法律规定的施工或设计资质为由，主张合同无效的，不应予以支持；

（6）在使用中国进出口银行或者其他中国金融机构的融资时，若工程所在国政府或业主通过有限招标方式（例如选择三家中国承包商进行招标）或者直接指定中国承包商时，由于上述采购方式涉及中国政府和工程所在国政府之间的融资安排，一方当事人以有限招标方式或直接指定中国承包商方式违背工程所在国法律为由，主张合同无效的，不应予以支持。

5.除非适用法律明文规定合同无效，仲裁庭应尊重商事合同的当事人意思自治原则和契约自由原则。

【争议问题】

问题 3　**一方当事人以合同条款违反适用法律强制性规定主张合同条款无效时的处理**

【裁决指引性意见】

1.一方当事人以合同违反适用法律的规定为由，主张合同条款无效的，仲裁庭应在查明适用法律规定后，审查合同条款的效力并作出裁决。

2.仲裁庭在审查一方当事人提出的合同条款效力时，应查明该合同条款是否符合适用法律中明文规定的无效条件。

3.除非适用法律明文规定合同条款无效，仲裁庭应遵从商事合同的当事人意思自治原则和契约自由原则。

【争议问题】

问题4　　在不同类型的国际工程合同中，当事人主张工程变更的，仲裁庭认定是否构成工程变更需考量的因素

【裁决指引性意见】

1.仲裁庭在审理国际工程项目工程变更案件时，应考虑不同合同类型项下的工程变更定义的区别，以判断某项工程或变化是否构成变更。

（1）单价合同（Unit Rate/Price Contract 或 Re-measurement Contract）中工程变更的定义。

（2）总价合同［Lump Sum Contract，包括但不限于设计—施工（DB）合同、设计—采购—施工（EPC）合同和交钥匙合同等］中工程变更的定义。一般而言，只有业主需求（Employer's Requirements）的改变才能构成总价合同项下的工程变更。

（3）分包合同为总价合同类型时，分包合同约定的工程变更的定义以及对于工程数量增减风险的责任分配。

（4）总包合同中约定的业主与承包商之间的工程变更是否构成分包合同项下的工程变更，或者分包合同项下的工程变更是否构成或必然构成总包合同项下的变更。

2.为进一步判断某项工程或变化是否构成工程变更，在中国法律和司法

实践缺乏法律层面上对工程变更进行认定的情况下，仲裁庭应从裁判者角度出发，判断某项工程或变化是否构成变更。判断某项工程或变化是否构成变更和承包商是否有权获得变更付款的定义和验证标准如下：

（1）相关工作应在合同约定的原始工程范围之外；

（2）应由业主或其代理人发出变更指示；

（3）业主通过言语或行为同意支付额外款项；

（4）额外工作不是承包商自愿完成的；

（5）额外工作不是因承包商过错而必须实施的。

【争议问题】

问题 5　国际工程合同纠纷中，工程变更相关争议的处理

仲裁庭如何认定指示变更和推定变更（Constructive Variation）？在单价合同中，如何判断某项工程是否构成变更？在总价合同中，如何判断某项工作是否构成工程变更，或是承包商/分包商在工程合同约定的工程范围之内？仲裁庭如何区分合同约定的工程范围与设计深化成果之间的关系？

【裁决指引性意见】

1. 为了更加明确工程变更的性质及类型，仲裁庭应查明下述情形：

（1）指示变更（Directed Variation/Change），是指业主或工程师以书面形式向承包商，或者承包商以书面形式向分包商发出的工程变更指示或指令；

（2）推定变更（Constructive Variation/Change），是指业主或工程师没有以书面形式发出工程变更指示，而承包商或者分包商认为其实施的工程超出了合同要求（包括但不限于工程范围、设计标准、技术要求、业主或工程师在施工中的额外要求、不同的地质条件等），构成了合同项下的变更，而要求获得变更付款。对此，仲裁庭应查明：

①承包商或分包商主张推定变更的理由，例如合同文件的误述、业主错

误解释合同条款、业主要求采用合同中没有约定的施工方法、业主提供有缺陷的技术规范、业主要求采用超出合同要求的更高的检验和验收标准、业主未能披露关键信息、业主要求赶工等；

②对于仲裁庭而言，判断是否构成推定变更首先需要从合同条款约定出发进行判断，其次是业主需求和/或合同的工作要求，包括工程范围的界定、技术标准和规范是否超出原合同要求，以及承包商或分包商工作范围是否超出原合同约定等；

③承包商或分包商在主张推定变更时负有举证责任，仲裁庭对于推定变更的举证及判定应谨慎从严。

2. 对于单价合同中某项工程是否构成工程变更，仲裁庭应查明下述情形：①合同约定的工程变更的定义；②合同约定的技术规范中"计量和付款"（Measurement and Payment）条款约定的计量和付款适用范围；③业主或工程师是否发出书面的工程变更指示；④合同约定的标价的工程量表（Priced Bill of Quantity）中是否存在所称的价号或计价项（Payment Item）；⑤双方当事人对于工程变更的主张、意见和证据。

（1）仲裁庭在查明上述情形后，可依据合同约定，在下述情形中宜认定某项工程构成工程变更：

①业主或工程师发出书面的工程变更指示；

②一方当事人主张的工程变更符合合同约定的工程变更定义中的某一项或若干项，且不在合同约定的技术规范中"计量和付款"条款的适用范围之内；

③一方当事人主张的工程变更符合合同约定的工程变更定义中的某一项或若干项，且在签约时业主提供施工图纸并未显示存在此项工程；

④一方当事人主张的工程变更符合合同约定的工程变更定义中的某一项或若干项，在标价的工程量表中没有约定该项工程，且不在合同约定的技术规范中"计量和付款"条款的适用范围之内。

（2）在下述情形中，仲裁庭不宜认定某项工程构成工程变更，或者应依据下述情形进一步判断某项工程是否构成工程变更：

①一方当事人主张的工程变更符合合同约定的工程变更定义中的某一项或若干项，但在合同约定的技术规范中"计量和付款"条款的适用范围之内；

②一方当事人主张某项工程构成工程变更，但在签约时业主提供的施工图纸中明确表明该工作项包含在工程之中；

③业主提供的施工图纸中明确表明该项工作项包含在工程之中；

④合同约定的标价的工程量表中没有约定一方当事人主张的工程变更价号和价格，但合同约定的技术规范中"计量和付款"条款的适用范围包含该项工程。

（3）在下述情形中，仲裁庭应依据合同约定和事实就与工程变更相关的争议作出认定：

①业主或工程师未能发出书面的变更指示并不能必然导致该项工程不构成工程变更，应根据该项工作项是否构成推定变更而进行认定；

②业主和／或工程师或承包商未能遵守合同约定的工程变更程序，或者当事人在履行工程变更程序中存在瑕疵或违约的，此类未能遵守约定程序、履行瑕疵或违约，不能构成当事人主张工程变更而得到补偿或损害赔偿权利的弃权或丧失，除非当事人之间的合同有此明确的约定；

③业主以承包商未遵守合同约定的索赔通知期限为由主张承包商丧失工程变更价款权利的，不应予以支持。

3. 对于总价合同中工程数量增加是否构成变更，仲裁庭应查明如下因素：

（1）工程数量增加的成因。

（2）当事人合同约定的工程数量增加的风险分配，以及当事人合同是否约定承包商或分包商承担工程数量增加的风险上限。

（3）采用招标或其他方式采购工程时，发包人对于工程量表（Bill of Quantity）中工程数量准确性和正确性的责任和义务。

（4）在总价合同中，在工程量表（Bill of Quantity）列明每个单项工程的具体工程数量时，若当事人合同明确约定工程量表中的数量仅为参考，且承包商或分包商承担工程数量风险的，则工程数量增加不应构成工程变更。

（5）在总价合同中，工程量表（Bill of Quantity）没有列明单项工程的具体工程数量，仅列明"LS（Lump Sum）总价"或"Item项"或空白的，则工程数量增加不构成工程变更，工程数量增加的风险由承包商或分包商承担。

（6）在总价合同中，在工程数量增加的风险由承包商或分包商承担的情况下，工程数量减少的利益也应由承包商或分包商享有。业主不能一方面主张工程数量增加属于承包商风险，应由承包商承担相应的成本；另一方面又以工程数量减少而扣减承包商工程价款。

4. 在分包合同争议中，仲裁庭应依据分包合同约定，判断分包合同项下工程变更和总包合同项下变更的区别，基本原则如下：

（1）分包商根据承包商下发的业主/工程师发出的变更指示而完成的工程项，同时构成总包合同项下的工程变更和分包合同项下的工程变更。

（2）分包商仅根据承包商下发的工程变更指示，而并不存在业主或工程师发出的变更指示的，应仅构成分包合同项下的工程变更，不必然构成总包合同项下的工程变更。

分包合同约定了分包合同项下的工程变更应同时构成总包合同项下的工程变更和分包合同项下的工程变更，才应按照分包合同约定的工程变更估价的，仲裁庭应查明工程变更的性质并依据合同约定的估价原则确定工程价格。

在适用法律为中国法时，为判断合同当事人对于工程数量责任和义务的承担，仲裁庭可参考建设工程工程量清单计价相关规范确定工程数量责任和义务。

5. 在对工程变更估价或作出判断时，仲裁庭应查明下列事项：

（1）合同约定的估价原则。

（2）合同没有约定的或约定不明的，应按照如下估价原则进行估价：

①合同约定的相同工程或项目的单价、价格或费率。

②合同约定的相似工程或项目的单价、价格或费率。

③专家证人或鉴定机构给出的单价、价格或费率；在专家证人意见不一致时，仲裁庭应根据案件情况确定合理价格。

④在适用中国法时，合同约定可适用中国有关行业或省市定额价格的，合同当事人所在地的中国有关行业或省市的定额价格或参考价格。

6. 在处理工程范围和设计深化成果之间关系时，仲裁庭应遵循下述原则进行判断：

（1）在承包商承担设计义务时，以业主需求为出发点，查明业主需求中的技术要求、经济技术指标、环保等要求。若设计深化成果没有超出业主需求中的要求，则可判定设计深化成果在工程范围之内。此时，一方当事人主张因存在设计深化而导致成果超出合同约定的工程范围并要求支付额外工程款项的，不应予以支持。

（2）在 EPC 合同中，承包商负有设计满足使用功能的义务。即使在合同没有明示约定应满足使用功能义务的，亦应默示承包商负有满足使用功能的义务。

（3）在设计施工（Design Build，DB）合同中，承包商负有按照业主的规划、方案和要求进行设计的义务。

（4）若技术参数存在一定的上限和下限的区间，业主有权要求在合同约定的技术参数区间进行设计，承包商不能主张额外价款。若业主在合同履行过程中提出的技术参数超出了合同约定的区间，则承包商要求业主支付额外价款时，应予支持。

（5）若业主需求为约定列明的某国或某地区或行业的技术规范，则承包商的设计应满足该技术规范的要求。

仲裁庭应结合合同约定，并以业主需求为出发点，根据案件事实和证据，对设计深化成果是否超出合同约定的工程范围作出认定。

【争议问题】

问题 6	工程变更责任承担主体及对工程变更导致的价格调整作出认定时，仲裁庭需考量的因素

如何认定工程数量超出工程量表（Bill of Quantity，BOQ）数量的责任承担主体？在认定发生工程变更时，仲裁庭就工程变更的价格调整作出认定时，应当考虑哪些因素？仲裁庭如何在仲裁裁决中认定和处理专家证人对于费用的意见？

【裁决指引性意见】

1.对于工程数量超出工程量表的主体责任，仲裁庭应根据不同类型的工程合同及其合同约定，判断主体责任。

（1）在单价合同中，由于单价合同按承包商实施的实际工程量计量，因此应按实际完成工程量予以计量和支付。因单价合同通常是业主设计、承包商施工的传统承包方式，所以一般由业主承担工程数量增减的责任。

（2）在 EPC 和设计施工 DB 合同中，因承包商负责设计，业主没有在合同履行过程中改变业主需求时，承包商应承担工程数量超出工程量表的责任。但需查明，工程数量的增减是否因业主改变业主需求导致。若业主改变业主需求，则业主应承担相应的工程变更的责任。

（3）国际工程分包合同的一方当事人以总价合同方式签订分包合同且承包商负责设计时，承包商应承担工程数量超出工程量表的设计责任。此时，仲裁庭应按不同情形进行判断：

①工程量表未标明某项或全部工程的工程数量，且合同约定分包商承担工程数量增减的风险，此时，分包商应承担工程量增减的风险。

②工程量表标明了某项或全部工程的工程数量，工程数量仅为参考，且合同约定分包商承担工程数量增减的风险，此时，分包商应承担工程量增减的风险。

③分包合同约定为固定总价合同，但工程数量的增减是由于工程变更导致的，分包商主张相应的工程变更价款时，应予支持。

2. 认定工程变更时，仲裁庭对于工程变更导致的价格调整作出认定应当考虑如下因素：

（1）合同约定的工程变更估价原则；在合同没有约定工程变更估价原则时，适用国际通行的工程变更估价原则处理工程变更价款。

（2）除非合同明示约定了工程变更价格调整条款，例如"工程数量超过原合同约定的工程数量 10% 或 15% 以上，承包商可以提出价格调整"，否则，仲裁庭应按工程变更估价原则认定工程变更的价款。

（3）在合同约定工程变更单价调整条款的情况下，例如典型的 FIDIC 红皮书 1999 版第 12.3 条，若承包商提出因工程数量增加超过合同约定的百分比和其他指标时，仲裁庭应首先查明是否符合合同约定的价格调整的前提条件。若工程数量增加没有改变承包商的施工方法，或没有导致承包商增加资源（人工、施工设备和材料）的，则不应予以调整合同价格。相反，如果工程数量增加导致承包商工作效率提高的，还应相应扣减合同价款。

3. 对于专家证人关于费用的认定意见，仲裁庭应遵循如下原则处理：

（1）对于双方当事人聘用的专家证人在《联合专家报告》中均认可的工

程价款或费用，仲裁庭应予以采信和支持。

（2）对于双方当事人聘用的专家证人在《联合专家报告》中无法达成一致的工程价款或费用，仲裁庭应根据案件事实、合同约定和工程变更估价原则，进行判断和说明并作出裁决。仲裁庭可考虑按下列顺序作出判断：

①合同约定的合同价格、单价或费率；

②若争议裁决委员会／争议委员会（DAAB）对价格、单价或费率作出决定，可考虑适用其作出决定中的价格、单价或费率；

③若工程师对价格、单价或费率作出决定，可考虑适用工程师作出决定中的价格、单价或费率；

④仲裁庭作出裁决时，应对如下事项作出说明：仲裁庭予以采纳与否，或者判定工程价格、单价或费率的标准。

第四章 工程价款

【争议问题】

问题 7　当事人因工程量表中单价、费率或价格产生争议的处理

就不同类型的国际工程合同中标价的工程量表（priced bill of quantity），当事人主张或抗辩其中的单价或价格错误，应由对方承担错误责任或后果的，仲裁庭如何处理？

【裁决指引性意见】

仲裁庭在处理当事人因工程量表中单价、费率或价格产生的争议时，应根据不同情形分别处理：

1.合同约定标价的工程量表中单价、费率或价格的错误，应仅限于简单的算术错误。一方当事人，通常是承包商或分包商，在主张其标价的工程量表中单价、费率或价格因考虑不周或存在错误等而要求予以调整时，不应予以支持。

2.根据业主招标文件中《投标须知》的规定，投标人的投标文件工程量表中出现的计算错误，业主已在评标过程中通过澄清以及更正措施对工程量表中单价、费率和价格作出调整的，此时，若承包商主张标价的工程量表中单价、费率或价格存在错误，不应予以支持。

3. 若标价的工程量表中的价格计算错误是由于"工程数量 × 单价"导致某项工程的价格结果计算错误的，此时，因标价的工程量表是合同文件的组成部分，具有法律约束力，某项工程的价格结果对双方当事人的具有约束力，应予遵守。所以，无论是单价合同还是总价合同，即使存在计算错误，也不应轻易因此调整工程价款。

4. 在单价合同中，若标价的工程量表中出现计算错误，例如"工程数量 100× 单价 10=900"（正确结果应为 1000），由于单价合同中的价格是承包商实际施工工程数量乘以单价得出某项工程的价格，因此仲裁庭不应简单地依据单价合同计量原则进行处理，而应查明和判断是否存在投标人故意制造计算错误以实现降低投标价格而中标的目的，并于其后利用单价合同计量原则获得利益的情形。若仲裁庭查明和判断存在前述情形，仍可将错误计算的工程价格（例如 900）作为应付工程价款。

5. 在总价合同中，若标价的工程量表中存在工程数量和单价，并据此得出某项工程的价格时，适用上述处理原则。

【争议问题】

问题 8 在审理价格调整争议时，仲裁庭需考量的因素

对于国际工程合同价格调整条款中约定的价格调整基期、指数来源、调整方法、汇率调整系数以及正负调差，当事人提出此类约定争议的，仲裁庭应如何处理？

【裁决指引性意见】

1. 当事人合同约定价格可以调整的，应根据当事人合同约定的价格调整公式或方法对价格进行调整，且仲裁庭在审理价格调整争议时应查明如下事项：

（1）合同约定的价格调整的基期（基准日期）和起算日期。

（2）价格指数来源。若合同约定的价格指数发布机构未能发布有关价格指数，或缺少某项价格指数的，仲裁庭可确定按同一区域某个国家或地区的价格指数作为计算依据。

（3）按合同约定的权重计算价格调整金额。

2. 依据合同约定的价格调整公式计算价格调整的，若调整公式最后结果大于1，则应根据调价公式调增合同价格（正调差）；若调整公式最后结果小于1，则应根据调价公司调减合同价格（负调差）。

3. 当事人合同约定采用固定总价模式的，除合同约定可以调整价格的情形外（例如工程变更、法律改变或情势变更等情形），不因其他因素对价格予以调整（例如正常的物价上涨、汇率变化等）。

4. 若合同约定的价格调整公式中包含汇率修正系数，则仲裁庭应根据汇率修正系数对价格予以调整。

【争议问题】

问题 9 仲裁庭如何认定国际工程分包合同中附条件支付条款的效力及该附条件支付条款的适用原则

【裁决指引性意见】

1. 在国际工程项目中，附条件支付条款通常是指分包合同的支付条款写明：承包商收到业主支付的分包工程价款后，承包商才向分包商支付分包工程价款，即承包商向分包商付款以收到业主的付款为前提条件。此类附条件支付条款类型通常包括 Pay-when-paid, Pay-if-paid, Pay-if-certified, Pay-when-certified 等。

2. 在分包合同中约定附条件支付条款时，仲裁庭在审理时应考虑下述情形：

（1）一方当事人主张附条件支付条款无效，例如业主付款后才予以支付分包商（Pay-when-paid）、业主或工程师签认后予以付款（Pay-if-certified）等，仲裁庭应根据合同适用法律有关规定作出裁决。当事人未主张合同条款无效，但主张在合理期限内付款的，应当予以支持。

（2）针对 Pay-when-paid 条款，仲裁庭应遵循如下适用原则：

①根据不同国家的法律规定确定 Pay-when-paid 条款的有效性。在适用英国法时，应注意：英国 1996 年《建筑法》第 113 条明确禁止 Pay-when-paid 此类附条件的分包支付条款，但业主破产的情形除外。在适用美国法时，应依据各州法律对于附条件支付条款效力的规定认定其效力。

② Pay-when-paid 条款不是承包商的一项"绝对的"权利，承包商在适用该条款抗辩分包商的付款主张时，应证明承包商已经采取了一切可用的措施促使支付条件成就。

③在仲裁过程中，承包商应举证证明其采取了一切可用的措施，不存在怠于履行向业主主张工程价款的义务。若承包商未能证明，则承包商不能以此抗辩分包商的付款主张。

（3）在适用外国法时，仲裁庭应查明外国法中关于附条件支付条款的法律效力相关规定。除非适用法律明文规定为无效条款，否则，仲裁庭应依据当事人意思自治原则和契约自由原则，不应认定附条件支付条款无效。但是，附条件支付条款不是承包商的绝对权利，仲裁庭应按照本争议问题【裁决指引性意见】第 2 目中的事实认定，支持在合理的期限内履行付款义务。对于合理期限的判断，仲裁庭可依据案件事实作出决定。

（4）在合同约定适用中国法时，当事人可以约定附条件的民事行为，待所约定条件成就时履行对应的义务，因此，不宜在适用中国法时必然认定附条件支付条款无效。仲裁庭应综合考虑案件事实，并参照《本指引》施工合同价款纠纷编【争议问题 8】"背靠背条款的适用条件"进行处理。

第五章　质量争议

【争议问题】

问题 10　国际工程合同纠纷中质量争议的处理

在国际工程质量争议中，仲裁庭如何处理工程师对工程质量的评价意见？仲裁庭如何向当事人释明工程质量缺陷的举证责任？当事人要求对案涉国际工程质量进行鉴定的，仲裁庭应如何处理？

【裁决指引性意见】

1. 在国际工程质量争议中，仲裁庭应遵循如下基本原则处理工程师对工程质量的评价意见：

（1）若双方当事人对于工程师的工程质量评价意见（例如实验方法、实验工具及其标定、实验采用标准、实验数据以及实验结论等）没有异议，则可采用工程师对于工程质量的评价意见。

（2）若任何一方当事人对于工程师的工程质量评价意见（例如实验方法、实验工具及其标定、实验采用标准、实验数据以及实验结论等）提出异议，则应通过双方当事人认可的第三方机构进行重新检验。

2. 在国际工程质量争议中，仲裁庭应依据法律一般原则即"谁主张、谁举证"原则要求当事人承担举证责任。

3. 在当事人要求对案涉工程质量进行鉴定的，仲裁庭应遵循如下原则：

（1）除非双方当事人同意共同选定或同意仲裁庭指定质量鉴定机构进行质量争议鉴定，仲裁庭宜在双方当事人均为中国境外当事人或一方当事人为中国境外当事人的仲裁案件中，采用专家证人方式进行质量鉴定。

（2）双方当事人同意仲裁庭指定鉴定机构的，仲裁庭可选用熟悉国际或国外技术标准和规范的国内鉴定机构或境外具有资格的鉴定机构或咨询机构进行质量鉴定。

（3）对国际工程项目质量进行鉴定的，应依据合同约定的技术标准和规范进行鉴定。

仲裁庭可依据下述情形确定技术标准和规范：

①当事人合同约定适用中国法律，且合同约定适用中国技术标准和规定的，应按照所约定的技术标准和规范进行质量鉴定；

②当事人合同约定适用中国法律，但合同另行约定工程适用的技术标准和规范的，应依据合同约定的技术标准和规范进行质量鉴定。

（4）当事人对鉴定机构出具的质量检验报告存在异议，且当事人同意另行聘用第三方鉴定机构进行检测的，应予支持。鉴定结论不一致的，由仲裁庭结合案件事实、当事人主张、证据和鉴定意见，确定工程质量是否合格。

（5）当事人因工程质量发生争议的，在工程质量被认定合格时，检验费用应由提出异议的一方当事人（通常为业主）承担；在工程质量被认定不合格时，应由负责实施该项工程的承包商承担。

（6）当事人因工程质量发生争议并导致工程停工的，鉴定机构检测工程质量合格的，一方当事人要求给予工期延长或费用赔偿的，应予以支持；鉴定机构检测工程质量不合格的，一方当事人要求赔偿损失的，不应予以支持。

第六章　开工日期、竣工日期和缺陷责任期

【争议问题】

问题 11　仲裁庭认定开工日期、竣工日期和缺陷责任期需考量的因素

国际工程合同中对于开工日期、竣工日期和缺陷责任期的约定不明或者条款内容有歧义时，仲裁庭认定相应日期时需结合本争议问题裁决指引性意见所述因素审慎考量。

【裁决指引性意见】

1. 当事人对开工日期、竣工日期和缺陷责任期存在争议的，在适用中国法的情形下，仲裁庭应依据中国法相关规定作出认定。

2. 当事人对开工日期、竣工日期和缺陷责任期存在争议的，在适用外国法的情形下，仲裁庭应依据外国法相关规定作出认定。在外国法没有相关规定或者当事人未能举证外国法中存在相关规定的，仲裁庭应遵守下列原则予以判定：

（1）当事人合同对开工日期、竣工日期和缺陷责任期有明确约定的，按合同约定。

（2）当事人合同对开工日期、竣工日期和缺陷责任期没有约定或约定不明的处理如下：

①业主或工程师通知开工日期为工程开工日期。

②合同约定开工日期为附条件的，以最后一个条件成就之日为工程开工日期。当事人放弃合同约定条件的，仲裁庭应以当事人放弃合同约定条件后的最后一个条件成就之日为工程开工日期。

③承包商或分包商实际进场日期与业主或工程师通知开工日期不一致的，以业主或工程师通知开工日期为准；如合同约定就分项工程分别签发开工通知的，应以各个分项工程签发的开工通知日期为准。

④业主在合同履行过程中，先后就整个工程发出两份或多份开工通知，若业主和承包商发生争议，仲裁庭应查明业主发出两份开工通知的事实和理由。若因业主未能履行合同义务（例如未能在合同约定的期限内给予承包商现场占有权或进入权，或者业主未能如期聘任工程师进场履行职责的），应以业主发出的第一份开工日期为准。承包商为此索赔工期延长和额外费用的，应予支持。

⑤以整个过程或区段 / 分项工程实质性完工（Substantial Completion）日期为竣工日期；在业主实际使用工程时，若无法确定实际竣工日期，则可认定业主实际使用工程日期为竣工日期，例如通车日期、通航日期、商业运行日期等。

⑥以仲裁庭上述认定的竣工日期为基准日起算缺陷责任期限。

⑦在承包商或分包商未能履行完毕缺陷维修义务，一方当事人主张延长缺陷责任期限的，应遵守合同关于缺陷责任期延长期限的约定。通常，缺陷责任期限最多只能就合同约定的期限延长一次。在延长的缺陷责任期内，一方当事人仍无法完成缺陷修复义务的，不宜再次给予延长，应以损害赔偿方式解决。

3. 一方当事人以相对方延迟或怠于履行竣工试验或竣工验收义务，造成竣工试验或竣工验收证书签发滞后，从而主张应以实质性完工日为竣工日期的，仲裁庭应查明：

（1）一方当事人是否按照合同约定发出缺陷消除清单（消缺清单 /Punch List）。

（2）消缺清单是否载明竣工试验或竣工验收前必须完成的消缺项目，以及可在缺陷责任期内完成的消缺项目；若消缺清单已载明必须在竣工试验或竣工验收之前完成的消缺项目，则承担消缺义务的当事人应完成且必须完成消缺项目才能进行竣工试验或竣工验收。

（3）若合同约定竣工试验、竣工验收或签发接收证书需要履行多项义务的，应以最后一项义务履行完毕之日作为工程竣工日期。

（4）若承担消缺义务的当事人已完成竣工试验或竣工验收的消缺义务，然而相对方当事人怠于履行竣工试验和竣工验收义务，应以实质性完工之日作为工程竣工日期。

第七章　工期延误和工期延误违约金

【争议问题】

问题 12　在认定工期延误违约责任时，仲裁庭需考量的因素

【裁决指引性意见】

1. 仲裁庭在判断工期延误责任时遵循如下基本原则：根据合同约定的当事人义务，综合考量履约过程中一方当事人或双方当事人是否存在工期延误行为，认定其行为、不作为或疏忽是否构成合同或适用法律项下的工期延误违约行为。

2. 在一方当事人，通常是承包商或者分包合同中的分包商，主张业主或分包合同中的承包商违约导致竣工日期的工期延长时，仲裁庭应查明如下事项：

（1）合同明示约定的义务。

（2）业主或分包合同中的承包商是否违反合同明示约定的义务，包括但不限于：

①未能在合同约定或进度计划约定的期限内提供现场占有权和进入权；

②未能任命工程师进入现场进行工程监督和管理工作；

③未能在合同约定的期限内发布指示；

④未能按照合同约定提供现场数据；

⑤未能在合同约定的期限内提供图纸或批准承包商设计的图纸；

⑥未能在合同约定的期限内签发付款证书和付款；

⑦业主导致的其他工期延长事件。

（3）合同明示约定的承包商有权索赔的非归责于业主的事件，包括但不限于：

①不可预见的地质条件或人为障碍；

②现场考古行为；

③极端恶劣的气候条件；

④项目所在地政府行为造成的延误；

⑤工程变更导致的工期延长；

⑥法律的改变或调整；

⑦不可抗力；

⑧合同约定的业主风险。

3.在另一方当事人，通常为业主或分包合同中的承包商，主张承包商或分包合同中的分包商未能履行合同义务时，仲裁庭应查明如下事项：

（1）合同约定履约义务条件是否满足；

（2）承包商或者分包商履约义务的资源是否符合合同的约定，包括项目管理人员、劳务、材料、施工设备等是否满足合同约定；

（3）承包商或分包商的履约是否满足进度义务的要求；

（4）承包商或分包商的履约是否满足质量义务的要求；

（5）承包商或分包商的履约是否满足安全、环保和健康要求；

（6）承包商或分包商的履约是否满足合同约定的其他义务要求；

（7）业主或承包商违约行为是否阻碍了承包商或分包商的履约。

【争议问题】

问题 13　在处理当事人的工期延误分析专家证人意见时，仲裁庭需考量的因素

【裁决指引性意见】

1. 仲裁庭对于一方当事人提出的工期延长或者工期延误违约金请求中涉及的工期延误分析评估，可由双方当事人共同选定的鉴定机构或当事人各自聘任的专家证人出具工期延误评估报告，作为证据供仲裁庭参考。

2. 仲裁庭在双方当事人对专家证人进行询问或交叉盘问的基础上，可按下述原则使用专家证人出具的工期延误评估报告和联合专家报告（Joint Expert Report）：

（1）双方当事人聘任的专家证人在联合专家报告中达成一致的工期延误事件及对应天数，仲裁庭可以采纳作为一方当事人有权索赔工期延误的事项和天数。

（2）对于双方当事人聘任的专家证人在联合专家报告中未能达成一致的工期延误事件及其天数，仲裁庭应依据事实、工期延误责任和专家证人工期延误评估报告和联合专家报告逐项进行判断。仲裁庭在对专家证人未能达成一致的工期延误事件和天数作出判断时，应考虑下列因素：

①概括说明申请人聘任专家证人意见及其理由；

②概括说明被申请人聘任专家证人意见及其理由；

③仲裁庭对工期延误事件和天数作出的决定、理由和依据。

3. 仲裁庭在对工期延误事件和天数作出判断时，应结合关键线路，查明：

（1）工期延误事件是否处于关键线路上。

（2）在判断工期延误天数时，可以工期延误事件直接影响关键线路的工作天数为原则作出判断。

（3）在仲裁庭无法对工期延误事件和天数作出判断时，可采用举证法，即以当事人或当事人聘任的专家证人或鉴定机构意见为依据或基础进行判断。

【争议问题】

问题 14　在判断国际工程项目中的关键线路及延误事件对竣工日期的影响时，仲裁庭需考量的因素

【裁决指引性意见】

1. 仲裁庭在使用关键线路法进行工期延误分析时，应考量如下基本原则：

（1）发生在关键线路上且非归责于承包商的原因（可原谅的延误）造成的延误，承包商可获得工期索赔。在这种情况下，通过干扰事件对网络计划的影响分析，获得一个新工期，新工期与原工期之差即为干扰事件对总工期影响的时间，承包商可索赔该时间差值。

（2）非关键线路上的工期延误且该工序或活动被延误的时间没有超过总时差，无论归责于谁，该工序或活动并不影响总工期，承包商因此不能获得工期延长。

（3）关键线路和非关键线路上的共同延误，若非归责于承包商的原因，则应给予承包商关键线路上受到延误的工期延长。若关键线路上的延误归责于承包商，而非关键线路上的延误非归责于业主，则承包商无法获得工期延长。

（4）非关键线路上的延误，但被延误的时间超过了其总时差，应进一步明确：①在非关键活动变成关键活动后，关键线路发生变化的，在这种情况下，该活动被延误的时间减去总时差，其差额就是项目总工期的延误；②在多个非关键活动被延误时，关键工序或活动以及非关键工序或活动均被延误，工程师和承包商应重新调整网络计划的时间参数，确定延误事项和延误时间。

2. 当事人对于工程项目的关键线路存在争议时，仲裁庭在认定项目的关键线路时，应按如下顺序考虑：

（1）承包商递交并经业主或工程师批准的基准进度计划中的关键线路。

（2）承包商递交并经业主或工程师批准的更新进度计划中的关键线路。

（3）若进度计划为项目管理软件编制时，项目管理软件中计算得出的关

键线路。

（4）在专家证人报告中对项目关键线路予以重新定义或关键线路发生变化的情况下，应由专家证人说明确定关键线路的前提条件，例如最长线路法、零时差或负时差、负时差值为多少时构成关键线路等事项。

（5）查明工期延误事件是否为下一步工作的必要前提工作，查明后续工作与工期延误事件的逻辑关系，从而以必要前提工作为依据判断工期延误事件是否处在关键线路上，是否构成关键线路的工期延误。

（6）采用当事人举证法，查明项目的关键线路。

3. 仲裁庭在确定工期延误事件对竣工日期的影响以及判断工期延误索赔是否成立时，应查明其是否属于如下情形：

（1）是否属于可原谅的延误。

①因业主和工程师引起的延误。对承包商而言，因业主及工程师造成的延误，属于可原谅的延误。

②因承包商原因引起的延误。由于延误是因承包商计划不周、不能及时及合理配置资源、施工拖沓、管理不善等自身原因造成的，因此这类延误属于不可原谅的延误。

③承包商不可控制的因素引起的延误。例如，异常恶劣气候条件、不可抗力、社会事件或者承包商不能控制的第三方原因引起的延误，此类延误不能归咎于业主、工程师和承包商中的任何一方，对承包商而言，此类延误属于可原谅的延误。

（2）是否属于可要求补偿的延误。

可要求补偿的延误是指非归责于承包商原因引起的工程延误，包括因业主和工程师引起的延误和承包商不可控制的因素引起的延误，且延误发生在关键线路上。在发生承包商不能控制的因素造成延误时，承包商只能索赔工期，而不能索赔费用，但合同另有规定的除外。若延误是由业主或工程师造成的，但该项延误未处于关键线路上，则承包商只能索赔费用，而不能要求延长工期。但若延误是业主或工程师造成的，且延误发生在关键线路上，则承包商既可索赔工期，又可索赔费用。

不可要求补偿的延误是指因承包商的原因造成的延误。若发生此类延误，则承包商无权要求工期延长，并应修订计划，改善管理，按合同规定的工期竣工。若承包商因自身原因未能按期完工，则业主有权向承包商索赔误期损失赔偿。

（3）是否属于关键线路上的延误。

（4）是否属于非共同延误造成的延误。

若某项活动是共同延误造成的，在判断工程延误之前，应首先根据共同延误规则判断主导原因，确定延误是属于可原谅的延误还是不可原谅的延误。

【争议问题】

> ### 问题 15 在认定国际工程项目中的共同延误及工期延长和损害赔偿时，仲裁庭需考虑的因素

【裁决指引性意见】

1. 仲裁庭在处理当事人之间争议是否属于共同延误时，应查明的事项：

（1）为了确定影响竣工日期的延误事件或可能影响竣工日期的延误事件，应检查工程的实际关键线路。此外，还应考虑延误发生后处于关键线路上的将来的工程进度活动。

（2）在决定顺序事件和共同延误事件时，应仔细检查与共同延误有关的问题，考虑延误发生时哪些活动是将来工程进度的关键活动。

2. 仲裁庭应依据下述原则处理因共同延误产生的工期延长和额外费用索赔问题：

（1）对工期延长权利的影响：在承包商的延误导致无法按期完工时，或者承包商的延误与业主的延误同时发生时，承包商的延误不应给予工期延长。

（2）对延期费用补偿权利的影响：若由于业主的延误和承包商的延误两方面的原因导致承包商发生了额外费用，则承包商仅有权对能够单独区分出来的业主延误所导致的费用要求补偿。若因承包商的延误导致发生了额外费用，承包商无权要求额外费用补偿。

（3）时差和共同延误的识别：只有存在适合的进度计划并进行适当更新时，才能对时差和共同延误进行准确的识别。

3. 仲裁庭对于关键线路上的延误和非关键线路的共同延误的处理原则。

（1）在可归责于业主的延误事件处于非关键线路上而可归责于承包商的延误（例如因缺少资源进展缓慢时）处于关键线路上时，不应给予任何工期延长。

（2）在可归责于业主的延误时间和可归责于承包商的延误事件同时发生在平行的关键线路上时，应依据平行关键线路的时间差给予工期延长。

【争议问题】

问题 16 　 在认定和计算工期延误违约金时，仲裁庭需考量的因素

【裁决指引性意见】

1. 仲裁庭在处理一方当事人，通常是业主或者分包合同中的承包商，主张工期延误违约金时，应查明如下事项并基于如下原则作出判断：

（1）在合同明确约定工期延误违约金条款（例如按日、周或月等计算工期延误违约金金额以及最高上限金额的），一方当事人主张工期延误违约的，应在查明下文所述情形后，根据案件事实和证据作出裁决。

（2）在合同没有明确约定工期延误违约金的情况下，一方当事人主张工期延误违约金的，不应予以支持。

（3）若合同仅约定按日、周或月等计算工期延误违约金金额，但没有约定最高上限金额的，应视为合同约定有效，但工期延误违约金最高上限不能超过适用法律规定的限度，或仲裁庭依据案件事实和证据得出的最高金额上限。

（4）在适用普通法系国家法律的情况下，工期延误违约金不能构成罚款。若合同明确约定为工期延误罚款，则可认定该条款无效。

（5）在适用大陆法系国家法律的情况下，合同可约定为工期延误违约金或者工期延误罚款，但最高上限不能超过适用法律规定的限度。在法律无明文规定的情况下，工期延误罚款不能超过仲裁庭依据案件事实和证据得出的

最高金额上限。

2. 仲裁庭在判断工期延误违约金时，除应以合同明确约定的工期延误违约金条款和适用法律的规定作为基本原则外，还应查明和考量如下因素：

（1）工期延误违约责任。

（2）违约方造成的整个工程的工期延误天数。在存在合同约定的单项工程、区段工程、里程碑或节点工期延误违约金时，违约方造成的单项工程、区段工程、里程碑或节点工期延误的天数。

（3）在计算工期延误天数时，应将计划竣工日期与仲裁庭认定的竣工日期，或者工期延误天数扣除仲裁庭认定的承包商或分包合同中的分包商有权索赔的工期延长天数，得出工期延误天数后，乘以合同约定的日、周或月等工期延误违约金，确定工期延误违约金金额。

（4）若合同约定：整个工程竣工后，整个工期未受到延误或工期延长已获得批准则豁免工期延误责任的，对于在履约过程中已经扣除的单项工程、区段工程、里程碑或节点工期延误违约金金额，应予以退还。

3. 在合同提前终止的情况下，仲裁庭在判断一方当事人是否应承担工期延误违约金时，应考虑如下因素：

（1）合同的明示约定。

（2）在适用普通法的国家或地区，相关判例得出的法律结论。

（3）在合同没有明确约定且适用法律未予明确规定的情况下，仲裁庭可依据案件事实和证据对不同情形作出判断：

①若在合同终止前已存在工期延误，且工期延误责任可归责于承包商或分包商，业主提出工期延误违约金的，应予支持，但在合同约定的原竣工日期之前终止合同的除外。

②对于合同终止后的工期延误，当事人应根据违约损害赔偿的一般原则计算损失。

【争议问题】

| 问题 17 | 在认定基于工期延误产生的相关费用补偿时，仲裁庭需考量的因素 |

【裁决指引性意见】

1. 发生工期延误，一方当事人索赔延期费用时，仲裁庭应考量如下事项并按下述原则进行判断：

（1）工期延误是可原谅的延误，即工期延误责任是业主造成的；还是不可原谅的延误，即承包商导致的。

（2）承包商有权索赔延期费用是指可补偿的延误，而不是不可补偿的延误。可补偿的延误事件包括业主违约导致的延误和业主承担风险事件导致的延误。不可补偿的延误包括项目所在地政府造成的延误、极端恶劣气候条件造成的延误等非归责于业主的延误和风险事件。

（3）在发生共同延误时，承包商只能索赔工期延长，而不能索赔额外费用，包括延期费用，即给予工期延长而不能给予额外费用原则（Time No Money Doctrine）。但根据对共同延误的判断，能够识别出不属于共同延误期间发生的延期费用，承包商可以主张。

（4）工期延误是由于工程变更或增加工程导致时，若工程变更价格和增加工程价格中已包含现场管理费等间接费用，承包商还主张延期费用的，属于重复主张，不应予以支持。

2. 一方当事人可以提出延期费用的内容和范围，仲裁庭应查明如下事项并按照如下原则进行判断：

（1）现场管理费，包括非生产管理人员工资、办公室安置摊销费用和租赁费用、保安监控和照明、仓库和车间等安置和维修费用、合同保险和保函延期费用、小型工具的提供和维护、生活和旅行的费用和补贴等间接费用。

（2）总部管理费，为现场以外发生的费用。

（3）其他成本和费用，包括融资成本等。

3.仲裁庭在确定延期费用的举证责任时，应遵循"谁主张、谁举证"的基本原则：

（1）对于现场管理费的计算，若按照合同约定的单价分析表中的现场管理费费率计算，一方当事人可在仲裁中使用现场管理费比例计算现场管理费用。合同没有约定单价分析表的，且一方当事人无法证明现场管理费比例的，应采用实证法证明现场管理费用。

（2）一方当事人主张采用实证法证明现场管理费的，且证据为可采信的，可采纳由当事人通过举证确定的现场管理费用。

（3）一方当事人采用国际通用的总部管理费计算公式的，例如哈德逊公式（Hudson Formula）、艾姆顿公式（Emden Formula）或爱其利公式（Eichleay Formula）等，另一方当事人提出异议的，仲裁庭可依据案件事实和证据予以采纳。一方当事人根据财务报表数据计算总部管理费的，仲裁庭亦可依据案件事实和证据予以采纳。

（4）对于其他成本和费用，例如融资费用，仲裁庭可查明如下事项并按下述原则处理：

①承包商实际支付的合理融资利息。

②应以承包商贷款银行收取的费用为基础计算融资费用，即以同一时期银行收取的等同费率或复利计算融资费用。

③在承包商自我融资或公司集团内部拆借时，应以承包商或公司集团能够获得的存款利息为基础计算融资费用。

4.一方当事人提出延期费用索赔时，应提供相应的证据证明延期费用已实际发生。

第八章　法律变更、国际制裁、不可抗力和情势变更

【争议问题】

问题18　认定合同履行存在法律变更及法律变更对合同双方权利义务产生的影响时，仲裁庭需考虑的因素

【裁决指引性意见】

1. 一方当事人以工程所在国的法律变更为由向另一方当事人主张索赔的，仲裁庭应考虑如下因素：

（1）合同关于法律变更时一方当事人索赔权利的约定。若合同有此约定的，一方当事人可依据合同约定向另一方提出索赔；若合同没有约定的，一方当事人可依据工程所在国法律提出索赔。

（2）工程所在国法律的改变导致一方当事人成本和费用增加的，一方当事人主张应予补偿的，仲裁庭可依据事实和证据予以认定和支持。

（3）工程所在国法律的改变导致一方当事人的履行遇到困难，在部分履行遇到困难导致不能履行的，一方当事人要求解除部分履行的，应予支持。

（4）工程所在国法律的改变导致一方当事人无法履行合同义务的，一方当事人要求解除合同履行的，应予支持。

2. 仲裁庭应根据工程所在国法律变更的不同情形处理因法律变更产生的争议。

（1）工程所在国调整增值税税率的，在业主或分包合同中的承包商没有

调整合同价格的情形下，一方当事人以此为由主张调整合同价格的，应予支持。调整增值税税率的同时，应相应调整合同价格。

（2）工程所在国调整预提税的，考虑到预提税为所得税预提，一方当事人以此为由进行索赔要求补偿的，不应予以支持。

（3）工程所在国增加或调整其他附加税，导致成本增加的，一方当事人以此为由进行索赔要求补偿的，应予支持。

（4）若合同明示约定进口永久性设备和材料为免除关税，但在合同签订后工程所在国对之前免税的永久性设备和材料征收关税的，一方当事人以此为由进行索赔要求补偿的，应予支持。

（5）在承包商承担汇率风险的情况下，工程所在国汇率贬值时，承包商要求给予汇率补偿或调整合同价格的，不应予以支持。

（6）在签订合同后，若工程所在国外汇管制政策或法律发生改变，一方当事人主张履约困难的，应由主张的一方当事人承担举证责任，证明履约困难及其程度。仲裁庭可依据案件事实和证据，根据当事人的请求作出裁决。

【争议问题】

问题 19　一方当事人在国际工程合同争议中主张不可抗力事件并据此主张免责或要求损害赔偿的，仲裁庭需考虑的因素

【裁决指引性意见】

1. 在一方当事人主张因不可抗力事件导致无法履行合同义务，要求部分解除或全部解除履行合同义务的，仲裁庭应依据不同法律体系的法律规定进行认定并考虑如下因素：

（1）在大陆法系（或成文法）的国家，若合同没有明确约定不可抗力条款，则任何一方当事人可以依据适用法律中不可抗力的法律明文规定，主张其权利或者提出抗辩。

（2）在普通法系国家，应区分如下情形予以处理：

①若合同明确约定不可抗力（或称为例外风险、特殊风险）条款，则应按照合同约定的不可抗力条款予以解释，判断不可抗力的构成要件及其是否构成不可抗力事件。

②若合同没有明确约定不可抗力条款，依据适用法律的法律制度、法律规定或判例，例如合同落空（Frustration of Contract，或称合同受阻）、履约不能（Impossibility of Performance）或无法履行（Impracticability of Performance）等，解释不可抗力要件，认定是否构成不可抗力事件及其对当事人履约的影响。

2.在大陆法系（或成文法）国家，仲裁庭应根据不可抗力的明文法律规定，判断不可抗力的构成要件并结合案件事实和证据进行认定，通常存在如下构成要件规定：

（1）一方无法控制的；

（2）不可预见的（若法律明文规定不可抗力事件须为不可预见的情形）；

（3）当事人不能履行部分合同义务或全部合同义务；

（4）不能履行与不可抗力事件存在因果关系。

3.在使用FIDIC合同条件的情况下，仲裁庭应根据合同约定的不可抗力定义中界定的不可抗力事件构成要件，判断某事件是否构成不可抗力。

（1）一方无法控制的；

（2）该方在签订合同前，不能对之进行合理防备的；

（3）发生后，该方不能合理避免或克服的；

（4）不能主要归因于他方的。

由于FIDIC合同采用了非穷尽的不可抗力事件列举方式，这些事件仅应视为具体规定的事件举例，决定某事件是否构成不可抗力仍需满足上述不可抗力定义中的构成要件。而且需要注意的是，FIDIC合同条件中未约定不可抗力事件具有不可预见性。

在FIDIC合同条件下，为了判断某事件是否构成不可抗力，仲裁庭需要依据案涉事实和证据进行确定：

（1）不可抗力事件是否适用合同约定的定义中界定的条件。

（2）不可抗力事件是否阻碍（Prevented）了承包商履行合同义务，使得承包商履行整个或部分合同义务实际上或法律上成为不可能，而不是更加困难或无法获取利润。除了阻碍承包商履行整个或部分合同义务外，更多的可能是妨碍（Hindered）或延误（Delayed）了承包商履行整个或部分合同义务。

（3）不可抗力事件与阻碍承包商履约之间存在因果关系。

（4）不存在避免事件发生可采取的合理措施。

4. 在普通法系国家或地区，在满足不可抗力事件或合同落空、无法履约或履约不能等判例确定的法律验证标准外，还应查明和判断如下事项：

（1）依据合同约定，一方当事人没有在合同约定的期限内发出不可抗力通知，是否导致丧失主张不可抗力的权利。

（2）合同落空、履约不能或无法履约与不可抗力事件是否存在因果关系。

（3）是否符合若无验证标准（But for Test），即在发生不可抗力事件时，一方当事人可以通过其他方式履行合同，例如绕道、聘用当地分包商等。

5. 在合同约定不可抗力持续期限或累计持续期限达到一定天数时，一方当事人可以提出终止合同的情况下，应查明并判断如下事项：

（1）不可抗力持续期限或累计持续期限是否达到合同约定的天数。

（2）一方当事人在不可抗力持续期限或累计持续期限达到合同约定的天数发出终止合同通知的，应按如下原则处理：

①在一方当事人发出终止合同通知时，仅具备解除合同的必要条件，仲裁庭还应查明一方当事人是否还能履行义务。只有在不能履行合同的必要条件成就的情况下，终止合同通知才能被认定具有法律效力，合同可予以解除。

②在一方当事人发出终止合同通知时，合同仍可继续履行或不具备不能履行的必要条件的，则终止合同通知不具有法律效力，合同不应予以解除。

【争议问题】

问题 20 当事人在国际工程合同争议中主张情势变更并据此要求损害赔偿的，仲裁庭需考虑的因素

【裁决指引性意见】

1. 在一方当事人以人工费、材料价格或海运费大幅上涨为由主张调整价格的，仲裁庭应查明并判断如下事项：

（1）在合同约定价格调整公式的情况下，应适用合同约定的价格调整公式进行价格调整。若一方当事人提出的价格调整公式不能反映或体现物价上涨的真实情况的，不应予以支持。

（2）在合同为固定总价合同、合同没有约定价格调整公式且约定由承包商或分包合同中的分包商承担物价上涨风险时，若承包商或分包商主张因物价上涨要求给予补偿的，不应予以支持。

2. 在一方当事人以人工费、材料价格或海运费大幅上涨为由主张情势变更的，仲裁庭应查明并判断如下事项：

（1）适用法律关于情势变更的明文规定及其构成要件。

（2）合同约定的风险分担范围；人工费、材料和海运费价格上涨是承包商的风险还是业主的风险。

（3）人工费、材料价格和海运费上涨是属于一般商业风险还是属于情势变更范围内的商业风险。

（4）在合同约定人工费、材料价格和海运费上涨的范围或幅度的情况下，若物价上涨在合同约定的上涨范围和幅度范围内的，风险应由承包商或分包合同中的分包商承担；超过合同约定的上涨范围和幅度范围以外的，风险应由业主或分包合同中的承包商承担。

3. 仲裁庭应严格把握情势变更的认定标准，充分认识到情势变更的法律验证标准是最为严格的验证标准之一，因此在判断情势变更事件是否导致合同签订时的财务平衡被打破时，应严格把握。只有在物价上涨达到一定的程

度时，才能判断合同签订时的财务平衡被打破。物价上涨程度和范围应由仲裁庭根据案件事实和证据予以判断。

【争议问题】

| 问题 21 | 当事人主张因国际制裁、有关行政当局实施的禁运、封锁措施对合同履行产生不利影响，要求减免合同有关违约责任的，仲裁庭需考虑的因素 |

【裁决指引性意见】

1. 一方当事人以国际制裁、禁运或封锁措施要求减免违约责任的，仲裁庭应查明并考虑如下因素：

（1）在合同明确约定国际制裁、禁运或封锁措施为不可抗力事件的情况下，按照不可抗力的法律验证标准予以判断。若仲裁庭认定构成不可抗力事件的，在一方当事人请求减免违约责任时，应予支持。仲裁庭在确定减免责任的范围和程度后，认定减免违约责任的程度。

（2）合同没有约定国际制裁、禁运或封锁措施为不可抗力事件的情况下，一方当事人以国际制裁、禁运或封锁措施为不可抗力事件的，仲裁庭应按不可抗力的法律验证标准，根据案涉事实和证据判断和确定是否构成不可抗力事件。

2. 一方当事人以国际制裁为由拒绝履行合同义务的，仲裁庭应根据案涉事实和证据，判断和确定国际制裁是否对合同履行造成实质性或根本性的影响，从而判断和认定一方当事人要求减免违约责任的主张是否应予支持。

3. 一方当事人以禁运或封锁措施为由要求减免违约责任的，仲裁庭应根据案涉事实和证据，判断和确定禁运或封锁措施是否对合同履行造成实质性或根本性的影响，从而判断和认定一方当事人要求减免违约责任的主张是否应予支持。

第九章　索赔通知

【争议问题】

问题 22　在适用国际工程合同争议中的索赔时效条款时，仲裁庭需考量的因素

【裁决指引性意见】

1. 当事人合同约定了承包商或业主索赔应该遵守时效的处理。

即合同明确约定：如果承包商或业主未能在知道或应当知道索赔事件发生 28 天（或任何其他天数）内向另一方当事人发出索赔通知，则丧失索赔工期延长和／或额外付款的权利，仲裁庭应按如下原则查明并作出认定：

（1）当事人合同适用普通法的司法管辖地法律的，仲裁庭应查明合同的约定、法律的明文规定和相关判例，作出裁决。原则上，索赔时效条款依契约自由原则应予遵守并认定有效。但下列情况除外：

①合同约定索赔时效，但当事人另外就工期延长和／或额外付款达成一致的，视为当事人放弃索赔时效约定；

②合同约定索赔时效，但当事人商定就工期延长和／或额外付款另行进行协商的，视为当事人放弃索赔时效约定；

③合同约定索赔时效，但经查明当事人存在先工作后进行索赔处理的一致意见的，视为当事人放弃索赔时效约定；

④合同约定索赔时效，但经查明当事人商定发包方先行向业主索赔然后

根据业主索赔结果处理的，视为当事人放弃索赔时效约定；

⑤合同约定索赔时效，但经查明当事人之间存在改变索赔时效条款的意思表示，或当事人以行为改变索赔时效条款的，应视为放弃索赔时效约定。

（2）在适用其他司法管辖地法律时，仲裁庭应依据当事人合同约定和适用法律，在查明事实的基础上，依据合同约定和适用法律作出裁决。

（3）无论适用法律为哪个国家或地区，仲裁庭在判断索赔时效条款时，应判断和说明索赔时效是否构成一方当事人索赔的前提条件。

2. 当事人合同仅约定一方当事人在约定期限内发出索赔通知，但合同未明示约定一方当事人未在约定期限内发出索赔通知则丧失索赔工期延长和/或额外付款的，则不应将此类合同约定视为索赔时效条款。

3. 仲裁庭在判断一方当事人是否在引起索赔事件发生后的一定期限内发出索赔通知，应根据不同情形分别处理：

（1）对于瞬间或非持续性的、引起索赔的事件，应以引起索赔事件发生之日作为索赔时效起算日期。这类事件通常包括阻工、非持续性的塌方事件、暴雨、地震、逾期付款等事件。

（2）对于持续性的、引起索赔的事件，应以事件结束日期作为索赔时效的起算日期，但合同明示约定以事件首次发生的日期作为索赔时效的起算日期的除外。例如某项技术问题，当事人经过长达数月最终确定方案，此时应以最终确定方案的日期作为索赔时效起算日期。但是，对于持续性的塌方事件等，应在塌方事件首次发生后的索赔时效期限内发出索赔通知。

（3）对于持续性的、引起索赔的事件，若当事人因索赔通知发生争议，仲裁庭可依据案件事实和证据进行判断，处理原则为：

①对于未发出索赔通知日期之前的工期延长和额外费用索赔，不予支持。

②对于自发出索赔通知日期之日加上之前的合同约定的索赔期限，自此日期起，一方当事人主张工期延长和额外费用索赔的，应予支持。

4. 一方当事人以项目开工时发出的一封概括性的、对所有今后发生的引起索赔事件提出索赔的通知主张其均构成索赔通知的抗辩，不应予以支持。

5. 一方当事人以另一方当事人未能在合同约定的期限内，例如42天内，递交索赔详情报告而主张其丧失索赔权利的，不应予以支持，但存在FIDIC合同2017年版明示约定情形的除外。

【争议问题】

问题 23 | 在适用中国法的情况下，一方当事人未能在合同约定的索赔期限内发出索赔通知的处理

在适用中国法的情况下，一方当事人未能在合同约定的索赔期限内发出索赔通知，但在仲裁过程中主张适用《新建设工程司法解释（一）》中的"合理抗辩"时，仲裁庭应考虑哪些因素？

【裁决指引性意见】

在一方当事人以另一方当事人未在合同约定期限内发出索赔通知丧失索赔工期延长和额外费用权利的，另一方当事人以主张在适用中国法的情形下按照《新建设工程司法解释（一）》第 10 条中的"合理抗辩"，有权索赔工期延长和额外费用的，仲裁庭应按如下原则处理：

1.《新建设工程司法解释（一）》第 10 条规定"承包人提出合理抗辩的除外"，意味着合同约定的索赔期限并非完全绝对使当事人丧失索赔权利。该司法解释应当理解为，如存在"合理抗辩"理由，当事人并不因未能遵守索赔期限条款而丧失索赔权利，而可以享有法律赋予的索赔权利。

2. 该司法解释仅为明确索赔期限条款的效力，并未排除法律规定的一方当事人在建设工程施工合同中享有法律赋予的索赔权利。对于"合理抗辩"的解释，应在现有法律规定范围内予以解释。

3. 在适用《民法典》的情况下，适用《民法典》及其司法解释中一方当事人请求工期顺延或额外费用的法定情形。

【争议问题】

问题 24 一方当事人在国际工程合同争议中主张索赔通知无效时，仲裁庭需考量的因素

【裁决指引性意见】

1. 当事人对索赔通知效力产生争议的，仲裁庭应按照下述原则认定索赔通知是否具有法律效力：

（1）下述情况构成一份有效的索赔通知：

①信函标题标注为"索赔通知"，或者"索赔意向通知"等含有索赔文字的信函；

②信函标题没有标注"索赔通知"或"索赔意向通知"文字，但信函内容中写有"承包商保留索赔权利"，或"该函件将视为第 × 款项下的索赔通知"，或"索赔不可避免"等此类文字的信函；

③信函中载有"索赔"或"要求补偿或赔偿"等类似文字的信函。

（2）如果信函内容仅说明事件或情况，而信函中也没有出现"索赔"等类似文字，则可能出现此函是否构成索赔通知的争议。一般而言，若仅仅描述事件或情况，而没有明示提出索赔要求，则应认为此信函不构成索赔通知。

（3）在合同明示约定通知（Notice）为大写的通知 NOTICE 时，此时，合同约定的索赔通知应满足合同约定的格式或合同要求。在合同没有明示约定通知（Notice）是大写的通知 NOTICE 时，只要通知中存在"索赔"等类似文字，即可认定其构成有效的索赔通知。

2. 一方当事人以会议纪要中载明的索赔意向为由主张构成有效的索赔通知的，仲裁庭应查明如下事项：

（1）若合同明确约定会议纪要不能构成索赔通知的，一方当事人以会议纪要载明的索赔意向主张构成索赔通知的，不应予以支持。

（2）合同没有明确约定会议纪要不能构成索赔通知的，考虑到索赔是一方当事人的权利主张，应遵循以适当的明示方式进行意思表示的原则，不应予以支持。

【争议问题】

问题 25 **在处理国际工程合同中工程变更是否需要一方当事人发出索赔通知时，仲裁庭需考量的因素**

【裁决指引性意见】

当事人主张工程变更无须发出索赔通知的，仲裁庭应按照下述基本原则进行判断：

1. 在发生工程变更时，考虑到变更与索赔法律性质不同，一方当事人要求对方当事人予以补偿或变更估价的，仲裁庭不应以一方当事人未在约定的期限内发出索赔通知为由否认工程变更估价的权利。

2. 在发生工程变更时，若工程变更变成索赔的，例如工期延长索赔，则应发出索赔通知，但双方已对工程变更导致的工期延长达成一致或另行协商的情形除外。

3. 双方当事人对是否构成工程变更产生争议，一方当事人以索赔方式主张权利的，应根据合同约定的索赔通知期限发出索赔通知。

【争议问题】

问题 26 **在处理一方当事人索赔工程价款利息，另一方当事人以一方未发出索赔通知为由进行抗辩时，仲裁庭需考量的因素**

【裁决指引性意见】

一方当事人以另一方当事人逾期付款为由按照合同约定主张利息，另一方当事人抗辩一方当事人未依据合同约定发出索赔通知，从而主张一方当事人的请求无效的，仲裁庭不应以一方当事人未在约定的期限内发出索赔通知为由否决当事人主张利息的权利，即另一方当事人以一方当事人未发出利息索赔通知为由否认索赔权利的，不应予以支持。

第十章　违约责任及其损害赔偿

【争议问题】

问题 27　认定"满足使用功能责任"和"运用合理技能及谨慎义务"时，仲裁庭需考量的因素

仲裁庭认定"满足使用功能责任（Fit for Purpose）"和"运用合理技能及谨慎义务（Reasonable Skill and Due Care）"时，需要考虑哪些因素？

【裁决指引性意见】

1. 在 EPC、设计施工、交钥匙合同或者设计合同中，双方当事人就设计义务产生争议，仲裁庭对于业主的举证责任，应考虑如下因素：

（1）对于业主而言，除非合同约定明确排除适用"满足使用功能"的义务，否则业主只需证明设计咨询工程师或承包商知道工程的预期功能，并且业主依赖其技能和判断。

（2）对于业主而言，在设计咨询工程师或承包商承担"满足使用功能责任（Fit for Purpose）"的情况下，业主不需证明设计咨询工程师或承包商存在过失，只需证明设计咨询工程师或承包商知道预期的功能，而设计未能符合该项特定功能。

（3）在设计咨询工程师或承包商承担"运用合理技能及谨慎义务（Reasonable Skill and Due Care）"时，业主需证明设计咨询工程师或承包商未

履行合理的技能和谨慎义务，并对其存在过失承担举证责任。

2. 仲裁庭在认定"满足使用功能"的法律验证标准时，可参照买卖合同，考虑如下因素：

（1）买方应让卖方知道，或卖方有理由知道货物的特定使用功能；

（2）买方依赖卖方的技能和看法；

（3）在买方并不依赖卖方的技能和看法，或在合同中将其排除在外，或在合同中将该项义务进行了修改时，就不存在该项默示担保。否则，视为存在此项默示担保义务。

3. 仲裁庭在认定设计咨询公司或设计人员或承包商负有谨慎义务时，应考虑如下因素：

（1）谨慎义务是一项法定义务；

（2）谨慎义务的责任后果源于一方对另一方负有谨慎义务，在一方对另一方无须承担谨慎义务的情形下，受害一方不能以对方违反谨慎义务而采取法律行动；

（3）在合同中没有明示条款规定服务内容时，法律默示应以"合理的技能和谨慎（Reasonable Skill and Care）"履行合同；

（4）谨慎义务的存在和范围依当事人之间关系的具体情形确定，受损害一方的可得利益应在负有谨慎义务一方可以合理预见的（Reasonable Foreseeable）范围内。负有谨慎义务一方是否可以预见行为对他人的损害，为应依案件具体情况判断的事实问题。

4. 仲裁庭在适用谨慎义务的验证标准时，还应考虑如下因素：

（1）损害发生的可能性。不同行为对同一客体产生损害的可能性有高有低，根据可能性的高低、大小，当事人应采取不同的谨慎态度和行为。在国际工程项目中，基于如下原因，设计对工程项目损害发生的可能性是最大的：设计错误、考虑不周等行为会导致整个项目的失败，且该错误在施工过程中承包商无法控制和挽救。然而，承包商也应足够地谨慎和注意，按照合同要求进行施工，才能有效避免损害发生的可能性。

（2）可预见损害的严重性。若能预见损害发生会造成重大损害，行为人应采取与这一严重程度相当的谨慎预防措施。在国际工程项目中，咨询工程师、承包商或分包商均有能力预见损害的严重性。

（3）防止损害措施的成本和实施的可能性。防止损害并采取措施会造成费用、时间和劳务的负担。与一般侵权行为不同，在国际工程项目中，咨询工程师、承包商或分包商应考虑采取预防措施将造成的负担，然而成本和费用一般不能成为免除侵权责任的理由。

（4）被申请人行为的目的。在一般侵权行为中，需要甄别行为的目的。但在国际工程项目中，发生侵权之诉时，被申请人行为的目的不会成为仲裁庭认定的重点，因为目的可能是显而易见的。

5. 仲裁庭在认定一方当事人违反满足使用功能义务须承担责任时，应考虑如下因素：

（1）一方当事人自负费用修复缺陷。若未能在规定时间内修复，则另一方当事人可由其自己或雇用他人进行修复，费用由承包商承担。

（2）延长缺陷通知期限，但不得超过两年。

（3）终止合同。

（4）收回对工程或未能满足使用功能的部分工程的全部支出总额，加上融资费用和拆除工程、清理现场以及将生产设备和材料退还给承包商所支付的费用。在合同明确约定了责任限制的情况下，一方当事人对另一方当事人的全部责任不应超过合同约定的总额。

【争议问题】

问题 28 **在国际工程分包合同中，认定分包商是否承担总包商对业主的损害赔偿责任时，仲裁庭需考量的因素**

【裁决指引性意见】

1. 在业主以承包商违约为由终止或解除合同的情形下，承包商又以分包商违约造成业主终止合同而要求分包商赔偿其向业主赔偿的损失的，仲裁庭在审理时应考虑如下情形：

（1）承包商或分包商在分包合同项下的违约行为及其违约程度。

（2）业主终止合同的原因。

（3）分包商违约与业主终止合同是否存在直接的因果关系。仲裁庭在审查因果关系时，应确定分包商违约直接导致业主终止合同系存在一因一果的情形，而非多因一果的情形。

（4）分包合同是否明确约定责任和风险传导条款，且是否约定分包商承担其在主合同项下的违约责任。

2. 仲裁庭应尊重分包合同的相对性，除非分包合同约定分包商承担承包商在主合同项下的违约责任，且分包商违约直接导致主合同的终止，存在一因一果的情形，否则不应认定分包商承担承包商向业主的损害赔偿责任。

3. 仲裁庭应把握的总体原则是：根据分包合同的约定认定承包商或分包商之间的违约责任，并据此认定分包合同项下承包商或分包商应承担的损害赔偿责任。

【争议问题】

问题 29　在处理国际工程合同争议中的损害赔偿时，仲裁庭需考量的因素

【裁决指引性意见】

1. 仲裁庭应根据合同约定的当事人义务及其范围，在查明事实和证据的基础上，根据合同约定并依据适用法律规定判断当事人的违约责任。

2. 仲裁庭应根据当事人合同约定并依据适用法律的规定，在查明事实和证据的基础上，判断当事人违约责任程度：

（1）轻微违约（Minor Breach）；

（2）重大违约（Material Breach）；

（3）实质性违约（Substantial Breach）；

（4）根本性违约（Fundamental Breach）。

3. 当事人对终止（或解除）合同通知有效性存在争议的，仲裁庭应在查明事实并判断一方当事人是否存在重大违约（例如大陆法系国家或地区）或

实质性违约或根本性违约（例如普通法系国家或地区）的基础上认定终止合同通知的有效性。

4.一方当事人以另一方当事人存在故意违约行为请求损害赔偿的，仲裁庭应根据合同约定并依据适用法律的规定，严格审查当事人是否存在故意违约行为并作出裁决。

5.一方当事人不履行合同义务或者履行合同义务不符合约定，给相对方造成损失的，损失赔偿额应相当于因违约所造成的损失，包括合同履行后可以获得的利益，但不得超过违反合同一方订立合同时预见到或者应当预见到的因违反合同可能造成的损失。

6.当事人合同约定违约金的，例如工期延误违约金、性能保证违约金等，一方当事人以另一方当事人违约为由主张违约金的，仲裁庭应在查明事实和证据的基础上作出裁决。仲裁庭在对违约金请求进行裁决时，应考虑如下情形：

（1）在适用法律为普通法系国家或地区时，违约金构成罚款的，不应予以支持；

（2）一方当事人以违约金过高要求调减的，仲裁庭应在查明事实和证据的基础上，酌情予以调减。

7.业主以承包商违约为由主张终止合同并要求承包商赔偿其重新招标导致的新签合同与原合同差价的，仲裁庭应根据合同约定并依据适用法律的规定作出裁决。在此种情形下，仲裁庭应严格审查业主的损害赔偿请求，并考虑如下因素：

（1）违约与损害赔偿相当原则。

（2）承包商违约程度。

（3）新合同与原合同价格条件相同原则；新合同价格条件与原合同价格条件不一致的，应扣除影响因素后得出价格净值。

（4）专家证人或鉴定机构意见。

当事人合同约定此类违约金的，仲裁庭宜以违约金作为损害赔偿金额，而不宜以新合同与原合同价差作为损害赔偿金额。

【争议问题】

问题 30　认定"故意违约""轻率的不当行为"时，仲裁庭需考量的因素

仲裁庭认定"故意违约（Deliberate Default）""轻率的不当行为（Reckless Misconduct）"时，需要考虑哪些因素？

【裁决指引性意见】

1. 双方当事人就故意违约发生争议时，仲裁庭应考虑如下因素：

（1）故意违约应为一方当事人明知其行为构成违约仍然如此作为的行为。若一方当事人在从事某行为时错误地认为其有权从事该项行为，不应认定该当事人存在故意违约行为。

（2）一方当事人以另一方当事人存在故意违约行为为由主张损害赔偿的，在合同明确约定不受责任限额限定的情况下，一方当事人可请求损害赔偿。

（3）一方当事人以另一方当事人存在故意违约行为为由主张损害赔偿的，应按照一般性损害赔偿（General Damages）提出请求，并应举证证明其因此遭受了损害、损失及其金额。

（4）当事人以故意违约为由主张损害赔偿金额时，仲裁庭依据案件事实和证据能够确认的所有损害赔偿金额相加后，若该损害赔偿金额超过了合同约定的责任限额的，可予以支持。

2. 在双方当事人就轻率的不当行为发生争议时，仲裁庭应考虑如下因素：

（1）轻率的不当行为应为一方当事人故意实施违反合同义务的行为或不实施合同义务的行为，并且作为一个合理的人明知其作为或不作为可能会对另一方当事人产生严重的后果。

（2）一方当事人主张另一方当事人存在轻率的不当行为的，应负有举证责任，证明另一方当事人知道可能造成损害，其行为存在明显的不合理，并且与通常的疏忽行为相比具有更大的风险。

（3）一方当事人以另一方当事人存在轻率的不当行为主张损害赔偿的，在合同明确约定不受责任限额限定的情况下，一方当事人可请求损害赔偿。

（4）一方当事人以另一方当事人存在轻率的不当行为主张损害赔偿的，应按照一般性损害赔偿（General Damage）提出请求，并应举证证明其因此遭受了损害、损失及其金额。

（5）以轻率的不当行为为由主张的损害赔偿金额，仲裁庭依据案件事实和证据能够确认的所有损害赔偿金额相加后，若该损害赔偿金额超过了合同约定的责任限额的，可予以支持。

第十一章 银行保函

【争议问题】

问题 31 仲裁机构决定是否受理当事人因银行保函索兑产生的损害赔偿争议时应考虑的因素

【裁决指引性意见】

1. 一方当事人以中国法院或其他司法管辖地法院或仲裁庭通过紧急或临时措施向另一方当事人支付（或由开证行或转开行支付）银行保函（包括但不限于投标保函、履约保函、缺陷责任期保函、维修保函、支付保函等）下的款项，要求仲裁庭通过仲裁案件的审理确定基础合同争议的（包括因银行保函产生的损害赔偿），仲裁机构应予受理。仲裁庭可根据仲裁规则的规定，按照基础合同约定的仲裁条款确定管辖权并处理有关争议。

2. 仲裁机构在决定是否受理当事人因银行保函产生的损害赔偿时，应考虑如下因素：

（1）有管辖权的中国法院或其他司法管辖地法院是否已作出生效的判决，判令一方当事人支付银行保函项下的款项。若判决已生效且当事人已履行了判决中的支付义务，则当事人以已履行银行保函项下的款项并以基础合同争议或损害赔偿为由，要求对方返还或赔偿已履行的银行保函款项的，仲裁机构应予受理，且仲裁机构不受法院审级（无论哪一级法院作出的银行保函项下款项判决）的限制。

（2）有管辖权的中国法院或其他司法管辖地法院尚未作出生效判决，但已作出止付裁定或者临时禁令（Interim Injunction），此时，一方当事人要求以基础合同项下的仲裁条款或仲裁协议以及基础合同争议为由提起仲裁的，仲裁机构应予受理。仲裁庭在仲裁过程中，应依据不同情况分别处理：

①在仲裁程序进行过程中，若一方当事人或双方当事人请求暂停仲裁程序的，仲裁庭应暂停仲裁程序直至有管辖权的中国法院或其他司法管辖地法院作出生效的判决。

②仲裁庭可自行决定暂停仲裁程序。

③仲裁庭可自行决定继续审理案件并作出裁决。

（3）在一方当事人向开证行发出银行保函索兑通知，且开证行或另一方当事人以其他方式已向一方当事人止付银行保函项下款项的，以基础合同项下的仲裁条款或仲裁协议以及基础合同争议为由提起仲裁的，仲裁机构应予受理。

3. 在行使银行保函索赔权的一方当事人（一般为保函受益人）已经索兑银行保函项下的款项后，在提起仲裁或仲裁反请求，或者其后增加或变更仲裁请求或反请求时，请求对其索兑的银行保函款项抵销其提出的损害赔偿金额的，仲裁机构应予受理。

4. 若有管辖权的中国法院或其他司法管辖地法院作出不予履行银行保函项下款项的判决，此时，如果法院判决尚未生效，一方当事人以尚未生效的法院判决提起仲裁的，仲裁机构不应受理当事人因尚未生效的法院判决产生的银行保函争议。若有管辖权的中国法院或其他司法管辖地法院作出的法院判决已生效，一方当事人以生效的法院判决就银行保函争议提起仲裁的，仲裁机构不应予以受理。

5. 对于开证申请人（通常为承包商或分包合同中的分包商）、受益人（通常为业主或分包合同中的承包商）及开证行、反担保银行之间因银行保函（而不是因国际工程合同或称基础合同，而仅仅是银行保函）产生的争议，在银行保函明示约定采用仲裁规则或仲裁机构解决争议的情况下，仲裁机构应受理银行保函产生的争议。

如银行保函仅约定采用国际商会《见索即付保函统一规则》ICC458 或者 ICC758 时，因 ICC458 第 27 条和第 28 条规定或者 ICC758 第 35 条规定由开证行或反担保银行营业所在地的法院管辖，仲裁机构不应受理银行保函产生的争议。

【争议问题】

问题 32 **一方当事人的银行保函遭另一方当事人索兑后，仲裁庭在处理因银行保函产生的损害赔偿争议时需考量的因素**

【裁决指引性意见】

1. 仲裁庭应认识到，凭要求即付（或称见索即付）银行保函独立于基础合同，但当事人之间因履约产生的违约责任和损害赔偿应基于基础合同（双方签订的国际工程合同）予以解决，即银行保函项下的款项是否应予赔付，最终取决于对基础合同项下的履约、违约责任和损害赔偿的认定，也就是说，银行保函项下款项的索兑仅是一方当事人依据银行保函的约定行使权利，为一方当事人可以采取的临时措施。在基础合同中，另一方当事人支付或由开证行支付银行保函项下的款项不是一个可以单独成立的损害赔偿或成为一方当事人的永久性权利，而是应通过对基础合同的履约、违约责任和损害赔偿的认定，最终决定违约方应承担的损害赔偿金额。

2. 在一方当事人已向另一方当事人兑付银行保函款项后，仲裁庭应首先查明基础合同事实，如果所涉国际工程项目相关银行保函为见索即付银行保函，考虑到见索即付保函独立于基础合同的法律性质，仲裁庭应按下述原则处理已支付银行保函款项所对应的基础合同争议：

（1）一方当事人向另一方当事人支付（或由开证行支付或转开行）投标保函款项的，仲裁庭应查明投标人是否存在招标文件中的违约行为，违约行为是否满足投标保函项下索赔权利以及投标保函条款具体约定的索赔权利，确定当事人是否有权索赔投标保函以及一方当事人要求返还投标保函的请求。

（2）一方当事人向另一方当事人支付（或由开证行或转开行）预付款保函款项的，仲裁庭应首先查明受益人（通常为业主或承包商）是否有权行使索赔权利。其次在开证申请人（通常为承包商或分包商）已经支付预付款保函款项时处理如下：

①如果一方当事人已在工程进度款中抵扣了全部预付款项，则受益人索赔的预付款保函项下的款项应返还开证人；

②如果一方当事人已在工程进度款中抵扣了部分预付款项，则受益人索赔的预付款保函款项中未予抵扣的余额应返还受益人，即预付款总额－工程进度款中已抵扣预付款金额＝应返还受益人预付款金额。

（3）一方当事人向另一方当事人支付（或由开证行或转开行）履约保函款项的，仲裁庭应首先查明受益人是否有权行使索赔权利，其次在开证人已经支付履约保函款项时处理如下：

①辨识履约保函的法律性质，即履约保函为独立于基础合同的履约担保，履约保函项下的款项不构成合同违约金；

②鉴于国际仲裁中履约保函索赔作为临时措施，或在中国法项下作为诉讼保全或提存措施，履约保函项下的款项不是最终损害赔偿损失，即受益人索赔履约保函的款项并不必然成为受益人应得的款项，而应根据基础合同争议的仲裁，在仲裁庭根据基础合同争议裁定最终损害赔偿金额后，作为开证人已提存的款项在最终损害赔偿金额中抵销，即仲裁庭应在裁决书中明确：当裁决的最终损害赔偿金额大于履约保函金额时，最终损害赔偿金额减去履约保函金额为败诉方应履行仲裁裁决的金额；当裁决的最终损害赔偿金额小于履约保函金额时，最终损害赔偿金额减去履约保函金额，剩下的余额应返还给开证人。

（4）一方当事人向另一方当事人支付（或由开证行或转开行）缺陷责任期保函款项的，仲裁庭应首先查明受益人是否有权行使索赔权利，其次在开证人已经支付履约保函款项时，按照本争议问题【裁决指引性意见】第2目第"（3）"的意见进行处理。

（5）一方当事人向另一方当事人支付（或由开证行或转开行）维修期保函或其他银行保函款项的，仲裁庭应首先查明受益人是否有权行使索赔权利，其次在开证人已经支付银行保函款项时，按照本争议问题【裁决指引性意见】第2目第"（3）"的意见进行处理。

第十二章　腐败和欺诈

【争议问题】

问题 33　一方当事人主张另一方当事人涉嫌腐败，仲裁庭如何判断是否具有管辖权及其可仲裁性

【裁决指引性意见】

1. 一方当事人在仲裁过程中指控另一方当事人涉嫌或构成腐败的，仲裁庭应充分认识到仲裁实务中对于腐败的仲裁管辖权及其确定是否属于可仲裁范围存在重大争议，为此仲裁庭应考虑如下因素：

（1）合同中约定的仲裁条款或仲裁协议中的具体约定和表述。在仲裁条款或仲裁协议中对争议存在广义解释的情况下，仲裁庭应自行决定是否对于一方当事人的腐败指控及其损害赔偿行使管辖权，但应以从严把握管辖权和可仲裁性为基本原则，即以仲裁庭不具有管辖权或虽具有管辖权但以其不具有可仲裁性为基本原则，以接受管辖权和可仲裁性为例外。

（2）在一方当事人提供的证据足以证明另一方当事人涉嫌腐败的情况下，而不仅仅是涉嫌或不足以证明腐败的情形时，仲裁庭可突破上述第"（1）"所述的基本原则，以例外原则为基础自行决定管辖权和可仲裁性。

（3）在存在仲裁程序和在其他司法管辖地与腐败有关的诉讼程序的平行程序时，无论是民事诉讼还是刑事诉讼，仲裁庭可以不具有管辖权或不具有可仲裁性为由，拒绝一方当事人的主张和请求。

2. 一方当事人在仲裁过程中指控另一方当事人涉嫌或构成腐败的，仲裁庭在首先确定仲裁管辖权和可仲裁性的基础上，确定如下裁决原则：

（1）确定合同约定或适用法律规定的腐败定义。

（2）作出指控的一方当事人应以司法管辖地法院作出的生效判决中直接认定另一方当事人涉嫌或构成腐败犯罪为依据，否则，仲裁庭不应在裁决书中认定另一方当事人涉嫌或构成腐败。

（3）在上述第2目第"（2）"的意见中，一方当事人提供的司法管辖地法院作出的生效判决应经过当地公证机关的公证、当地外交部门的认证和中国驻所在国或地区使馆的认证。

除非一方当事人的上述证据与其指控直接关联，否则，仲裁庭不应支持一方当事人对另一方当事人的腐败指控及其提出的损害赔偿。

3. 仲裁庭应依据严格审查原则和当事人承担举证责任的原则审理一方当事人指控另一方当事人涉嫌或构成腐败的仲裁案件。

【争议问题】

问题 34　在国际工程争议中，一方当事人主张另一方的行为构成欺诈的，仲裁庭应如何认定

【裁决指引性意见】

1. 一方当事人主张另一方当事人在合同签订或/和合同履行过程中存在欺诈，另一方当事人抗辩仲裁庭不具有管辖权或不具有可仲裁性的，仲裁庭不应予以支持。

2. 一方当事人在仲裁过程中指控另一方当事人涉嫌或构成欺诈的，仲裁庭在首先确定仲裁管辖权的基础上，确定如下裁决原则：

（1）确定合同约定或适用法律规定关于欺诈的定义。

（2）查明当事人的行为是否构成合同约定或适用法律规定的欺诈行为。

（3）依据严格审查原则和当事人的证据，经询问或交叉盘问和质证，作出当事人行为是否构成合同约定或适用法律规定的欺诈行为。

（4）依据严格审查原则和当事人的证据，确定并对一方当事人提出的损害赔偿请求作出裁决。

3.在一方当事人以国际金融组织（例如世界银行）发出的制裁文件主张另一方当事人存在欺诈行为而请求损害赔偿的，仲裁庭可据此认定存在欺诈。一方当事人应按照一般损害赔偿予以主张并应负有举证证明其遭受损害和损失的责任。

4.仲裁庭应依据严格审查原则和当事人承担举证责任的原则审理一方当事人指控另一方当事人涉嫌或构成欺诈的仲裁案件。

第十三章　货币、汇率和利息

【争议问题】

问题 35　处理一方当事人在仲裁请求中主张的货币与工程合同约定的货币不同时，仲裁庭需考量的因素

【裁决指引性意见】

一方当事人提出的仲裁请求主张的货币与工程合同约定的货币不同，仲裁庭应考虑如下因素：

1. 当事人在仲裁过程中就仲裁请求或反请求中的货币币种达成一致意见的，按双方达成一致意见的货币币种处理。

2. 一方当事人在仲裁请求中主张的货币与工程合同约定的货币不同的，另一方当事人没有异议的，可按仲裁请求中主张的货币处理。

3. 如果在合同签订、履约及其提起仲裁时工程所在国汇率或工程合同约定的汇率出现大幅度贬值或升值的，仲裁庭按照合同约定的汇率裁决原则处理。

4. 如果一方当事人在提出仲裁请求时主张按照工程合同约定的货币进行结算并支付，但又在仲裁程序中另外请求折合为人民币或其他货币的，仲裁庭可按一方当事人请求的货币作出裁决，驳回其折合为人民币或其他货币的请求。

【争议问题】

问题 36 处理货币、汇率争议时，仲裁庭需考量的因素

【裁决指引性意见】

1.一方当事人提出仲裁请求主张支付的货币与合同约定货币不同的，仲裁庭应考虑以下不同情形：

（1）合同约定汇率且实际按合同约定汇率支付的，应以合同约定汇率为准。

（2）合同约定汇率但履约过程中按实际付款之日汇率支付的，应以实际付款之日汇率为准。

（3）合同没有约定汇率的，应以付款之日汇率为准。

2.双方当事人在仲裁过程中就汇率达成一致的，按双方当事人达成一致的汇率折算。

3.当事人合同没有约定汇率，且在仲裁过程中也未能就汇率达成一致的，为了能够就金钱请求确定具体金额，可以按提起仲裁之日汇率折算。

4.当事人合同约定汇率发布银行或机构的，从其约定。当事人合同未约定汇率发布银行或机构的，应以工程所在国中央银行发布的汇率中间价为准。

5.发布汇率的银行或机构没有发布两种或多种货币直接兑换汇率的，仲裁庭可决定采用某种货币与美元或欧元的汇率进行折算。

【争议问题】

问题 37 在国际工程合同中利息或者利息计算方式约定不明时，仲裁庭处理利息争议时需考量的因素

【裁决指引性意见】

1. 仲裁庭应依据当事人合同约定的逾期付款利息（或利率）计算原则，对当事人请求的逾期付款利息作出裁决。

2. 仲裁庭应根据适用法律的规定，依据不同的司法管辖地法律对一方当事人请求支付的逾期付款利息作出裁决：

（1）司法管辖地法律明文规定可以计息的，从法律规定。

（2）司法管辖地法律明文规定可以计息并规定法定孳息的，从法律规定。

（3）司法管辖地法律明文规定不予计息的，例如适用阿拉伯法国家法律，则不应支持一方当事人的利息请求，除非当事人合同明确约定了逾期付款或融资服务费。

3. 仲裁庭在考虑是否支持一方当事人逾期付款利息请求时，还应考虑和注意其他情形：

（1）司法管辖地法律明文规定可以计息并规定法定孳息的，仲裁庭理解某司法管辖地法律（例如民法典或其他成文法或判例）中的货币应为该司法管辖地本国或地区的本币，而非任何外国货币。

（2）合同约定的外国货币（例如美元、欧元或其他外币）适用伦敦银行间同业拆借利率（LIBOR）并加 2% 或 3% 等计算逾期付款利息的，但未约定计息利率标准的，则可按 6 个月或 12 个月 LIBOR 利率计息。

（3）在 LIBOR 利率取消发布后，而合同约定仍为 LIBOR 利率的，仲裁庭可确定采用如下原则处理：

①工程价款为美元的，按美国联邦储备银行公布的同期利率计算。

②工程价款为欧元的，按欧洲中央银行公布的同期利率计算。

③工程价款为其他货币的，按其他货币所属国家的中央银行公布的同期

利率计算。

（4）当事人合同约定按工程所在国中央银行公布的贴现率计算逾期付款利息，但工程所在国中央银行没有公布贴现率数据的，仲裁庭可按如下原则处理：

①工程价款为工程所在国本币的，按工程所在国商业银行同期贷款利率计息。

②工程价款为美元或欧元的，按 LIBOR 同期利率计息；在 LIBOR 利率取消发布后，按本争议问题第 3 目第"（3）"所述原则计息。

③工程价款为其他货币的，按其他货币所属国家的中央银行公布的贴现率或同期贷款利率计息。

（5）当事人合同约定按工程所在国商业银行公布的同期贷款利率计息的，但合同未约定具体的商业银行名称的，仲裁庭可确定以工程所在国最大的商业银行公布的同期贷款利率作为计息标准。

（6）在适用中国法时，2020 年 8 月 20 日之前按中国人民银行公布的同期贷款利率计算；2020 年 8 月 20 日（含）之后按全国银行间同业拆借中心贷款市场报价利率（LPR）计息。

4.除非当事人合同明确约定按复利计息，否则应按单利计算逾期付款利息。

5.仲裁庭在审理工程价款利息时，应确定工程价款的性质，并据以作出认定：

（1）工程进度款、竣工结算款、最终结算款、保留金（或质保金等）等工程款，应以应付最晚日期的第二日为计算利息的起始日期。

（2）承包商索赔的停工费、窝工费、不可预见地质条件、业主未能提供现场占有权或进入权、业主延迟提供图纸等相关额外费用，除非业主事先同意并确定支付的，考虑到承包商索赔尚未得到确权，承包商索赔不构成应付款项，应自仲裁裁决书作出之日起或自裁决书中确定的索赔金额应付日期起开始计息。

（3）业主提出工期延误违约金等索赔，除非承包商已同意支付，鉴于业主的索赔尚未得到确权，业主索赔不构成应付款项，应自仲裁裁决书作出之日起或自裁决书中确定的索赔金额应付日期起开始计息。

（4）分包商向承包商的额外费用索赔或者承包商向分包商的索赔，亦应按本争议问题第5目第"（2）""（3）"所述原则处理。

（5）一方当事人请求的其他损害赔偿金额，不属于工程款的，应自仲裁裁决书作出之日起或自裁决书中确定的损害赔偿金额应付日期起开始计息。

6.为进一步识别工程款和索赔款的性质，仲裁庭可考虑下述情形：

（1）工程变更增加的工程价款：业主或工程师书面发出变更指示的、工程师予以计量并签认的、业主未在合同约定的应付日期支付的，应自应付日期计息。

（2）承包商或分包商认为某项工程构成推定变更，但业主或工程师不予认可，双方存在争议并提交仲裁庭要求予以裁决的，仲裁庭认定应予支付的，应自仲裁裁决书作出之日起计息。

（3）承包商索赔的额外费用损失：首先，查明是否属于正常付款（Routine Payment），即在标价的工程量表中应予计量和支付的款项；其次，查明承包商索赔应为非正常付款（Non-routine Payment），即超出标价的工程量表中的工作范围的约定而要求支付的额外付款。对于正常付款的，业主未能按期支付的，应自应付日期起计息；对于非正常付款的承包商索赔款项，仲裁庭认定应予支付的，应自仲裁裁决书作出之日起计息。

（4）当事人合同约定价格予以调整的，价格调整款项（无论调增合同价格还是调减合同价格）为正常付款，业主未能按期支付的，应自应付日期起计息。

（5）业主向承包商或承包商向分包商签认逾期付款利息，但业主或承包商未能在合同约定或另外约定的期限内支付利息价款的，仲裁庭原则上不在逾期支付利息基础上再行计算逾期支付利息的利息。

7.一方当事人索兑另一方当事人银行保函的，另一方当事人要求就银行保函款项提出支付利息请求的，仲裁庭在认定一方当事人应向另一方当事人返还银行保函款项的，应自另一方当事人支付银行保函之日起计息。